Kindler
Taschenbücher

Geist und Psyche

Werner W. Kemper
Die funktionellen Sexualstörungen

Beeinträchtigte Liebesfähigkeit

Völlig neu bearbeitete
und stark erweiterte
Ausgabe

12,900
[illegible], 2001

Kindler
Taschenbücher

(Erstauflage 1950 im Georg Thieme Verlag, Stuttgart)

Korrekturen: M. Flach
Satz und Druck: Georg Appl, Wemding
Binderei: Friedrich Pustet, Regensburg
Printed in Germany
ISBN 3 463 18105 6

Inhalt

Vorwort zu dieser Taschenbuchausgabe

Als ich 1943, also vor drei Jahrzehnten, aus der Perspektive des Leiters einer Berliner analytisch orientierten psychotherapeutischen Poliklinik diese Schrift verfaßte, war sie noch eine Art Vorstoß in Neuland. Gewiß gab es schon wegbereitende Publikationen einiger namhafter Kliniker, vor allem von Ordinarien der Gynäkologie wie E. KEHRER, A. MAYER, L. SEITZ, N. WALTHARD, ebenso auch von psychotherapeutischer Seite außerhalb der Universitäten, und da insbesondere von Psychoanalytikern – Literatur, die damals (Drittes Reich, Krieg) kaum zugänglich war. Aber noch fehlte die breite Kommunikation zwischen Gynäkologie und Psychotherapie. Meine ein Jahr zuvor im Thieme Verlag erschienene umfangreiche Monographie[1] und in gewissem Sinne auch dieser Beitrag sollten versuchen, hier eine Brücke zu schlagen.

Seitdem hat sich – so scheint es wenigstens – die Situation grundlegend geändert: Psychosomatik wird an den Hochschulen als Pflichtfach gelehrt und vereinzelt ist dort sogar die Psychoanalyse offiziell vertreten. Der Büchermarkt ist mit Sexualliteratur überschwemmt: ein Teil wissenschaftliche Fachliteratur, ein Teil manchmal schon fragwürdiges »Aufklärungsschrifttum«, ein Teil verdeckt oder offen Pornographie.

Parallel damit ist die wenige Jahre zuvor noch unvorstellbare Sexwelle über uns hereingebrochen, was dazu geführt hat, daß in immer weiteren Kreisen auch die letzten Sexualtabus niedergerissen werden. Die auf früheren Generationen

1 *Die Störungen der Liebesfähigkeit beim Weibe. Zur Klinik, Biologie und Psychologie der Geschlechtsfunktion und des Orgasmus.* Thieme Leipzig, 191 S., 1942; 2. Aufl. 1943. – Reprograph. Nachdruck: Wissenschaftl. Buchges. Darmstadt, 1967 und 1972 (im folgenden Text als »Monographie« zitiert).

lastende Sexualverdrängung scheint von der neuen Generation endlich und für immer weggeräumt. Um so unverständlicher will es erscheinen, daß die breite Ärzteschaft noch immer nicht Kenntnis von den Krankheitsbildern der funktionellen Sexualstörungen genommen hat und den Erfordernissen einer sachgerechten Therapie hilflos gegenübersteht. Und noch auffälliger, daß trotz aller Aufklärung und trotz des Niederreißens von Tabus funktionelle Sexualstörungen unverändert, wenn nicht sogar vermehrt auftreten – und nicht zuletzt gerade auch bei der jungen Generation! War also das von der Psychoanalyse vertretene Konzept über die pathogenetische Rolle der Triebverdrängung doch falsch? Oder genügt es nicht, bloß eingefleischte Tabus zu brechen? Oder was sonst stimmt da nicht? Fragen und Zweifel, auf die wir jedoch erst befriedigend Antwort geben können, nachdem wir uns mit den Voraussetzungen für das Zustandekommen sowie mit der Bedeutung funktioneller Sexualstörungen vertraut gemacht haben.

War diese Schrift auch nicht geschrieben, um solche Fragen zu beantworten, so ging sie u. a. doch bereits damals insofern auf sie ein, als nach der notwendigen, aber absichtlich kurz gehaltenen theoretischen Grundlegung das, worauf es bei dieser Gruppe von psychisch bedingten Sexualstörungen hinsichtlich ihrer Entstehung, ihrer Erkennung und ihrer Behandlung ankommt, im nachfolgenden Hauptteil an fünf ausgewählten, ausführlich dargestellten typischen Krankheitsbildern detailliert aufgezeigt wird. Die spezifischen Charakteristika eines jeden Falles werden durch zum Teil wörtliche Wiedergabe aufschlußreicher Mitteilungen aus einzelnen Behandlungsstunden verdeutlicht und jeweils abschließend nochmals kurz zusammengefaßt. Mehr summarische Berichte über seltenere zu dieser Gruppe gehörige Krankheitsbilder runden das Ganze ab.

Auf diese Weise sollte dem Arzt, gleich ob Allgemeinpraktiker oder Facharzt, an konkreten Fällen aufgezeigt werden, daß (wenn wir von den eigentlichen Geschlechtskrankheiten absehen) die damals und meist auch heute noch übliche organizistisch-hormonale Krankheits-Konzeption den Kranken, die wegen Sexualstörungen einen Arzt aufsuchen, nur in einem verschwindend kleinen Prozentsatz der Fälle diagnostisch und therapeutisch gerecht wird. Weit überwiegend liegen pathogenetische Faktoren ganz anderer Art vor und entsprechend ist auch eine andersartige therapeutische Orientierung erforderlich. Ferner sollte darauf hingewiesen werden, daß in geeigneten Fällen selbst mit den begrenzten Möglichkeiten der sogenannten kleinen Psychotherapie, sofern sie tiefenpsychologisch richtig in die Gesamtbehandlung eingebaut wird, manchmal sogar schon in kurzer Zeit eine praktisch ausreichende Hilfe gegeben werden kann. Dies darf aber nicht darüber hinwegtäuschen, daß in der Regel mindestens die Hälfte solcher Fälle nur vom Fachpsychotherapeuten, meist sogar nur bei länger währendem Einsatz psychoanalytischer Methoden, mit Aussicht auf bleibenden Erfolg behandelt werden kann.

Eine solche Arbeitsweise war damals an unserer psychotherapeutischen Poliklinik der Ansatz zu einer inzwischen hochdifferenzierten psychotherapeutischen Fokaltherapie, die zusammen mit der seit der ersten Auflage dieser Schrift ebenfalls hochentwickelten psychoanalytischen Gruppentherapie die Behandlungsmöglichkeiten und Erfolgsaussichten gerade für diese therapeutisch bisher schlecht versorgte Gruppe funktionell gestörter Kranker inzwischen wesentlich verbessert hat[2].

Obwohl ich aus persönlicher Neigung inzwischen nur noch eine nahezu rein psychoanalytische Praxis ausübe, schien mir die Neuausgabe dieser vor einem Vierteljahrhundert verfaßten Schrift gerechtfertigt. Und zwar nicht so sehr, weil sie ein aufschlußreiches Dokument aus den Anfängen der psychosomatischen Betrachtungsweise darstellt, sondern vor allem wegen ihrer ausführlichen Falldarstellungen (Krankengeschichten) von funktionellen Sexualstörungen. Diese detaillierten anschaulichen Wiedergaben des jeweiligen Behandlungsverlaufes zeigen die damals, aber auch heute noch weithin nicht bekannten konkreten Hintergründe dieser Krankheitsgruppe sowie die Möglichkeiten einer analytisch orientierten sogenannten »kleinen Psychotherapie« auf – ebenso

[2] *Nachtrag 1972*: Siehe hierzu auch den im Kindler Verlag in dieser Taschenbuchreihe kürzlich von mir herausgegebenen Band *Psychoanalytische Gruppentherapie, Praxis und theoretische Grundlagen* (1972).

aber auch deren Grenzen und Unzulänglichkeiten. So stellt die Schrift zugleich einen Beitrag dar zu der erst in den letzten Jahren aufgekommenen Sozialpsychiatrie (die richtiger als psycho-soziale Prophylaxe und Therapie gekennzeichnet werden sollte). Für ihr weitgespanntes Arbeitsfeld bleiben verläßliche psychotherapeutische Kurzverfahren unverändert von großer Bedeutung.

Der Text der Originalfassung wurde für diese Neuausgabe sorgfältig durchgesehen. Am Grundkonzept brauchte nichts geändert zu werden; vielmehr wurde versucht, durch stilistische Überarbeitung die mir wesentlichen Gesichtspunkte noch präziser herauszustellen.

Im *ersten, wissenschaftstheoretischen Teil* der Schrift schienen mir eine Reihe zum Teil größerer Einschaltungen angebracht, um auch die neueren Forschungsergebnisse mit einbeziehen zu können. So wurden die Kapitel »Das psychosomatische Krankheitskonzept« sowie »Die vielfachen Voraussetzungen für einen normalen Entwicklungsverlauf beim Menschen und die Rolle psycho-sozialer Faktoren« neu geschrieben; ferner wurde das Kapitel »Erscheinungsformen funktioneller Sexualstörungen« wesentlich erweitert und aufgegliedert.

Zum *zweiten, kasuistischen Teil* mit seiner ausführlichen Wiedergabe von einschlägigen Behandlungsberichten wurde zum Abschluß ein Kapitel über »Sonderformen sexueller Erregungsabfuhr mittels stammesgeschichtlicher Regression« mit einigen Kurzkrankengeschichten hinzugefügt, auf das in der Originalausgabe seinerzeit aus Platzgründen verzichtet werden mußte. Ferner hat als weitere Hinzufügung eine pathogenetisch aufschlußreiche Krankengeschichte aus didaktischen Gründen bereits im Schlußkapitel des ersten Teiles »Mischformen« ihren Platz gefunden.

Berlin 1972 — Werner W. Kemper

Vorwort zur Originalausgabe

Das Gebiet der funktionellen Sexualstörungen ist, gemessen an seiner praktischen Wichtigkeit, im ärztlichen Schrifttum seit langem stark vernachlässigt worden.

Da der Medizinstudent an der Universität über diese Störungen auch kaum etwas zu erfahren Gelegenheit hat, fühlt er sich als Arzt, dem sehr bald in seiner Praxis immer wieder derartige Patienten begegnen, weitgehend hilflos. In der Regel weiß er nicht, daß es auch auf diesem Gebiet ein genaues Wissen über Ursachen und Entstehungsbedingungen, über Erscheinungsformen der verschiedenen typischen Krankheitsbilder, über Erkennung, Behandlungsaussichten und Behandlungsmöglichkeiten gibt, wie er dies in den übrigen Zweigen der Medizin gewohnt ist.

Diese immer wieder gemachte Erfahrung möge das Erscheinen dieser Broschüre rechtfertigen, obwohl sie bereits vor sechs Jahren geschrieben wurde. Sie war als Beitrag zu einem Sammelband über die funktionellen Störungen der verschiedenen Organsysteme gedacht, erschien aber den damals in Deutschland maßgeblichen Stellen nicht als »kriegswichtig genug«, um veröffentlicht zu werden. Bei der Durchsicht des Manuskriptes beschränkten sich die Abänderungen darauf, aus dem einstigen Beitrag zu einem Sammelband nunmehr ein selbständiges, in sich abgeschlossenes Ganzes zu machen sowie die Krankengeschichte 4 nachträglich einzufügen.

Rio de Janeiro, Oktober 1949 — Werner W. Kemper

Einführung

Die nervös bedingten mehr oder minder schweren Beeinträchtigungen der Geschlechtsfunktion sind weit verbreiteter, als dies die Durchschnittssprechstunde, zumal die eines vielbeschäftigten praktischen Arztes, ahnen läßt. Sie betreffen beide Geschlechter und – was auch heute immer noch verkannt wird – *alle* sozialen Schichten des Volkes gleichermaßen. Erfahrungsgemäß ist gleichfalls wenig bekannt, wie schwer der seelische Druck und die sonstigen verhängnisvollen Rückwirkungen derartiger Störungen auf die Gesamtpersönlichkeit wiegen. Insbesondere der Mann fühlt sich beispielsweise bei einer Impotenz »im Mark« seiner Persönlichkeit getroffen. Allgemeine Unsicherheit, charakterliche Unausgeglichenheit, zunehmende Unzuträglichkeiten im Umgang mit den Mitmenschen, Nachlassen der Lebensfreude und der Berufstüchtigkeit, ja sogar manchmal völlig unerklärlich erscheinende Selbstmorde haben öfter, als der Außenstehende und auch der Arzt weiß, hier ihren geheimen Grund. Nicht minder gewichtig sind die Rückwirkungen auf die Ehe: beim noch Unverheirateten Angst vor Eingehen der Ehe; beim Verheirateten schwerstes Minderwertigkeitsgefühl und damit Gefährdung der Ehe, allmähliche Entfremdung des frustrierten Partners, Bedrückung durch Nichterfüllbarkeit des Wunsches nach Kindern und anderes.

All diese Zusammenhänge sind, wie gesagt, wenig bekannt, noch weniger das Wesen dieser Erkrankungen. Man weiß, daß es »nervöse« Störungen sein sollen. Aber was heißt das? Neurologische Erkrankungen? Wer sich auch nur etwas mit diesem Gebiete befaßt hat, weiß, daß es zwar auch derartig bedingte Formen gibt, weiß aber auch, daß sie nur wenige Prozent ausmachen. Also muß es sich um »funktionelle« Störungen handeln. Was liegt aber funktionellen Störungen ursächlich zugrunde? Konstitutionelle Faktoren? Sogenanntes Endogenes? Oder Psychogenes, von dessen Bedeutung für das Zustandekommen von nervös-funktionellen Erkrankungen seit einem halben Jahrhundert zunehmend die Rede ist? Und wenn beide zusammen von ätiologischer Bedeutung sein sollten, wie verhalten sie sich dabei zueinander?

Sofort tun sich weitere Fragen auf: Gibt es auch auf diesem so schwer faßbaren und schwer übersehbaren Gebiete klar umrissene Krankheitsbilder, wie wir sie sonst in der klinischen Medizin kennen- und abzugrenzen gelernt haben? Wenn ja, welches sind die Ordnungsprinzipien, nach denen wir eine Einteilung vornehmen können? Nach der Symptomatik? Erlaubt aber die für funktionelle Erkrankungen charakteristische Wandelbarkeit und Flüchtigkeit der Symptomatik überhaupt eine korrekte Einteilung? Erlauben die Symptome eine Beurteilung betreffs des Schweregrades einer derartigen Störung? Oder finden wir ein und dasselbe Symptom bei verschieden schweren Veränderungen der Persönlichkeitsstruktur des Betroffenen, so daß also nicht das Symptom, sondern die ihm zugrundeliegende Struktur das Entscheidende wäre? Wie können wir ferner verstehen, daß ein und derselbe Patient einem bestimmten Partner gegenüber eine bestimmte funktionelle Sexualstörung aufweist, zur gleichen Zeit aber einem andern Partner gegenüber durchaus normal »funktioniert«?

Es verwundert nicht, wenn bei ätiologisch und diagnostisch so schwer faßbaren Störungen eine klare Indikation über die einzuschlagende Behandlungsweise gleichermaßen kompliziert zu sein scheint. Gibt es für dieses Gebiet überhaupt eine generell gültige Behandlungsmethode? Scheinbar nein, denn zweifellos haben, wie auf kaum einem andern Gebiete der Medizin, die allerverschiedenartigsten, z. T. ausgefallensten Verfahren Erfolge aufzuweisen, angefangen mit dem Zaubertrank oder dem »Besprechen« durch eine weise Frau bzw. einen Kurpfuscher, dann die Elektrotherapie oder Stärkungsmittel mechanischer oder pharmazeutischer Art, insbesondere die moderne Hormontherapie bis zur Hypnose und psychoanalytischen Behandlung. Wie ist der Erfolg so grundverschiedener Methoden bei ein und derselben Erkrankungsart zu verstehen? Wie zu verstehen, daß manche Fälle »auf Anhieb« heilen, und sogar endgültig, andere nach schönen Anfangserfolgen bald wieder rückfällig werden? Andere erst nach langwieriger Behandlung heilen und wieder andere unbeeinflußt bleiben? Und daß dazu noch die schwer oder nicht heilbaren Fälle sich in ihrer Symptomatik keineswegs in typischer Weise von den schlagartig heilbaren unterscheiden? Oder gibt es Kriterien, um die Schwere eines Falles erkennen zu können? Gibt es ferner Kriterien, um die im gegebenen Falle indizierte Methode der Behandlung vorher mit Sicherheit bestimmen zu können? Was leisten diese einzelnen Therapiearten? Was leistet insbesondere die Psychotherapie, mag sie in Form sogenannter »kleiner« Psychotherapie mehr suggestiv angewandt sein, mag sie als »große« Psychoanalyse herangezogen werden?

All diesen und noch anderen Fragen möchte unsere Arbeit nachgehen und klärende Antworten zu geben versuchen. Wir werden sehen, daß auch dieses Gebiet medizinisch genauso exakt zu erfassen ist, wie wir es auf den sonstigen Gebieten der Medizin gewohnt sind, wenngleich hier genetisch und therapeutisch eine Reihe von Gesichtspunkten mit herangezogen werden müssen, die manchem Mediziner fremdartig erscheinen mögen, weil sie außerhalb seines gewohnten Denkbereiches liegen. Nicht nur was Ätiologie, Pathogenese und Diagnostik, sondern auch was Indikation und Leistungsfähigkeit der einzuschlagenden Behandlungsmethoden anbelangt, vermögen wir heute auch für dieses Gebiet klare und verbindliche Angaben zu machen. Dies soll im folgenden ausgeführt werden, wenngleich der Umfang unserer Schrift nicht viel mehr als eine Skizzierung erlaubt. Immerhin dürfte sie für eine grundsätzliche Orientierung ausreichen. Detailliert dargestellte Verläufe der einzelnen Behandlungsstunden von instruktiven Kurzkrankengeschichten der verschiedenen funktionellen Sexualstörungen werden im praktischen Hauptteil der Schrift dann das Gemeinte illustrieren.

So sehr Patienten wie Arzt gleichermaßen beglückende schlagartige Heilungen gerade auf diesem Gebiete auch möglich sind, darf nicht verschwiegen werden, daß ein großer Teil dieser Erkrankungen einer recht langwierigen Behandlung bedarf. Deshalb muß ausdrücklich betont werden, daß die in unserer Schrift angeführten Krankengeschichten sich auf ausgewählte Fälle beziehen, bei denen eine Kurzbehandlung angebracht erschien. Andernfalls würde beim Leser ein unberechtigter therapeutischer Optimismus geweckt. Die Gründe für unsere einseitige Auswahl waren folgende: Eine wirklich zureichende Darstellung der Krankengeschichte eines mit »großer« Psychotherapie (Psychoanalyse) behandelten Patienten würde für sich allein einen Umfang beanspruchen, der das Doppelte dieser Schrift ausmachte. Ferner lag uns daran, zu zeigen, wie in geeigneten Fällen durch sachkundiges Wissen eine den Patienten schwer quälende Symptomatik verhältnismäßig leicht und schnell behoben werden kann. (Der schwer quälende oder lärmende Charakter einer Symptomatik bedeutet nämlich noch nicht, daß ihr nun auch eine schwere Strukturschädigung zugrunde liegen müsse.) Schließlich soll unsere Schrift auf die Bedürfnisse des praktischen Arztes und Nervenarztes zugeschnitten sein, den erfahrungsgemäß Kranke mit Störungen geringeren Schweregrades relativ häufig aufsuchen, und nicht auf die Spezialpraxis des Fachpsychotherapeuten bzw. Psychoanalytikers, bei dem sich bevorzugt die schweren Fälle einzufinden pflegen, die bisher anderweitig erfolglos behandelt wurden. Immerhin sei nochmals ausdrücklich wiederholt, daß aus der unverhältnismäßig kurzen Behandlungsdauer der zur Illustration herangezogenen Krankengeschichten nicht allgemeingültige Schlüsse dahingehend gezogen werden sollten, daß bei Patienten mit gleicher oder ähnlicher Symptomatik ein ähnlicher Erfolg in der Regel in gleich kurzer Zeit zu erwarten ist.

Wenn für unseren klinischen Beitrag zu diesem Thema der Untertitel »Beeinträchtigte Liebesfähigkeit« gewählt wurde, so sollte dadurch deutlich zum Ausdruck gebracht werden, daß es bei all diesen Funktionsabläufen um mehr geht als um das gestörte oder normale Funktionieren eines vom lebendigen Gesamtorganismus des Menschen mehr oder weniger isoliert gedachten »Sexualapparates«. Je größer die Erfahrungen über die mannigfaltigen funktionellen Störungen auf diesem Gebiete sind, um so eindeutiger zeigt sich, daß all diese Störungen in ihren so verschiedenartigen Formen (die im einzelnen gleich aufgezeigt werden sollen) nur dann richtig verstanden und damit erst einer wirklichen Behandlung zugeführt werden können, wenn wir sie als Beeinträchtigung der leib-seelischen Gesamtpersönlichkeit werten und sie außerdem noch in die ganze zwischenmenschliche Lebenssituation des Erkrankten einbeziehen. Regelmäßig ergibt sich nämlich, daß hinter dieser scheinbar lokalen Störung des »Geschlechtsapparates« stets eine *charakterlich* verankerte Beeinträchtigung der Liebesfähigkeit steht. *Sie* ist gegenüber der jeweiligen Symptomatik das Primäre, also die eigentliche Krankheit, und damit das eigentliche therapeutische Problem. Da die nachstehenden Krankengeschichten dies im einzelnen ausführen werden, sei hier vorwegnehmend kurz angedeutet, daß es sich dabei beispielsweise um eine Hemmung der Zärtlichkeit, um eine Unfähigkeit zur vollen Hingabe, um eine unbewußte Angst vor dem Sexualvollzug (s. Krankengeschichte 4), um falsch verstandene Schuld gegenüber allem Sexuellen, um Fehlvorstellungen vom Wesen des »Männlichen« und des »Weiblichen«, um falsch ausgetragene Geschlechtsrivalität, um enttäuschte Erwartungsvorstellungen vom Partner, um schuldbedingte Fehlprojektionen auf ihn und um vieles andere an charakterlich fehlverarbeiteter Problematik handelt[3]. All diese »Fehlhaltungen« sind dem Betreffenden erfahrungsgemäß nicht oder nur dumpf bewußt. Erst die Sexualstörung macht plötzlich offenbar, daß da etwas nicht in Ordnung ist. Damit ist zugleich der *Ausdruckscharakter* dieser Symptomatik gegeben: die Geschlechtsstörungen als sichtbarer Ausdruck einer Beeinträchtigung der Liebesfähigkeit des gesamten Menschen, mithin einer mitmenschlichen Beziehungsstörung.

Eine derartige, aus vieljähriger Beobachtung zwangsläufig sich aufnötigende Betrachtungsweise schließt keineswegs klinische Gründlichkeit und Exaktheit aus. Im Gegenteil! Beide bedingen und ergänzen sich geradezu, indem die klinischen Daten nun erst ihren rechten biopathographischen

[3] Nicht gemeint sind hier Störungen infolge eines organischen Nervenleidens (z. B. Impotenz bei Tabes dorsalis oder Diabetes u. a.) oder ähnliche organisch bedingte Krankheitsbilder einschließlich der echten hormonalen Sexualstörungen. Auch nicht die Mißbildungen oder örtlichen Erkrankungen der Keimdrüsen beider Geschlechter, oder der inneren oder äußeren Geschlechtsorgane, sowie auch nicht die sogenannten Geschlechtskrankheiten. Über die Einordnung dieser Gruppe und ihre Abgrenzung gegen die eigentlichen funktionellen Sexualstörungen erst später (S. 25).

Ort und damit einen zusätzlichen »Sinn« bekommen. Und gerade dieser bietet uns, wie nachher am praktischen Beispiel gezeigt werden soll, einen therapeutisch fruchtbaren Ansatzpunkt.

Die somatischen und psycho-sozialen Gegebenheiten

I. Kritischer Rückblick

Das Problem des Wachstums und des Reifens sowie deren verschiedene Entwicklungsphasen beim Menschen haben von jeher die wissenschaftliche Forschung beschäftigt. Entsprechend hat das Studium ihrer Störungen klinisches Interesse gefunden. Einen wesentlichen Bestandteil des Wachsens und Reifens eines Menschen stellt die Entwicklung seiner Liebesfähigkeit mit ihren zum Teil körperlich besonders sinnfälligen Entwicklungsetappen dar, nicht minder mit ihren wohlcharakterisierten, ganz spezifischen Phasen *seelischer* Reifung und Entfaltung. So unlösbar beide dank der organismischen Einheit der Gesamtperson ineinander verflochten sind, so hat doch jede für sich in ihrer Entwicklung und Reifung ihre ganz bestimmten Gefahrenpunkte, quasi Engpässe, an denen bevorzugt körperliche, aber auch seelische Hemmungsmißbildungen auftreten oder die – eine andere pathogenetische Möglichkeit – zu Abzweigstellen für typische körperliche bzw. seelische Fehlentwicklungen werden[4].

Es liegt am wissenschaftlichen Konzept der letzten 100 Jahre, daß die Erforschung der (normalen und gestörten) *somatischen* Entwicklung sehr weit gediehen ist und ihren breiten Niederschlag im biologischen und medizinischen Schrifttum und Unterricht gefunden hat. Weniger beachtet wurden die Störungen in der *seelischen* Entwicklung bzw. der Reifung zur Liebesfähigkeit. Sie fanden erst in den letzten Jahrzehnten ärztliches Interesse, nachdem sie bis dahin mehr der psychologischen Forschung vorbehalten blieben. Dieser bedauer-

[4] Wir sind uns bewußt, daß jede Fehlentwicklung als Folge einer Hemmung aufgefaßt werden kann. Trotz dieses möglichen Einwandes gegen die Einteilung in vorwiegend Hemmungsmißbildungen einerseits und vorwiegend Fehlentwicklungen andererseits möchten wir dieses Unterscheidungsprinzip aus heuristischen Gründen beibehalten.

liche Tatbestand wiegt um so schwerer, als gerade die psychisch bedingten Störungen in der Entfaltung der seelischen Liebesfähigkeit weit häufiger sind als die körperlich bedingten.

Die Notwendigkeit der eindeutigen Akzentverlagerung zugunsten der *seelischen Seite* ergibt sich aber nicht nur aus dieser Häufigkeitsverteilung, sondern mehr noch aus der sorgfältigen Eruierung der oben angedeuteten wirklichen Ursachen und Hintergründe der einzelnen Formen der »Sexualstörungen« selbst, also gerade jener Krankheitsbilder, bei denen zunächst doch die körperliche Symptomatik so sinnfällig im Vordergrund steht. Diese den meisten heutigen Ärzten ketzerisch erscheinende These war ihnen einst wohlvertraut. Auch heute noch wird eine solche Auffassung von Laienseite mit Selbstverständlichkeit vertreten. Zeigt doch die tagtägliche Erfahrung die außerordentliche psychische Abhängigkeit gerade der geschlechtlichen Abläufe in überzeugender Weise. Diese Tatsache findet auch – quasi als Gegenprobe – eine exakte Bestätigung in den oft geradezu zauberhaft wirkenden Erfolgen ärztlicher und nichtärztlicher Suggestivtherapie bei diesen Störungen.

Undurchsichtig und deshalb unbefriedigend blieb dabei allerdings die Unvorausberechenbarkeit solcher suggestiver Heilerfolge, und zwar sowohl was die Erfolgschance überhaupt, als auch, was die Beständigkeit des Erfolges anbelangt: in einem Falle schlagartige Dauerheilung, im anderen, scheinbar gleichliegenden, völliges Versagen oder nur kurz anhaltender Erfolg. Mindestens so unbefriedigend blieb – was psychologisch nicht unwichtig ist – die Tatsache, daß diese Erfolge mit dem damaligen klinisch-wissenschaftlichen Rüstzeug nicht recht verstanden und eingeordnet werden konnten. So ist es nicht verwunderlich, daß die Suggestivbehandlung wieder in Vergessenheit geriet, als die Hormontherapie plötzlich ihren Siegeszug antrat. Denn mit ihr schien endlich auch für dieses heikle Gebiet, das dem ärztlichen Verständnis und der Therapie so schwer erschließbar blieb, der jahrhundertealte Traum echter kausaler Therapie erfüllt, dazu noch mittels einer der klinischen Vorstellung adäquaten, klar verständlichen und »exakten« Methode, nämlich einer einfachen Substitutionstherapie. Was brauchte man sich jetzt noch weiter um die etwaigen psychischen Hintergründe und um so undurchsichtige, eigentlich als ärztlich unwürdig empfundene Verfahren wie die Suggestiv-Therapie zu kümmern?

Ganz abgesehen von den segensreichen Auswirkungen auf anderen ärztlichen Gebieten, so z. B. der Gynäkologie und der inneren Medizin, sind die Erfolge der Hormonbehandlung bei den Formen echter körperlicher Entwicklungsstörungen tatsächlich und mit Recht aufsehenerregend gewesen. Aber, wie schon gesagt: diese somatisch bedingten Formen sind bei den funktionellen Sexualstörungen nahezu Seltenheiten, verglichen mit der Verbreitung der seelisch bedingten Störungen der Liebesfähigkeit ohne pathologisch-anatomisch nachweisbaren Befund (die sich, wenn überhaupt, körperlich erst *sekundär* in funktionellen sexuellen Ausfallerscheinungen bemerkbar machen). Bei diesen wurde es aber nach einer Phase erster unkritischer Begeisterung bald unzweifelhaft, daß hier durch die Hormontherapie nur in Ausnahmefällen eine Besserung zu erzielen war, daß sie also zum mindesten keinesfalls »die« Therapie war. Gewiß stellte sich öfters ein gewisses Wiederaufflackern erlahmender Funktionen ein, das aber selten von Dauer war.

Heute wissen wir mit Bestimmtheit, daß diese wenigen und zudem meist nur vorübergehenden Besserungen bei den »nervösen« Sexualstörungen darauf zurückzuführen sind, daß sie – soweit sie nicht die Auswirkung einer mit der Hormonkur verbundenen unspezifischen Stimulierung des Gesamtorganismus darstellen – paradoxerweise als Effekt einer unbeabsichtigten und unbewußten Suggestivtherapie zu interpretieren sind, indem Arzt und Patient gleichermaßen von der unfehlbaren Wirkung einer solchen Hormon-Substitutionstherapie – dazu noch als Injektion appliziert – durchdrungen waren. Soweit es sich nicht um die seltenen Fälle einer echten hormonalen Insuffizienz handelt, machen wir in Wirklichkeit in all diesen Fällen mit der Verordnung von Hormonen denselben ärztlichen Denkfehler, den vielfach leider heute noch manche Ärzte bei der Behandlung von weiblichen Hysterien machen. Unter völliger Verkennung der Tatsache, daß bei solchen Frauen eine *seelische* und nicht eine körperlich bedingte Hemmung der Liebesfähigkeit vorliegt, glauben sie, durch ärztliches Anraten der Ehe mit ihrem regelmäßigen Geschlechtsverkehr »kausale« Therapie zu treiben[5]. Ein solcher Rat beweist, daß der Arzt die psychoanalytischen Forschungsergebnisse, die einen Zusammenhang zwischen Hysterie und Sexualität aufdeckten, nicht richtig verstanden hat. Denn in Wirklichkeit treibt er eine solche liebesunfähige Frau dadurch nur um so tiefer in ihren unverändert fortbestehenden Konflikt und macht nicht nur sie, sondern auch den Partner und, falls Kinder aus solcher Beziehung hervorgehen, auch diese noch unglücklich.

Es war nicht überraschend, daß nach einer ersten Phase unkritischer Erfolgsmeldungen sich bald zeigte, daß die Mehrzahl der Fälle auf die Hormontherapie überhaupt nicht ansprach. So wurde mehr und mehr ein Rückbesinnen auf andere und damit auch wieder auf die psychischen Heilverfahren notwendig. Wie stand es nun mit deren Erfolgen? Ohne Zweifel stellte ein Teil dieser psychotherapeutischen Heilerfolge eine ausreichende Dauerheilung dar, wie jahrelange Beobachtung bewies. In anderen Fällen war jedoch, ähnlich der Hormontherapie, der Erfolg ebenfalls nur ein vorübergehender, oder aber er verschwand sogar ebenso schlagartig wieder wie er aufgetreten war – mit dem bedauerlichen Ergebnis, daß der Patient, nun von der endgültigen Unheilbarkeit seines Leidens überzeugt, schlimmer daran war als zuvor.

[5] *Anmerkung 1972:* Diese Feststellungen treffen auch heute, d. h. 30 Jahre nach ihrer Niederschrift, noch weitgehend zu – ebenso wie die in den nachfolgenden Zeilen dieses Absatzes gemachten.

II. Heutige Auffassung und Aufgabenstellung

Gerade diese beiden Tatbestände: fehlende Zuständigkeit der Hormontherapie sowie die damalige Unberechenbarkeit der Erfolge der Psychotherapie, sind für unsere Ausführungen von grundsätzlicher Bedeutung. Beweisen sie doch, daß sowohl die körperliche Entwicklung wie die seelische Reifung zum gesunden, liebesfähigen Menschen bei allem Ineinanderverflochtensein doch jede ihre eigene Gesetzmäßigkeit aufzeigt. Die der körperlichen Entwicklung war weitgehend gemäß dem Stand der klinischen Medizin und Physiologie erarbeitet und bekannt, während die der seelischen Reifung, vor allem was ihre Pathologie anbelangt, medizinisch weitgehend unerforschtes Neuland darstellte. Daraus erklärt sich auch die genannte Unberechenbarkeit der Psychotherapie in bezug auf die Erfolgsaussichten überhaupt sowie auf die voraussichtliche Erfolgsdauer.

a) *Das psycho-somatische Krankheitskonzept*

Inzwischen hat sich hier die Situation grundlegend geändert. Einmal dank der klinischen Auswertung der bisherigen Ergebnisse der Psychologie, insbesondere aber dank der minuziösen Forschung der in den letzten Jahrzehnten neu aufkommenden Psychoanalyse bzw. Tiefenpsychologie. Sie hat in mühseliger Detailarbeit quasi die »Mikropsychologie« der seelischen Entwicklungsgesetze in Norm und Pathologie erschlossen und weitgehend aufzudecken vermocht.

[*Anmerkung 1972*: Die obigen (und nachfolgenden) von mir vor rund drei Jahrzehnten gemachten Ausführungen, daß das in der damaligen (weitgehend auch noch heutigen) Medizin herrschende somatische Krankheitskonzept nicht ausreicht, sowie daß insbesondere die funktionellen Störungen hinsichtlich ihrer Pathogenese und somit auch ihrer Therapie nicht ohne Berücksichtigung der psychischen bzw. sozio-kulturellen Hintergründe sachgerecht erfaßt und behandelt werden könnten, halte ich auch heute noch ebenso aufrecht wie die Behauptung, daß, solange man noch die Sexualität nur unter dem Aspekt der mit ihr gekoppelten Fortpflanzungsfunktion einwertet, man sich selbst den Blick verstellt, um das Eigentliche dieser Störungen erfassen und sie beheben zu können. Das gilt auch für die Aussage, daß die Notwendigkeit einer anderen Akzentsetzung gerade für die funktionellen Sexualstörungen zutreffe, zumal dies bei ihnen überzeugend aufgezeigt werden konnte.

Diese neue Betrachtungsweise hat sich inzwischen trotz vielfacher Widerstände mehr durchzusetzen vermocht. Und da dieses Kapitel laut Überschrift Aufschluß geben soll über die »heutige Auffassung«, wäre es somit der gegebene Ort, wenigstens kurz darzulegen, was an wesentlichen neueren Erkenntnissen hierzu inzwischen bis heute (1972) erarbeitet worden ist. Wir verdanken sie vor allem drei verschiedenen voneinander unabhängigen Umständen:

Erstens den sprunghaften Fortschritten auf dem Gebiete technischer Verfeinerungsmethoden (Elektronenmikroskop, Oszillograph, Komputer u. ä.). Dank dieses neuen Instrumentariums hat sich uns unter dem Namen Molekularbiologie der Zugang zu einem bisher verschlossenen Bereich gerade der lebenswichtigsten Elementarprozesse ergeben. Man könnte die Molekularbiologie im Vergleich zur eben genannten »Mikropsychologie« als eine Art »Mikrophysiologie« bezeichnen.

Zweitens hat die in diesen drei Jahrzehnten erfolgte »Sexualrevolution« zu einem Zerbrechen der meisten der damals noch tief eingefleischten sexuellen Tabus geführt. Noch hatte die Welt nicht den Schock verarbeitet, den das therapeutisch notwendige Eindringen des Psychoanalytikers in den psycho-sexuellen Intimbereich seines Patienten ausgelöst hatte, als nun die wissenschaftliche Forschung auch die physiologischen Abläufe in diesem bisher besonders gehüteten Intimbereich respektlos zum legitimen Objekt ihrer Forschung deklarierte. Gleich ob es in Form von detaillierten Fragebogen-

Erhebungen in Massenauflagen und gekoppelt mit einer Unzahl von analogen Einzelinterviews geschah (Kinsey-Report u. a.), oder ob in noch direkterer Form, indem an freiwilligen Versuchspersonen in praxi die allerverschiedensten Arten von sexueller Stimulierungsmöglichkeit einschließlich ihrer jeweils darauf einsetzenden Reaktionen minuziös in (Bei-)Schlafkabinen untersucht wurden, die durch Ausrüstung mit allen dazu erforderlichen modernsten Meß- und sonstigen Registrierinstrumenten zu wahren Forschungslaboratorien umgewandelt worden waren. So versuchte man, überhaupt erst einmal die exakten Unterlagen für eine zu schaffende Sexualphysiologie von dem verfälschenden Ballast vorgefaßter pseudowissenschaftlicher Lehrmeinungen zu befreien (Masters und Johnson u. a.).

Drittens dadurch, daß die Medizin die bereits vorliegenden Erfahrungen oder neueren Forschungsergebnisse anderer wissenschaftlicher Disziplinen systematisch einbezog und auswertete: Kulturgeschichte, Ethnologie, Anthropologie, Gesellschaftswissenschaft, Verhaltensforschung u. a.

Besonders aufschlußreich erwiesen sich hierbei die Erkenntnisse von der Bedeutung der Dynamik der zwischenmenschlichen Beziehungen (»Interaktionen«) hinsichtlich ihrer dem Bewußtsein des Betreffenden selbst entzogen bleibenden Motivierungen sowie deren Verhältnis zu den eigenen intrapsychischen Vorgängen – Erkenntnisse, wie sie vor allem durch die Praxis der analytischen Gruppentherapie gewonnen werden konnten. Sie zeigen den Menschen nicht nur während seiner vorgeburtlichen Existenz im mütterlichen Uterus, sondern auch nach der Geburt und bis zum Tode als Sozialwesen, nämlich immer, obwohl Individuum, doch zugleich auch eingebettet in eine biologische oder soziale Umwelt, zu der er in ständiger Wechselbeziehung steht.

All diese neuen Erkenntnisse haben das in der Originalausgabe dieser Schrift Gebrachte um viele und wesentliche wissenschaftliche Details bereichert, haben mich aber in meinen dort vertretenen Grundauffassungen nur zu bestärken vermocht. So mögen diese wenigen Andeutungen vorerst genügen. Im Interesse größerer Anschaulichkeit scheint es mir fruchtbarer, erst an der jeweils zugehörigen Stelle unter dem Stichwort »Zusatz 1972« Ergänzendes im einzelnen einzufügen.]

Nicht zuletzt auf Grund der von Psychoanalytikern außerhalb der Universitäten geleisteten mikropsychologischen Forschungsarbeit vermögen wir heute im Gegensatz zu damals mit weitgehender Exaktheit vorauszusagen, ob die im Einzelfall vorliegende Funktionsstörung

1. überhaupt auf psychotherapeutische Maßnahmen ansprechbar ist (Indikationsstellung quo ad Geeignetheit),
2. wenn ja, welche Form bzw. Methode der Psychotherapie am besten angebracht ist (Indikation quo ad Behandlungsmethode),
3. welches Ausmaß an Zeit die Behandlung voraussichtlich beanspruchen wird,
4. ob und wieweit der erzielte Erfolg von Dauer sein wird.

Versuchen wir, diese Fragen der Reihe nach zu beantworten. Zunächst also die Frage, bei welchen Funktionsstörungen dieser Art überhaupt eine psychotherapeutische Behandlung indiziert ist. Bevor wir die entsprechende Antwort geben können, müssen wir uns zuerst einmal einen Überblick verschaffen über all die überhaupt vorkommenden Störungsmöglichkeiten auf diesem Gebiete. Ohne die eingangs genannten psychologischen Faktoren in ihrer verursachenden Bedeutung zurückstellen zu wollen, können wir für die Zwecke dieser Arbeit ein Einteilungsschema nach den klinischen Erscheinungsformen beibehalten. Neben der schon angeführten Unterscheidung nach (vorwiegend) Hemmungsformen und (vorwiegend) Fehlentwicklungsformen bieten uns die verschiedenen Arten der Potenzstörungen eine weitere Differenzierungsmöglichkeit an (vgl. Schema S. 31 f.).

Bekanntlich unterscheidet die bisherige Wissenschaft eine *generative* und eine *erektive* Potenz, also eine Fortpflanzungsfähigkeit von einer Kohabitationsfähigkeit. Wir können diese Unterscheidung für unser Einteilungsschema ohne weiteres übernehmen, müssen aber, um alle tatsächlich vorkommenden Formen wirklich erfassen zu können, in zweierlei Hinsicht eine Ergänzung machen. Einmal, indem wir diese ursprünglich für das männliche Geschlecht aufgestellte Einteilung ebenso für das weibliche in Anwendung bringen. Auch hier gibt es eine generative und eine erektive Potenz bzw. deren Störungen bis zu ihrem völligen Ausfall. So würde, was generative Potenzstörung anbelangt, z. B. der Azoospermie des Mannes etwa eine Amenorrhö beim Weibe gegenüberzustellen sein, sowie der erektiven Impotenz des Mannes die Frigidität beim Weibe – eine Störung, bei der, entgegen der Norm, in sexuellen Situationen die Schwellkörper der Schamlippen und der Klitoris nur unzureichend durchblutet werden, ebensowenig die unteren Partien der Scheide, so daß auch deren schlüpfrige Absonderung beeinträchtigt wird, wie auch die spezifische sexuelle Lustempfindung, wenn sie sich nicht sogar ins Gegenteil verkehrt (Indifferenz, Abneigung, bis zur schmerzbedingten Ablehnung).

Zum anderen hat die subtilere Erforschung des normalen und gestörten Sexualaktes gezeigt, daß die Aufstellung einer generativen und erektiven Potenz (bzw. Impotenz) nicht ausreicht, um die sich abspielenden Vorgänge voll zu erfassen. Meines Wissens hat W. REICH als erster neben diesen beiden Potenzqualitäten als dritte noch eine *orgastische* Potenz (bzw. Impotenz) aufgestellt[6]. Dadurch sollte zum Ausdruck gebracht werden, daß für beide Geschlechter zum normalen Sexualvollzug neben der generativen und erektiven Potenz auch noch die Intaktheit einer dritten Funktion unerläßlich ist: des Orgasmus bzw. der Ejakulation. Und zwar in richtiger funktioneller und zeitlicher Verzahnung in den Gesamtvollzug des Sexualaktes.

Nehmen wir, um die Berechtigung der Aufstellung einer solchen dritten Potenzqualität besser zu verstehen, einmal das Beispiel einer Ejakulationsstörung des Mannes: Von der Spermatorrhö (Samenfluß) über die Ejaculatio praecox (vorzeitiger Samenerguß) bis zu der ante portas einerseits, und der Ejaculatio retardata (verzögerter Erguß) bis zum kompletten Verlust der Ejakulationsfähigkeit andererseits, treffen wir klinisch alle Formen und Schweregrade an. Das gleiche gilt von der Orgasmusstörung beim Weibe, die so ungeheuer verbreitet ist, daß unter völliger Verkennung der wirklichen Zusammenhänge in heute noch gängigen gynäkologi-

[6] W. REICH, *Die Funktion des Orgasmus.* Internationaler Psychoanalytischer Verlag, Wien, 1924. (Jetzt: Kiepenheuer u. Witsch, Köln 1970.)

schen Lehrbüchern das Fehlen des Orgasmus fälschlicherweise als »physiologisch« angesehen wird! Kein Zweifel, daß eine solche orgastische Störung (unabhängig von der Intaktheit oder Gestörtheit der erektiven und der generativen Potenz) eine schwere Beeinträchtigung des Sexualvollzuges darstellt – weit schwerer als z. B. ein vielfach dem Betreffenden gar nicht bewußter generativer Potenzverlust.

Abgesehen davon lassen sich noch zwei gewichtige Argumente für die Berechtigung, ja für die Notwendigkeit anführen, diese besondere Art der orgastischen Funktionsstörung abzugrenzen und auch ausdrücklich mit einem besonderen Namen zu belegen: erstens die anatomisch-physiologische Tatsache, daß es neben dem Erektionszentrum im Sakralmark noch ein besonderes Ejakulationszentrum gibt; zweitens, und für uns wichtiger, die empirische Beobachtung, daß die orgastische Potenz im allgemeinen noch sensibler reagiert als die bekanntlich schon relativ reaktionslabile erektive Potenz. Praktisch gesprochen heißt das, daß die (bisher ärztlich kaum beachteten) allerersten funktionellen Beeinträchtigungen im normalen Sexualablauf vielfach die orgastische Potenz betreffen, lange bevor sie mit weiterem Fortschreiten der Sexualstörung dann auch die erektive Potenz mit einzubeziehen beginnen. Die orgastische Potenz wird somit diagnostisch zum empfindlichsten Indikator (W. Reich, l. c.). Prinzipiell kann jede dieser drei Potenzqualitäten isoliert gestört sein. Praktisch zeigt sich, daß Kombinationsstörungen von zweien oder allen dreien, wenn auch jede verschieden stark beteiligt, häufiger angetroffen werden. –

Welche konkreten Krankheitsbilder umfaßt das Gebiet der funktionellen Sexualstörungen nun im einzelnen? Mit den genannten beiden Ordnungskategorien, einmal (vorwiegend) Hemmungs- oder (vorwiegend) Fehlentwicklungscharakter, zum anderen generative, erektive oder orgastische Potenzbeeinträchtigung, haben wir die Möglichkeit (gewissermaßen das Koordinatensystem), um alle praktisch überhaupt vorkommenden Formen von Ausfällen und Beeinträchtigungen auf diesem Gebiet einzuordnen und zusammenzustellen.

Ordnungsschema der funktionellen Sexualstörungen[7]

A. **Hemmungscharakter** vorwiegend

1. generalisierter Art
   mit und
   ohne nachweisbaren körperlichen Befund
2. die eigentlichen Potenzstörungen beider Geschlechter
   a) der Fortpflanzung (generative Impotenz)
      mit nachweisbarem Befund
         Anomalien der Keimdrüsen bzw. Chromosomen u. Gene
         hormonale Dysfunktion
         Verlegung der abführenden Wege u. ä. sowie
         Entzündungen, Allgemeinerkrankungen
      ohne nachweisbaren Befund, und zwar
      bei beiden Partnern und auch unter Berücksichtigung
      der Fruchtbarkeitstage der Frau
   b) der Erektion (erektive Impotenz)
      beim Manne
         Potenzschwäche bis Impotenz i. e. S.
         Sonderform: »nervöser« Priapismus
      beim Weibe
         Frigidität (unzureichende Schwellung, Lubrifikation, Erregbarkeit, Empfindungsfähigkeit u. ä.)
         Sonderformen: Pruritus genitalis, Vaginismus u. a.
   c) des Orgasmus (orgastische Impotenz)
      beim Manne

[7] Mißbildungen, echte Zwitter sowie entzündliche Erkrankungen der Keimdrüsen und ihrer abführenden Wege (einschließlich deren Restzustände), Tumoren, Verletzungen, Folgen operativer Eingriffe etc., die alle ebenfalls sekundär zu Beeinträchtigungen der Liebesfähigkeit führen können, bleiben hier außer acht, da sie durch ihre andere Genese eine völlig andere Struktur aufweisen und gegebenenfalls einer somatischen bzw. Allgemeinbehandlung zuzuführen sind. Eine Psychotherapie käme hier nur in besonders gelagerten Fällen in Betracht (zusätzliche Behandlung). Diese Formen ließen sich als primär organisch bedingte Formen unschwer von den in unserem Schema angeführten funktionellen Störungen abgrenzen.

Ejakulationsstörungen (Anorgasmie, Ejaculatio retardata, Ejaculatio praecox)
Spermatorrhö, diurne Pollutionen

beim Weibe

Orgasmusstörungen bis zur Anorgasmie
Sonderform: Nymphomanie

d) Kombinationsformen von a–c

B. **Fehlentwicklungscharakter** vorwiegend

1. konträres Geschlechtsempfinden und -verhalten
   mit und
   ohne nachweisbare körperliche Veränderungen
2. Homosexualität (Inversion)
3. Perversionen (Sado-Masochismus; Exhibitionismus – Voyeurtum; Fetischismus u. a.)
4. *Sonderform:* Sexuelle Erregungsabfuhr mittels phylogenetischer Regression

C. **Mischformen**

Bei allem berechtigten Einwand gegen jede Form von schematisierender Einordnung biologischer Phänomene könnten wir ohne den Notbehelf einer solchen Zusammenstellung unmöglich uns den Gesamtüberblick verschaffen, um nun endlich unsere noch offenstehende erste der vier Fragen zu beantworten, nämlich, für welche Formen von Sexualstörungen eine Psychotherapie in Betracht kommt.

Die Antwort lautet – sicher für viele überraschend –: prinzipiell für sämtliche im vorhergehenden Schema genannten Formen! Sei es nun als die von vornherein indizierte Methode der Wahl, sei es erst sekundär wegen nachträglicher sogenannter psychischer Überlagerung von primär somatischen Formen, sei es schließlich auch nur mit dem Ziel, jemandem behilflich zu sein, mit den sich aus seiner therapeutisch nicht behebbaren Sexualstörung ergebenden zwischenmenschlichen oder intrapsychischen Konflikten besser fertig zu werden.

Natürlich sind die in der Tabelle unter A 2b–c und B 4 genannten Formen psychotherapeutisch eher angehbar als die übrigen. Und daß beispielsweise bei schweren Entwicklungshemmungen von der Art des Kryptorchismus die Psychotherapie nicht die Methode der Wahl ist, ist selbstverständlich. Hier hat die Hormontherapie (in erster Linie Hypophysenpräparate) ihr unumstrittenes Vorrecht. Das schließt aber selbst bei einem so eindeutig somatischen Krankheitsbild nicht aus, daß die seelischen Beeinträchtigungen in der Liebesfähigkeit, von denen es erfahrungsgemäß begleitet zu sein pflegt, dennoch oft eine zusätzliche psychotherapeutische Behandlung im Sinne der Nachreifung der Persönlichkeit erforderlich machen. Das gilt um so mehr, je später solche und ähnliche Störungen erkannt werden, und somit der Termin verstrichen ist, um noch mittels Hormontherapie (gegebenenfalls auch mit zusätzlichen chirurgischen Korrekturen) den Schaden beheben zu können.

Mit dieser Feststellung ergibt sich hinsichtlich der zur Diskussion stehenden Frage der Indikation zur Psychotherapie bei Sexualstörungen eine weitere Differenzierung: Mit den Fußnoten zu Seite 17 und zum vorstehenden Ordnungsschema hatten wir bereits bestimmte »organisch oder hormonal bedingte« Krankheitsbilder von den »eigentlichen« funktionellen Sexualstörungen abgegrenzt. Obwohl sich die funktionellen Sexualstörungen ebenfalls in körperlichen Funktionsbeeinträchtigungen äußern, mithin zu Recht den psychosomatischen Erkrankungen zuzurechnen sind, unterscheiden sie sich doch von der eben ausgenommenen Gruppe dadurch, daß bei ihnen, zumindest zunächst, kein objektivierbarer somatischer Befund wie Mißbildung, Verletzung, Infekte u. ä. erhoben werden kann (weshalb jene auch als »primär somatisch bedingt« charakterisiert worden sind).

Ein die körperliche Intaktheit des Menschen vorübergehend (und erst recht dauernd) beeinträchtigendes Geschehen wirkt sich jedoch psychisch aus – sei es nun gleich von Anfang an in voller Stärke einsetzend, sei es sich erst im Laufe der Zeit allmählich entwickelnd. Es beeinflußt also Befindlichkeit und Verhalten, wenn es nicht schließlich gar beide bestimmt. Daß diese erst sekundären psychischen Veränderungen in bestimmten Fällen dann das ursprüngliche Bild einer körperlichen Krankheit überlagern, ja verdecken können, ist eine Erfahrung, die täglich in sämtlichen Bereichen der Medizin (und nicht nur bei Sexualstörungen) gemacht werden kann. Bedauerlicherweise hat sich jedoch die sich daraus ergebende therapeutische Konsequenz in der breiten Ärzteschaft noch nicht durchgesetzt: daß sich nämlich der Befund einer sich körperlich manifestierenden Erkrankung und die Indikation zur Psychotherapie grundsätzlich keineswegs ausschließen, ob eine solche Behandlung nun schon vorsorglich gegen mögliche sekundäre psychische Fehlverarbeitungen des Grundleidens oder als inzwischen notwendig gewordene »kausale« Therapie erfolgt.

Diese Auffassung, die übrigens nicht nur von psychotherapeutischer Seite vertreten wird, sondern auch von einem in dieser Hinsicht gewiß unverdächtigen Kliniker, wie dem als Konstitutionsforscher bekannt gewordenen E. KRETSCHMER (*Körperbau und Charakter*, »Konstitutionstypen«), muß an dieser Stelle mit Nachdruck vorangestellt werden. Der heutige Arzt läuft wegen seiner zu einseitig somatisch orientierten Krankheitskonzeption ständig Gefahr, sich über den äußerlich erkennbaren oder sonstwie objektivierbaren Erscheinungen einer Krankheit hinsichtlich deren Ätiologie, Pathogenese und Verlauf diagnostisch und therapeutisch gleichermaßen auf entsprechend konkret faßbare Noxen wie Erbschäden, Krankheitserreger, Unfälle, Ernährungsmängel u. ä. zu beschränken. Darüber versäumt er, pathogenetische Faktoren einer ganz anderen Kategorie, wie Konflikte zwischenmenschlicher, insbesondere intrapsychischer Art, wie Schicksalsschläge, Lebenskrisen, Auswirkungen der sozio-ökonomischen Situation u. ä. zu beachten. Hat er doch von deren ebenfalls krank machender und krankheitserhaltender Wirkung während seiner Ausbildung kaum etwas gehört. – So halten die Ärzte das, was lediglich sichtbarer Ausdruck, also Symptom eines dem Kranken selber in seiner Bedeutung meist nicht bewußten unsichtbaren krank machenden psychosozialen Geschehens ist, irrigerweise bereits für die eigentliche Krankheit. Folgerichtig sind sie bemüht, diese sichtbaren Störungszeichen mit den auch sonst in der Medizin üblichen Mitteln und Methoden zu beheben, und glauben, mit erfolgreicher Symptombeseitigung »die Krankheit« geheilt zu haben. Gerade das ist aber bei den psychosomatischen Erkrankungen, zu denen auch die eigentlichen funktionellen Sexualstörungen gehören, nicht der Fall. Das beweisen die häufigen Rückfälle nach solchen scheinbaren Heilungen. Dann nämlich, wenn die die bisherige Symptomatik bewirkende innere Konfliktsituation unverarbeitet fortbesteht. Das gilt grundsätzlich auch dann, wenn das frühere Symptom zwar geschwunden ist, aber durch ein neues ersetzt wurde (»Symptomwandel«)[8].

Konkret gesprochen: Wenn zum Beispiel statt einer (scheinbar) geheilten Ejaculatio retardata (einer Orgasmusstörung des Mannes) sich überraschend Migräneanfälle einstellen; oder – um auch Beispiele außerhalb des Bereiches der Sexualstörungen zu bringen – wenn statt einer »geheilten« Beinlähmung (ohne nachweisbaren neurologischen Befund) alarmierende und zunächst infarktverdächtige Herzbeschwerden auftreten, die sich dann aber als »Herzneurose« erweisen; oder wenn anstelle eines »geheilten« Schreibkrampfes schon nach vier Wochen Angstanfälle einsetzen, die (nach Wiederaufnahme der Behandlung) erst mit dem Auftreten quälender Darmspasmen bei einem der Colitis ulcerosa ähnlichen Krankheitsbild nachlassen, das nun seinerseits einem fast einen Monat anhaltenden hypomanischen Zustandsbild weicht, bis schließlich der ganze Spuk mit einem allerdings kurz dauernden und leicht verlaufenden Rückfall in einen Schreibkrampf endgültig schwindet; und all das innerhalb eines Zeitraumes von weniger als einem Jahr!

Nach üblicher ärztlicher Auffassung würde jeder dieser Patienten zwei, drei oder gar vier Krankheiten nacheinander durchgemacht haben. Das würde wieder, um beim aufschlußreichen letzten Beispiel zu bleiben, bedeuten, daß ein sonst unauffällig wirkender Mensch, dem man »sein« vor der Welt erfolgreich verborgenes und schon jahrelang gewohntes Symptom (Schreibkrampf) »wegnimmt«, binnen weniger Monate nacheinander Leiden ganz verschiedener Krankheitskategorien durchgemacht hätte: zunächst neurotische (Angstanfälle), dann somatische (Colitis ulcerosa), schließlich sogar präpsychotische (Hypomanie), und dazu noch vorher und nachher einen Schreibkrampf! So verschiedenartige Krankheiten annehmen zu sollen, muß aber selbst dem mit Überzeugung klinisch-somatisch orientierten Arzt schwer eingehen. Und

[8] Vgl. W. W. Kemper: »›Organwahl‹ und psychosomatische Medizin«, in: *Ztsch. Psychother. med. Psycholog.* 4, H 3, 1954.

»weil nicht sein kann, was nicht sein darf«, verfällt er dann in der Regel auf den Ausweg, daß es sich um nur »eingebildete« Krankheiten gehandelt habe; wissenschaftlicher ausgedrückt: um eine »Hysterie« oder »Hypochondrie« oder ähnliches, was man medizinisch ja doch nicht recht ernst nehmen könne (der Laie würde sagen: »die Nerven«). Letztlich also eine Verlegenheitsdiagnose, die sich jedoch, bei Lichte besehen, für Arzt und Patienten gleich bedenklich auswirkt. Sie führt therapeutisch in eine Sackgasse, indem mit ihr dem Patienten der Weg zu einer möglichen und sachgerechten Behandlung blockiert wird. (Mit solcher Kritik soll nicht etwa die Existenz hysterischer oder hypochondrischer Krankheitsbilder angezweifelt, wohl aber auf die Fragwürdigkeit einer weitverbreiteten ärztlichen Einstellung hingewiesen werden.)

Ferner: Sind Beschwerden, weil sie »nur« hysterisch oder hypochondrisch sein sollen, deswegen weniger schmerzhaft oder qualvoll als die »echten«, etwa bei einer Nierensteinkolik oder bei einem Unfall? Können solche angeblich nur eingebildeten Beschwerden – was ja eigentlich nichts anderes besagt, als daß sie mit dem bisher üblichen ärztlichen Krankheitskonzept nicht in Einklang zu bringen, mithin nicht erklärbar sind – nicht sogar weit quälender sein als medizinisch erfaßbare? So die einer qualvollen, aber objektiv ungefährlichen Herzneurose gegenüber denen eines »stummen«, aber tödlich endenden Herzinfarktes? Woher leitet der Arzt das Recht ab, es dem Kranken anzulasten, wenn dessen Symptomatik oder Krankheitsverlauf nicht in das Prokrustesbett des zur Zeit gängigen Krankheitskonzeptes hineinpaßt?! Beim Auftauchen neuartiger Sachverhalte hat die Medizin umzulernen, nicht aber der Patient sich anzupassen (wie das ja auch in den übrigen Bereichen der Wissenschaft üblich ist!).

Ansätze zu solchem Umlernen sind inzwischen viele gemacht worden. Sie alle versuchen, mit der Tatsache fertig zu werden, daß die eben als Beispiel skizzierten Krankengeschichten (ebenso wie die im 2. Teil dieser Schrift gebrachten ausführlichen Falldarstellungen funktioneller Sexualstörungen) nicht mit der seit DESCARTES in der Wissenschaft vorherrschenden dualistischen Vorstellung in Einklang zu bringen sind, derzufolge – vereinfacht formuliert – der Mensch aus einem (materiellen) Leib und einer (spirituellen) Seele bestehe. Unter dem Stichwort von der Leib-Seele-Einheit wird diese jahrhundertealte Aufspaltung des Menschen wieder zu überbrücken versucht; selbst dann, wenn von einzelnen Forschern diese Zweiheit zunächst durch Hinzufügung einer dritten Einheit, des Geistes, zur Trinität erweitert wurde. Je nach der inneren Einstellung des einzelnen Forschers ist sein neues Konzept mehr von Leiblichem (Materiellem) oder Seelischem (Spirituellem) ausgegangen. Oder man hat durch neurovegetativ-hormonal-ionale Detailforschung den beide verbindenden Zwischenbereich aufzuhellen unternommen, oder aber das spezifisch Einmalige von beiden unter neuem Aspekt zu fassen versucht. – Das kann im einzelnen hier nicht ausgeführt werden; es sei deshalb nur an Namen und Stichworte erinnert wie: C. G. CARUS (»Psyche«), G. T. FECHNER (»Psycho-physischer Parallelismus«), L. KLAGES (»Der Geist als Widersacher der Seele«), H. PRINZHORN (»Leib-Seele-Einheit«), J. H. SCHULTZ (»Bionome Anthropologie«), FR. V. WEIZSÄCKER (»Gestaltkreis«), F. ALEXANDER (»Psychosomatic medicine«), C. G. JUNG (»Synchronizität«), H. SCHULTZ-HENCKE (»Gleichzeitigkeitskorrelat«), A. MITSCHERLICH (»Psychosomatisches Simultangeschehen«) und noch viele andere; aber auch deren Kritiker (M. BOSS u. a.) sei gedacht.

b) *Die vielfachen Voraussetzungen für einen normalen Entwicklungsverlauf beim Menschen und die Rolle psycho-sozialer Faktoren*[9]

Unterbrechen wir hier einmal kurz den bisherigen Gedankengang, um uns einen Überblick darüber zu verschaffen, welche konkreten Faktoren es sind, die den Verlauf unseres Lebens vom Augenblick der Zeugung bis zum Tode bestimmen und gestalten, so können wir (in schematisierter Form und nach dem Zeitpunkt ihrer Einwirkung geordnet) etwa folgende, sich zum Teil überlappende Determinanten herausdifferenzieren:

I. bei der »**Erbmasse**« (= phylogenetisch, »angeboren«)
die in den einzelnen Genen der Chromosomen, also in den

[9] Dieses Kapitel wurde für die vorliegende Taschenbuchausgabe neu geschrieben.

Kernen von beiden elterlichen Geschlechtszellen in molekularer Verankerung stammesgeschichtlich mitgegebenen

a) *Artmerkmale* der Spezies Mensch im Sinne von für ihn typisch vorgegebenen Leitlinien hinsichtlich seiner morphologischen Entwicklung sowie des entsprechenden artspezifischen Verhaltens und Befindens einschl. der besonderen Merkmale seiner Geschlechtlichkeit.

b) *individuelle* Merkmale, wie
Geschlecht, Hautfarbe, Konstitutionstypus mit den entsprechenden Dispositionen; gegebenenfalls auch familiäre Merkmale u. ä.;

II. bei den **Umwelt**-Einwirkungen (= ontogenetisch; »erworben«) die

a) *Mikro-Umwelt* der

1. Mutter-Kind-Beziehung (»Dyade«)
– während der vorgeburtlichen (biologischen) Uterus-Existenz, z. B.
Einstellung der Mutter zur Schwangerschaft; ihre innere Verfassung und Lebensweise (u. a. auch Ernährung, Medikamente etc.) im Verlaufe der Schwangerschaft; erwünschtes Kind?
– während der Geburt und der ersten Lebensmonate (Muter als »sozialer Uterus«), z. B.
Geburtsverlauf? Geschlecht des Kindes wunschentsprechend? Kindgerechtes Verhalten der Mutter? Berufstätig? – und vieles andere mehr.

2. Konstellation der Kleinkindfamilie (= »Primärgruppe«)
Einzelkind (unehelich? Krippenkind?) bzw. Platz in der Geschwisterreihe; Einstellung beider Eltern zum Kind (und zueinander); häusliche Atmosphäre in emotionaler, wirtschaftlicher, sozio-kultureller Hinsicht; Erziehungsprinzipien einschl. Tabus; Sauberkeitsgewöhnung; Schicksalsschläge, Krankheiten etc.

b) *Makro-Umwelt*: spätere Kindheit, Jugend, Erwachsenenalter (= »Großgruppen«)
Kindergarten, Schule, berufliche und sonstige Gruppierungen, soziale Klassenzugehörigkeit, Änderung im Familienstand oder in der Sozialstruktur u. ä.

Wir sehen: Das ärztliche Denken und Handeln unter stillschweigender Zugrundelegung so simpler Gegensatzpaare wie körperliche, d. h. »echte«, weil mit körperlich greifbarem Befunde einhergehende Krankheiten einerseits, und »bloß« psychische Erkrankungen andererseits, hat sich für die in Wirklichkeit zugrundeliegenden gestörten Abläufe als unzulänglich erwiesen. Dies hatte zur Folge, daß nur die körperlichen Krankheiten auch ihrem Befunde angemessen behandelt werden konnten. Den anderen, die ja »uneigentlich«, gewissermaßen nur »eingebildet« sein mußten, suchte man, sofern man sie überhaupt für behandlungswürdig hielt, mit für sie inadäquaten Methoden, nicht selten sogar mit richtigen Roßkuren beizukommen. – Zwar gab es auch damals schon Psychotherapeuten, aber nur wenige, und unter ihnen wieder nur einige, die wirklich qualifiziert waren, während die Erfolge der anderen trotz gelegentlicher spektakulärer Wunderheilungen meist nicht lange vorhielten. Basierend auf FREUDS bahnbrechend wirkenden Einsichten wissen wir heute, daß und warum selbst eindeutige Körperkrankheiten nicht selten erst dann behoben werden können, wenn die ihnen insgeheim zugrundeliegende konflikthafte Problematik psychotherapeutisch erfolgreich verarbeitet worden ist. Andererseits können aber auch umgekehrt heute eindeutig psychische Erkrankungen – etwa Depressionen oder schwerste Angstzustände – mit Psychopharmaka, also auf medikamentösem Wege, so wesentlich gebessert werden, daß sich eine vordem unerläßliche Internierung in einer psychiatrischen Klinik erübrigt. Ob dies dann zu einem Dauererfolg führt, hängt wiederum davon ab, wieweit die zugrundeliegende Konfliktsituation inzwischen bereinigt werden konnte.

Als ähnlich unzulänglich zur Erfassung eines in Wirklichkeit weit komplexeren Geschehens haben sich inzwischen auch andere damals gängige Gegensatzpaare erwiesen, wie z. B. die scharfe Trennung zwischen ererbten und umweltbedingten Krankheiten, oder die zwischen angeborenen und erworbenen, oder endogenen und exogenen usw.

Gewiß kommen auch sie zunächst in reiner Form vor, jedenfalls erscheinungsmäßig. Aber es ist eine spezifische Eigenart des lebendigen Organismus, daß Störungen in einem Bereich unweigerlich sich im anderen auswirken. Die erst durch technische Verfeinerung möglich gewordene Molekularbiologie hat uns in den letzten Jahren auch bei manchen Erkrankungen, bei denen bisher kein objektiver Befund erhoben werden konnte, nun doch einen solchen nachzuweisen möglich gemacht. Das darf jedoch nicht zu der zwar naheliegenden, jedoch verhängnisvollen Schlußfolgerung führen, mit jenem Nachweis auch schon die bisher fehlende Krankheits*ursache* erfaßt zu haben. (Ist doch z. B. in den letzten Jahrzehnten kaum ein Jahr vergangen, in dem nicht in irgendeiner Forschungsstätte der Welt vermeintlich »der« immer noch gesuchte Krebserreger nun endlich entdeckt worden wäre!)

Mit diesen nötigen Vorbehalten wollen wir nicht den Befund in Zweifel ziehen, wohl aber seinen Stellenwert. Gewiß kann ein derart erhobener Befund wirklich einmal die gesuchte Krankheitsursache sein (wie es z. B. der von Koch entdeckte Bazillus für die Tuberkulose war). Es kann sich aber ebensogut um einen zufällig-belanglosen Nebenbefund handeln oder lediglich um ein bloßes Symptom des eigentlichen Grundleidens (wie z. B. die Hautausschläge, die bei verschiedenen Infektionskrankheiten aufzutreten pflegen) – ja, der erhobene Befund kann sogar statt Ursache in Wirklichkeit Folge einer chronifizierten psychogenen Erkrankung sein.

Dieser fließenden Grenzen und komplizierten Wechselbeziehungen müssen wir uns stets bewußt sein, wenn wir doch aus den genannten Gründen die Unterscheidung zwischen primär-somatischen und primär-psychischen Erkrankungen beibehalten. Die uns interessierenden funktionellen Sexualstörungen wären dann (wie alle funktionellen Störungen) den psychosomatischen Krankheiten zuzurechnen; d. h. einer Krankheitsgruppe, bei deren Auftreten unabhängig von dem Vorliegen körperlicher Befunde bestimmte psychische Faktoren oder Konstellationen in einer jeden Zweifel ausschließenden Häufigkeit angetroffen werden. Ihnen liegen Konfliktsituationen zugrunde: Konflikte mit Personen oder Institutionen der Außenwelt, oder mehr »innere« Konflikte. Wobei die Psychoanalyse aber aufzeigen konnte, daß diese »inneren« Konflikte in der Regel, ohne daß der Betreffende sich dessen bewußt wäre, Verinnerlichungen (»Internalisierungen«), also Neuauflagen von einstigen Außenkonflikten sind.

Ihre erfolgreiche Austragung auf dem nunmehrigen »inneren Kriegsschauplatz« wird oft dadurch so erschwert, daß die einst an Außenpersonen oder Institutionen gebundene emotionale Besetzung – sei sie guter, sei sie schlechter Art gewesen – bei diesem Verinnerlichungsprozeß mit übernommen, internalisiert (»einverleibt«) wurde, und nun auf dazu mehr oder minder geeignete Personen oder Institutionen aus der aktuellen Lebenssituation des Betreffenden – wiederum ohne daß er sich dessen bewußt wäre – übertragen (re-projiziert) wird. So ist die scheinbar so konkrete gegenwärtige Welt, in der wir so realitätsangepaßt zu leben glauben, in Wirklichkeit durch unsere eigenen geheimen Erwartungen und Befürchtungen weitgehend subjektiv verfärbt (um nicht zu sagen verfälscht). Und zwar nicht nur, weil jeder Mensch eine einmalige Erbanlage besitzt, die in den Genen der Kernschleifen der elterlichen Geschlechtszellen chemisch unverwechselbar kodifiziert festgelegt ist, sondern mindestens ebenso wegen der trotz aller Gleichheit auch noch für jeden einzelnen Menschen einmaligen »In-Welt« (die Summe all unserer »Internalisierungen«). Deshalb erleben auch zehn verschiedene Menschen – um nach so viel theoretischen Ausführungen ein praktisches Beispiel zu bringen – eine und die gleiche Person oder eine und dieselbe Situation oder Konstellation auf ihre spezifisch eigene, mithin zehnfach verschiedene Weise.

Auf das Thema unserer Schrift angewandt, heißt das zum Beispiel, daß Partner, die sich suchen oder bereits gefunden haben, auch nicht genau dem Bilde entsprechen, das einer vom anderen hat, richtiger wäre zu sagen: »in sich trägt«, bzw. wie jeder den anderen erlebt. Aus diesen einem selbst nicht bewußten inneren Notwendigkeiten verkennt man idealisierend oder verteufelnd manches im Wesen und Verhalten des anderen. Daher sind vielfach die Versuche zu klärenden Aussprachen so aussichtslos – trotz redlicher Bemühung von beiden Seiten. Fühlt sich doch jeder infolge der eben aufgezeigten unbewußten wechselseitigen projektiven Verzeichnung zu Recht vom anderen falsch gesehen und damit ins Unrecht gesetzt. Die nachfolgenden Krankengeschichten werden dies noch im einzelnen veranschaulichen. –

Die vorhin erwähnte moderne Gen-Forschung scheint denjenigen Wissenschaftlern, die schon immer den Erbfaktoren mit ihren ehern festliegenden Gesetzmäßigkeiten die vorrangige Bedeutung beimaßen, endlich die bisher fehlende morphologisch-strukturelle Untermauerung ihrer Position geliefert zu haben. Hatte doch selbst ein Darwin die Gültigkeit der Erbgesetze unangetastet gelassen, als er in seiner damals so revolutionär erscheinenden Abstammungslehre mit seinem Prinzip der »natürlichen Auslese« durch den »Kampf ums Dasein« das Überleben der den jeweiligen Umweltbedingungen am besten angepaßten Arten verständlich zu machen vermochte – wenngleich er die Frage nach den eigentlichen Ursachen der Entstehung stammesgeschichtlich höherentwickelter Arten offenlassen mußte.

Hier nun gab die Entdeckung des stammesgeschichtliche Entwicklungsanstöße gebenden Phänomens der Mutation (Abänderung der Erbanlagen) bzw. die darauf basierende Mutationstheorie des Holländers De Vries (1901) die bisher fehlende Erklärung. Ausgelöst wird die Mutation durch noch weitgehend unbekannte innere Faktoren (natürliche Mutation), aber auch durch äußere, also Umwelteinwirkungen, wie z. B. kurzwellige Strahlen, bestimmte Medikamente u. a. Mit diesen neuen Erkenntnissen war aber zugleich ein erster Einbruch in die These von der schicksalhaften Unveränderlichkeit unserer Erbanlagen erfolgt. Er wurde noch vertieft durch Pawlow, einen russischen Zeitgenossen von De Vries. Mit dem von ihm nachgewiesenen »Erwerb bedingter Reflexe« zeigte er zunächst im Tierversuch, später auch am Menschen auf, daß selbst eingeborene, also als definitiv festgelegt angesehene Eigenschaften und Verhaltensweisen durch ständig wiederholte gleiche Erfahrungen modifizierbar werden; daß somit durch eine Art Lernprozeß (!), mithin auf psychischem Wege, bisher erbmäßig festgelegte Verhaltensmuster bzw. Bewegungsabläufe abgeändert und in automatisierter Form veränderten Umweltbedingungen sinnvoll angepaßt werden können. (Heute würde man, auf den Menschen angewandt, von »Manipulierbarkeit« sprechen.)

Dann hat die moderne Verhaltensforschung (Lorenz) noch darüber hinausgehend mit dem »Prägung« genannten Vorgang aufzeigen können, daß die vermeintlich triebhaft »blind« angelegten Reaktionsbereitschaften selbst beim instinktgesteuerten Tier (z. B. Graugans) in Grenzen an die jeweilige Umwelt anpaßbar sind. Und schließlich hat Port-

MANN[10] diese bisher als negativ gewertete Anpaßbarkeit (»Manipulierbarkeit«) des Organismus als lebenswichtige und für den Menschen als Sozialwesen sogar unabdingbare Qualität charakterisiert; ohne sie gäbe es kein Überleben, geschweige denn eine kulturelle Entwicklung.

Dieser adaptive Lernprozeß beginnt schon spätestens mit der Geburt, also lange vor Spracherwerb und gezieltem Denkvermögen. –

Damit begann die Wissenschaft vom Menschen ihre Aufmerksamkeit nicht mehr (wie es über lange Jahrzehnte geschehen war) so sehr auf ihn als Individuum, sondern zunehmend auf ihn als Sozialwesen zu richten. Lebt der Mensch doch trotz aller Abgeschiedenheit seiner vorgeburtlichen Existenz vom allerersten Anbeginn seines Daseins an in engstem Verbund mit einem anderen Menschen: seiner Mutter. Dieser Beziehung kommt, wie insbesondere PORTMANN[11] aufgezeigt hat, auch nachgeburtlich für noch fast das ganze erste Lebensjahr, vor allem aber für die ersten Lebenswochen und -monate eine im Vergleich zur Tierwelt einmalige Bedeutung im Sinne eines noch weitgehenden Fortbestehens der realiter bereits aufgegebenen engsten Verbundenheit von Kind und Mutter zu (Dyade). Das bestätigen auch die langjährigen praktisch-klinischen Beobachtungen und Untersuchungen von R. SPITZ[12] (»Hospitalismus« u. a.).

So zeigt sich immer wieder, wie wichtig es für die richtige Entwicklung und konstruktive Entfaltung der im Kleinkind bereitliegenden Möglichkeiten ist, daß sie eine jeweils zeitlich, qualitativ und quantitativ abgestimmte Umweltkonstellation antreffen. Je gelungener solche Verzahnung – zunächst in der Kind-Mutter-Beziehung, dann in der Kleinfamilie, dann in Schule und in den späteren sozialen Gruppierungen –, um so störungsfreier die körperliche und auch charakterliche Entwicklung des Heranwachsenden und damit zugleich die Entfaltungsmöglichkeit seiner eigenen schöp-

[10] Festvortrag auf dem Kongreß für ärztl. Fortbildg., Berlin 1969: »Manipulation des Menschen als Schicksal und Bedrohung«.

[11] PORTMANN, A. in G. L. FLANAGAN: *Die ersten neun Monate des Lebens*, rororo Sachbuch 6605, 1968.

[12] R. SPITZ: *Die Entstehung der ersten Objektbeziehungen*, Klett-Verlag Stuttgart, und *Vom Säugling zum Kleinkind* (ebenda).

ferischen Fähigkeiten sowie – was für das Thema unserer Schrift bedeutungsvoll ist – seiner psycho-physischen Liebesfähigkeit. –

Bei aller Bedeutung, die wir somit der familiären und soziokulturellen Umwelt, in die ein Kind hineingeboren wird und mehr und mehr hineinwächst, beimessen und von der auch noch der Erwachsene weit mehr abhängt, als er glaubt, dürfen wir nicht übersehen, daß dieser »Faktor Umwelt« nicht als solcher, gewissermaßen als ein Abstraktum, seinen den Menschen für das ganze Leben prägenden Einfluß ausübt, sondern stets nur indirekt. So zu Anfang ausschließlich durch das Medium ganz bestimmter Bezugspersonen, d. h. der Menschen, die »die Welt« des heranwachsenden Kindes ausmachen. Für das werdende Menschenkind mithin zunächst ausschließlich die Mutter. Und zwar schon während der Zeit der Schwangerschaft; dann in der mit der Geburt zusammenhängenden Phase (deren einschneidende Bedeutung für die spätere psycho-physische Entwicklung bisher noch kaum bekannt ist), nicht zuletzt aber während der ersten Lebenswochen und -monate, worüber später noch Genaueres zu sagen sein wird. – Diese einmalige Sonderstellung der Mutter im Leben des Kindes wird erst in der zweiten Hälfte des ersten Lebensjahres dadurch mehr und mehr aufgehoben, daß natürlicherweise dann auch andere Personen, Vater, Geschwister oder sonstige zur familiären Gruppe Gehörige in die Welt des Kindes einbezogen werden.

So sind es in der entscheidenden vor- und nachgeburtlichen Frühphase die Einstellung der Mutter zum Kinde, ihr Da-Sein und ihr So-Sein, ihre Haltung und ihr Verhalten, die längst vor jeder gedanklichen oder sprachlichen Kommunikation atmosphärisch des Kindes Bild von der Welt bestimmen. Ein Bild, das des Kindes angelegte Zuwendungsbereitschaft zur Welt (das heißt zunächst zur Mutter) sich entfalten läßt – oder aber sie hemmt, so daß es sich vor ihr verschließt. Nach und nach treten dann auch die weiteren Personen der häuslichen Umwelt fördernd oder störend in dieses Bezugssystem Kind–Welt ein, dabei alle zunächst immer noch vor der Entwicklung einer sprachgebundenen Begriffswelt. Und selbst bei sprachlicher Zuwendung zum Kinde in dieser Frühzeit und bei dessen ersten eigenen sprachlichen Äußerungsversuchen wiegt zu jener Zeit die emotionale Tönung der Laute oder Wortansätze, nicht ihr Begriffsgehalt. (Ist es Zufall, daß Erwachsene als Liebende unwillkürlich so gern wieder auf diese Frühstufe kommunikativen Kontaktes zurückgreifen?)

Gewiß sind, unabhängig von jeder individuellen Eigenart, die Einstellung und das Verhalten der Mutter sowie der anderen Bezugspersonen stets auch durch ihre soziale Stellung innerhalb der Gesellschaftsstruktur mit den dieser eigenen Wertordnungen, pädagogischen und sonstigen Normen bestimmt. Aber wie in der Schule ein gewisser Lehrstoff von dem einen Lehrer in eingängiger Form angeboten wird und sogleich des Schülers mitgehendes Interesse weckt, während ein anderer Lehrer mit dem gleichen Stoff die Schüler nicht anzusprechen vermag, sie vielmehr verstummen macht oder erschreckt oder sie aufsässig werden läßt, so gilt dies vergleichsweise erst recht im Frühalter, wo statt der begrifflichen Sprache noch die dem Emotionalen näherstehende Gebärdensprache »das Wort hat«.

Dennoch vollzieht sich im Kinde bei diesem täglichen Austausch ein ständiger Lernprozeß. Die dem Säugling durch die engste Familie dabei atmosphärisch vermittelte Welt wird mittels gewisser in ihm angelegter und altersgemäß in Funktion tretender »psychischer Mechanismen« (Introjektion, Projektion, Identifizierung Reaktionsbildung, Verdrängung, u. a.) von ihm auswertend verarbeitet mit dem Ziel, in permanenter Auseinandersetzung mit den Zuwendungen, aber auch Anforderungen seitens der ihm vorgelebten Leitbilder (die Erwachsenen) das in ihm angelegte Erbgut verwirklichen zu können. So muß er mehr und mehr lernen, mittels des eben genannten Instrumentariums an Verarbeitungsmöglichkeiten seine eigenen triebhaften Regungen mit den Notwendigkeiten und Anforderungen seiner Umwelt in Einklang zu bringen; mit anderen Worten: als Sozialwesen mit dieser für ihn nun einmal gegebenen Welt zurechtzukommen.

Seine als stammesgeschichtliches Erbe eingebrachten triebhaften Bedürfnisse sind ebenso wie die angetroffene Umweltkonstellation für das noch hilflose Menschenkind unabänderliche Gegebenheiten. Das in ihm bereitliegende und zu entwickelnde Instrumentarium verschiedenartiger Verarbeitungs- und Reaktionsweisen ist die Variable, mit der es beides, seinem jeweiligen psychischen Reifegrade entsprechend, in Einklang zu bringen sucht. Begreiflicherweise ist sein so zustande kommendes »In-Bild« von der Welt draußen, die vorhin genannten Internalisierungen der Außenobjekte (Mutter und andere), zunächst ebenso phantastisch verzeichnet wie die Vorstellung von der eigenen Körperlichkeit (SCHILDERS Körperschema). Und bleibt es auch trotz tagtäglicher Korrekturen zum Teil noch bis weit über die Kindheit hinaus (daher zum Beispiel die Faszination durch die Phantastik der Märchen). Selbst der gesunde Erwachsene braucht zeitlebens als eine Art Naturschutzpark ein Stück dieses noch nicht der rein zweckgebundenen Realität hörig gewordenen freien Spielraumes: Einfallsreichtum, Kreativität, Muße zum Tagtraum, als künstlerisch Schaffender oder Genießender und – nicht zuletzt – als Liebender.

Je spontaner das Kleinkind jenen langen Weg der kleinen Schritte des In-Einklang-Bringens von Außenrealität und In-Bildern ungestört und zur rechten Zeit von innen heraus selbst vollziehen kann, um so mehr an Gemütswerten wird es heil aus seiner Kindheit in die Erwachsenenwelt einbringen können; und damit auch in die Beziehung zum Partner, zu seinen Kindern, zum Freundeskreis – und nicht zuletzt auch zu sich selbst. Wird dieser Prozeß jedoch durch mangelnde Zuwendung der Erwachsenen (in erster Linie der Mutter), durch Verständnislosigkeit für seine wahren Bedürfnisse, durch pädagogische Starre oder Voreingenommenheit, oder aber durch eine objektiv unerträgliche Umweltkonstellation in seinem natürlichen Ablauf gestört, fehlgeleitet oder verhindert, so sind damit bereits in dieser Frühzeit die Weichen gestellt zu früher oder später sich einstellenden psychischen, charakterlichen und psychosomatischen Fehlentwicklungen, ja sogar zu körperlichen Krankheiten. Sie stellen somit eine Belastung dar, die auch alle Voraussetzungen zum Zustandekommen späterer funktioneller Sexualstörungen in sich schließt.

Die moderne Verhaltensforschung hat uns gezeigt, daß trotz der nahezu automatisierten Instinktverschränkung des Tieres mit seiner Umwelt bereits im Sozialverhalten von Tieren bestimmte Triebeinschränkungen (zum Beispiel mittels

Ritualisierung; LORENZ) entwickelt worden sind. Wieviel nötiger sind sie beim Menschengeschlecht mit seiner schier unbegrenzten Fähigkeit in der Erfindung immer neuer Arten von Destruktivität.

Dennoch dürfen die von allen Kulturen dem Menschen im Interesse des sozialen Zusammenlebens abgeforderten Triebverzichte nicht das Maß überschreiten, das die natürliche Harmonie zwischen einer zum Überleben notwendigen Triebdurchsetzung und dem sozial notwendigen Triebverzicht aufhebt. Wie es eine moralische Gewissensinstanz im Menschen gibt, die ihn die Grenzen des Zulässigen spüren läßt, so auch im biologischen Bereich, nur daß hier die Belastbarkeitsgrenze von uns nicht bewußt wahrgenommen wird. Sowie es nämlich um die unsere Existenz gefährdenden Überforderungen an Triebverzicht geht, setzt als stammesgeschichtliches Erbe auch noch beim Menschen ein automatisches Regulativ ein – ich habe es unser »biologisches Gewissen« genannt –, welches, ohne daß es von dem Betroffenen in seiner Bestimmung erkannt würde, die lebensbedrohliche Gefahr abzuwenden sucht; sei es durch Blockierung bestimmter Funktionen, sei es durch (scheinbar) rein körperliche Erkrankungen. Diese (paradoxerweise aus phylogenetisch »tieferen« Schichten stammende) »höhere« Einsicht sucht einem gefährdeten Menschen auf seinem verhängnisvollen Wege Halt zu gebieten.

So gesehen, dürfen funktionelle Organstörungen, selbst Körperkrankheiten keineswegs immer nur negativ als quasi mechanische Pannen oder Defekte in der biologischen »Maschinerie« gewertet werden. Die psychosomatische Medizin hat uns an vielen Beispielen aufgezeigt, wie sich beim Menschen grade in den für sein Leben charakteristischen Krisen oder sonstigen Konfliktsituationen eine sich körperlich manifestierende Krankheit »heilsam« einstellt.

So ist auch die gelegentlich zu hörende Meinung gar nicht einmal so abwegig, wie es zunächst erscheinen mag: daß nämlich dann, wenn bestimmte Störungen dieser Art nicht nur beim einzelnen Menschen, sondern kollektiv auftreten, also ganze Gruppen eines sozialen Gefüges ergreifen – man denke an die Flagellanten im Mittelalter, an die Drogensüchtigen von heute –, nicht so sehr die Betroffenen die eigentlich Kranken sind. Krank seien die Leitbilder ihrer Umwelt, mithin die von der Gesellschaft vertretenen und vorgelebten Prinzipien. – Bei unseren Fallberichten wird auch hierauf eingegangen werden. –

Über das soeben Ausgeführte hinaus ist an unserer Zusammenstellung auf Seite 37 f. eindrucksvoll die unerwartet große Zahl von Faktoren, die insgesamt im Spiel ist. Sie ließe sich über unsere Zusammenfassung in zusammengehörige Gruppen hinaus unschwer noch weiter ausdifferenzieren. Wir müssen uns darüber im klaren sein, daß wir alle solchen Einflüssen unterworfen waren und es noch sind – weit mehr, als wir es wissen. – Eindrucksvoll ist ebenfalls die Vielfalt der Faktoren in qualitativer Hinsicht: Sie reichen von noch primitiv-mechanisch oder physiko-chemisch anmutenden Reaktionen über kompliziert ineinander greifende neuro-hormonal-vegetative Abläufe und dumpfe Empfindungen bis zu sublimsten humanen Regungen. Es ist wirklich so, als wenn ein jeder von uns die gesamte Entwicklungsgeschichte noch einmal zu durchlaufen hätte.

Am eindrucksvollsten scheint mir jedoch zu sein, daß man trotz aller Vielzahl und Verschiedenartigkeit der beteiligten Faktoren doch den Eindruck eines großartigen harmonisch aufeinander abgestimmten Zusammenspiels gewinnt: Kein Entweder-Oder (und damit keine Gefahr eines ständigen Gegeneinander), sondern – jedenfalls im naturgemäßen Entwurf vorgesehen – eine trotz dieser Vielfalt ineinander greifende Einheit. Der Vergleich mit einem Orchester drängt sich auf. Obwohl aus verschiedenartigsten Instrumenten zusammengefügt – dazu noch meist in mehrfacher Besetzung –, verschmilzt es, sofern richtig »dirigiert«, zu einem einzigen Klang-»Körper«.

Greifen dann in der Entwicklung des Menschen alle in unserem Schema zu verschiedenen Reihen zusammengefaßten Faktoren harmonisch ineinander, so sind wir gegen Anfälligkeiten (»Funktionsstörungen«) gefeit. Besonders kommt es hierbei auf das wechselseitig aufeinander abgestimmte Zusammenspiel von Anlage und Umwelt in der perinatalen Phase an. Portmann hat in seinem kurzen, aber eindrucksvollen Nachwort zur bereits zitierten Schrift von Flanagan ausgeführt, daß und warum der Mensch sich von allen Säugern dadurch abhebt, daß seine Entwicklung im ersten Lebensjahr noch »embryonal«, also wie in einer Art verlängertem vorgeburtlichem Zustande verläuft. Wenn auch nicht mehr »in der Geborgenheit, im Dunkel, in der Wärme des mütterlichen Leibes«, muß ihm während der ersten Lebensjahre das Heim, in erster Linie die Mutter diese

»Sicherheit, Wärme und Nahrung bieten ... muß einen neuen, sozialen Mutterschoß schaffen; damit entsteht eine Aufgabe der Gesellschaft, die nicht bedeutungsvoll genug gesehen werden kann ... In das ›Erstjahr‹, das Jahr, um das wir – gemessen an Säugetiernormen – zu früh zur Welt kommen, fallen Geschehnisse, die für das Werden jedes Menschen entscheidend sind: die Ausbildung des Stehens, des Sprechens und des einsichtigen, denkenden Tuns. Diese drei wichtigen menschlichen Eigenschaften formen sich nicht nur gleichzeitig, sie entstehen auch auffällig gleichartig. Die Anlagen machen sich als erbliche Triebe bemerkbar, als unausgeformter, offener Drang zum Handeln, zum Aufrichten, zum Formen von Lauten und Tönen. Und noch etwas ist bei allen diesen Anlagen gleich: sie alle benötigen die *Hilfe der Mitmenschen,* die stete Aufforderung zum Tun und Denken. Die engste Sozialwelt des Kleinkindes ist, wenn sie vollwertig ist, eine reiche Quelle von Förderung. Mehr als das: dieses soziale Mittun, die *Gegenseitigkeit von Gruppe und Kind* ist die notwendige Voraussetzung des Gelingens. *Volle Menschlichkeit ist das Werk der Gesellschaft. Nur in der Gruppe wird und ist der Mensch ganz Mensch.*
Pfaundler, Spitz u. a. haben deutlich gezeigt, in welchem Ausmaß das *psychische und körperliche Gedeihen des Säuglings im ersten Jahr als eine unteilbare Einheit* betrachtet werden muß ... Das kleine Menschenwesen wendet in einer Zeit, wo seine rationalen, intellektuellen Fähigkeiten erst keimhaft am Werk sind, die Macht seiner intuitiven Möglichkeiten, die ganze Kraft seines Gefühlslebens auf die umgebende Sozialwelt. Diese gefühlsstarke Zuwendung ist, wenn sie wirklich ihr Ziel erreichen soll, der entsprechenden Antwort durch die soziale Gruppe bedürftig, mag diese Sozialwelt auch nur durch einen einzigen Menschen verkörpert sein. *Die Zuwendungskraft des Kindes fordert die Gegenleistung. Die Beziehung von Kind und Gruppe ist durchaus vergleichbar der Instinktverschränkung, welche Jungtiere und Eltern zu einer Einheit zusammenbindet,* nur daß die verschränkende Struktur dieses überindividuellen Ganzen im Fall des Menschen qualitativ sehr viel reicher sein muß. Zuwendung in einer

›administrativen‹, lauen Weise, als eine bloße Erledigung mehr oder weniger lästiger Pflichten, wird vom Kind unfehlbar in ihrer Dürftigkeit taxiert und läßt im Gefühlsleben des werdenden Wesens ein Unbehagen aufkommen, das sich rasch im Verfall der ganzen Entwicklung äußert. Was der Säugling in diesen entscheidenden Monaten des ersten Jahres braucht, wie übrigens später das Kleinkind, ist eine *volle, gefühlsstarke Zuwendung. Liebe und vollwertige Eingliederung in die soziale Gruppe sind als Entwicklungsfaktoren erwiesen,* von denen eine starke menschenformende Kraft ausgeht und *deren Ausbleiben mit Sicherheit Fehlentwicklung zur Folge hat.* Man darf ruhig behaupten, daß Liebe, insbesondere in den ersten Jahren, als ein wägbarer Faktor, als ein Beziehungsglied auftritt, dessen Wirksamkeit sich mit den quantitativen Methoden der Biologie deutlich bestimmen läßt. Wir müssen diese Tatsachen betonen, weil im Zeitalter des Wägens und Messens die Gefahr immer größer wird, daß zwar die Anteile von Fruchtsäften und Milch sorgfältig bestimmt werden, daß man es aber nur zu oft mit der rechten Zuteilung der Zärtlichkeit, mit der ›Zufuhr‹ von Geborgenheit, mit dem Anteil an echter Liebe lange nicht so genau nimmt.«*

Soweit Portmann. Da er Zoologe und Biologe ist, haben seine Aussagen begreiflicherweise für uns um so gewichtigere Bedeutung. Stützen sie doch – wie der Leser in seinen Schriften noch aus vielen weiteren Einzelheiten ersehen kann – mit objektiven Daten die von uns vertretene Auffassung, daß die Entscheidung über eine gesunde oder bereits gestörte Entwicklung des Menschen in der frühen Kindheit fällt. Und zwar nicht nur was seine körperliche Integrität und Funktionstüchtigkeit anbetrifft, sondern ebenso und sogar erst recht seine geistigen, emotionalen und sonstigen den Menschen auszeichnenden Möglichkeiten – einschließlich seiner Liebesfähigkeit (und deren Störbarkeit!). –

Wir hatten gleich anfangs im Vorwort zu dieser Taschenbuchausgabe auf die auffällige Tatsache aufmerksam gemacht, daß bei der heranwachsenden Generation trotz der Sexwelle und trotz des Brechens fast aller Tabus gerade auch auf sexuellem Gebiete wider Erwarten die funktionellen Sexualstörungen eher zu- als abgenommen haben. Das soeben über unser Geprägtsein durch die Vergangenheit Ge-

* Hervorhebungen des Verfassers.

sagte sowie das schon vorher über die Fortwirkung der internalisierten Leitbilder Ausgeführte macht uns diesen scheinbaren Widerspruch nun besser verständlich. Das aus dem Polynesischen stammende Wort *tabu* meint alles das, was bei den (sogenannten) Primitiven durch kultische Gebote oder Verbote als unantastbar festgelegt ist. Der Schamane (Priesterarzt) oder Stammeshäuptling wacht streng über der Einhaltung dieser vermeintlich von den Göttern eingesetzten Tabus. Sie betreffen nicht nur den eigentlichen kultischen Bereich, sondern mit gleicher Strenge auch die Lebensordnung (z. B. die Zubereitung von Speisen, die Einordnung des einzelnen in das Sozialgefüge u. a.), insbesondere aber das Sexualverhalten, und zwar schon von frühester Kindheit an: beschneidungsähnliche Operationen, vielfach bei beiden Geschlechtern; Pubertäts-, Mannbarkeits-, Heiratsriten, Couvade u. a. beim Manne; strenge Absonderung der menstruierenden oder gebärenden Frau.

Ein Verstoß gegen die Tabus – auch wenn er unwissentlich oder versehentlich geschehen ist – weckt den Zorn und die Rache der Götter gegen den Frevler. Und zwar nicht nur gegen den Frevler selbst, sondern auch gegen seine Sippe oder den Stamm. Nur mittels Sühneopfer und Bestrafung des Frevlers durch den Schamanen sowie durch einen von ihm zelebrierten Gegenzauber kann das drohende Unheil (Dürre, Seuche, kriegerische Verwicklung) abgewehrt werden. Es herrscht das Talionsgesetz: »Auge um Auge, Zahn um Zahn«, wie es selbst noch dem Rechtsempfinden des Alten Testamentes entspricht, ja wie es auch in uns Heutigen trotz Christentum und Strafrechtsreform immer noch weiterlebt.

Gewiß – wir leben nicht in Polynesien und nicht im vorchristlichen Jahrtausend, sondern in einem Kulturstaat an der Schwelle des dritten Jahrtausends – dazu noch mit einer nicht mehr auf dem rächenden Vergeltungsprinzip aufgebauten Gerichtsbarkeit. Das stimmt zwar. Aber wie wir Menschen körperlich unsere stammesgeschichtliche Vergangenheit trotz der Jahrmillionen währenden »Höherentwicklung« noch in uns tragen (z. B. sind heute noch beim Weibe die inneren und äußeren Geschlechtsorgane des Mannes in rudimentären Restgebilden erhalten geblieben, und umgekehrt beim Manne die des Weibes), so gleichermaßen unsere psychosoziale Vergangenheit. Trotz alles rationalen Besserwissens und trotz aller bewußten Aufgeklärtheit ist, wie gesagt, die einstige irrationale Furcht vor der Dämonenwelt und das ihr gemäße Talionsgesetz unterschwellig immer noch in uns, wenn auch in der psychischen Latenz, wirksam. Gibt es bei uns auch keinen Schamanen mehr, der den frevelnden Brecher eines Tabus gebührend bestraft, um die Rache der zürnenden Götter abzuwenden, so fühlen wir Menschen uns doch selbst als Erwachsene – gleich ob gläubig oder »aufgeklärt« – immer noch unkontrollierbaren Schicksalsmächten ausgeliefert, die wir nicht ungestraft herausfordern können. Wieviel mehr aber spürt das das physisch für sich allein völlig hilflose Neugeborene, das auch psychisch noch in einer dem Primitiven nahestehenden dumpf irrationalen Welt lebt. Sind auch in den sogenannten Kulturstaaten die Götter, Dämonen und Schamanen inzwischen durch die »Großen«, d. h. zunächst die Mutter (Eltern) bzw. sonstige Autoritäten abgelöst worden, so spürt doch unverändert das noch nicht zu rationalem Denken fähige Kleinkind sehr wohl, ob es als »liebes« Kind im Einklang mit den Geboten (Erwartungen) der »Mächtigen« (der Großen) lebt und damit »im Glanze ihrer Gnadensonne« steht, oder ob es als »böses«, als »unartiges« Kind den Zustrom ihrer liebenden Zuwendung gefährdet und begründete Angst vor Strafe haben muß. (Spricht doch das Alte Testament noch vom »strafenden«, ja vom »rächenden« Gott!) Aus dieser einst durchlaufenen frühen Phase bleibt uns Zeit unseres Lebens ein dumpfes »Wissen«, das in unserem Lebensgefühl, in Haltung, Mimik, Körper- und Gebärdensprache uns unbewußt seinen Niederschlag findet (z. B. »Demutshaltung«; Lorenz). Mag sich die erfahrene Abhängigkeit von übermächtigen Wesen beim Erwachsenen mehr allgemein als Sehnsucht nach noch verantwortungsfreierer Geborgenheit und nach Versorgtsein äußern, mag sie den Gläubigen – je nach seinem Verhalten – schwanken lassen zwischen dem Erleben beruhigender Gotteskindschaft oder alttestamentarischer Gottesfurcht.

Wir sehen: Die das soziale Gefüge primitiver Kulturen regulierenden Tabus, die alttestamentarischen Gesetzestafeln, die neutestamentarischen Gebote und die von den Eltern im Kinde gleich anfangs (also nicht auf verbalem, sondern auf emotionalem Wege) geprägten Normen rechten Verhaltens – sie sind gar nicht so verschieden, wie man zunächst glauben möchte. Ihnen allen ist gemeinsam, daß ihr Befolgen uns Konflikte erspart, indem es uns das Wohlwollen, die Gnade der Großen gewährleistet. Wir brauchen dann ihren Zorn nicht zu fürchten, stehen vielmehr frei von Schuld unter ihrem Schutz.

Tabus brechen oder von göttlicher oder weltlicher Obrigkeit gesetzte Normen mißachten, läßt uns jedoch aus dem uns bisher bergenden »sozialen Schoß« herausfallen. Zwar gibt es uns das prometheische Gefühl, endlich frei zu sein. Aber solch Verhalten setzt zugleich die bisher durch Einhalten der Tabus gebundenen Schuldgefühle und die Angst vor Strafe und Rache der Götter, der Schicksalsmächte, der »Großen« frei. Auch dann, wenn wir von all diesen Zusammenhängen nichts wissen, ja sogar wenn wir gerade um dieser Freiheit willen bewußt solchen Preis zu zahlen gewillt sind. Und der Leser mag mit Recht einwenden, hätte Prometheus nicht den »Frevel« begangen, das Feuer vom Himmel herunter zu holen und dem Menschengeschlecht zugänglich zu machen, so lebten wir immer noch in dunkler Urzeit.

So ist es auch keineswegs Absicht dieser Ausführungen, die gültigen Tabus oder moralischen, pädagogischen oder sonstigen Normen als sakrosankt unverändert zu verewigen – ebensowenig aber, sie samt und sonders bedenkenlos hinwegzufegen ohne Rücksicht darauf, ob bessere Regulative an ihre Stelle treten können. Wohl aber mit Nachdruck darauf hinzuweisen, daß auch im heutigen sich so aufgeklärt und progressiv dünkenden Menschen in einer seinem Bewußtsein nicht zugänglichen Schicht aus jener frühesten Phase noch weit mehr an tabuartigen Geboten und Verboten wirksam ist und sein vermeintlich rein vernunftgemäßes Fühlen und Handeln beeinflußt, als er ahnt. Sie einfach zu überspielen, genügt nicht. In fremder Maske stellen sie sich unerkannt bald wieder ein (Aberglaube, Zwänge, sonstige Symptomatik). Wirklich überwunden werden können sie nur dadurch, daß wir die durch sie bisher in uns in Schach gehaltenen Regungen erkennen und zwar ausdrücklich als Teil von uns selbst anerkennen, mit denen wir uns als nunmehr erwachsene und dem Heutigen gegenüber aufgeschlossene Menschen auseinanderzusetzen haben. Sei es, daß wir diese Regungen annehmen, sie also voll bejahend nunmehr angst- und schuldfrei integrieren können; sei es, daß wir es nur bedingt oder in modifizierter Form tun; oder aber, daß wir auf ihre Verwirklichung zugunsten anderer Werte bewußt verzichten.

Diese scheinbar abseits liegenden, zudem reichlich spekulativ anmutenden Ausführungen hängen aufs engste mit dem Thema unserer Schrift zusammen. Die Falldarstellungen werden uns noch aufzeigen, wieviel an Tabus unsere Patienten mit funktionellen Sexualstörungen in ihrem Inneren als krank machenden und sie beeinträchtigenden Ballast mit sich schleppen, ohne davon gewußt zu haben (auch wenn während der Behandlungsstunden das Wort Tabu nicht verwandt wurde).

Tabus und ähnlich auch ihr großer, ebenfalls unbewußter Gegenspieler, das von mir so bezeichnete »biologische Gewissen« (vgl. S. 47) haben beide regulatorische Funktion. Mangels besserer Mittel und Wege kann die Menschheit offenbar nicht auf die triebeinschränkende Macht von Tabus zur Ermöglichung des sozialen Zusammenlebens verzichten. So könnte man den Tabus eine die Gesellschaft schützende und erhaltende Funktion zuschreiben gegenüber den gegen sie gerichteten destruktiven Kräften der Individuen; während das biologische Gewissen umgekehrt die Aufgabe hätte, den Individuen innerhalb des Sozialgefüges den lebensnotwendigen Bewegungsraum zu sichern gegenüber der Tendenz der Gesellschaft, vom Individuum Einschränkungen auf Kosten seiner vitalen Notwendigkeiten zu fordern. Die Wirkungsmacht der Tabus und das biologische Gewissen sind somit sich wechselseitig ausgleichende, steuernde Kräfte. Beider Mahnungen und Forderungen kann der Mensch nicht auf die Dauer unberücksichtigt lassen, ohne sich ernsthaft an Leib und Seele zu gefährden. Denn beide bestimmen das Schicksal eines jeden weit mehr, als wir wissen, auch wenn wir ihr Wirken als solches nicht erfassen. FREUD hat schon früh die entscheidende Rolle der ödipalen Phase für die Charakterbildung des Menschen erkannt. Ihm und vor allem seinem Schüler Karl ABRAHAM erschloß sich dann immer mehr auch die Bedeutung der präödipalen Zeit mit ihren verschiedenen wohlcharakterisierten, wenn auch fließend ineinander übergehenden Phasen. Natürlich haben sich Psychoanalytiker und ebenso andere Forscher auch für die Frühzeit des ersten Lebensjahres interessiert. Dessen einmalige Bedeutung für die gesamte spätere Entwicklung und Sonderstellung des Menschen ist jedoch, angestoßen durch Arbeiten von Melanie KLEIN, René A. SPITZ, D. W. WINNICOTT, Adolf PORTMANN u. a. erst in neuerer Zeit voll erfaßt worden. Die besonders für dieses erste Jahr ebenso charakteristischen wie eigenartigen Frühformen psychischer Aktivität (wie z. B. Projektion, Identifikation usw.), also all das, was wir schon als die variablen Verarbeitungsversuche der vom Kleinstkinde empfangenen Eindrücke von der Außenwelt bzw. aus dem eigenen Leibesinneren beschrieben haben, erregte dabei erhöhte Aufmerksamkeit. Nicht nur, weil diese Eindrücke insofern so grundverschieden von denen des Erwachsenen sind, als das Außen (die Umwelt) und das Innen (die eigene Körperlichkeit sowie das, was als »Ich« erlebt wird) noch ohne scharfe Abgrenzungen ineinander übergehen[13], sondern auch wegen ihrer Analogien zum Erleben des Menschen in bestimmten Sondersituationen als Erwachsener. So z. B. zum Welterleben des Geisteskranken, aber auch zu bestimmten Kunstformen wie Surrealismus, oder zu mit bestimmten Drogen (Halluzinogenen) erzielbaren psychischen Sonderzuständen. Analogien aber auch zum Traum, zur meditativen Versenkung, zur Welt der Märchen und der Mythen, also zu Äußerungen und Schöpfungen, die der normalen geistigen Tätigkeit zuzurechnen sind.

Wessen sich der Mensch jedoch trotzdem bis auf den heutigen Tag nicht bewußt zu sein pflegt, das ist das Ausmaß, in dem er auch noch als ausgereifter und vermeintlich »vernünftiger« Erwachsener Tag und Nacht von diesen prälogischen Frühformen geistiger Tätigkeit in seinem vermeintlich rein vernunftgeleiteten Urteilen und Handeln beeinflußt ist; ja daß sogar schon seine vorausgegangenen Wahrnehmungen und die durch sie ausgelösten Empfindungen, kurz, daß sein gesamtes Weltbild sowie sein ganzes Tun und Lassen ent-

13 Vgl. hierzu auch: W. W. KEMPER, »Eigentümlichkeiten der frühkindlichen Erlebniswelt und deren Auswirkungen«, in G. BIERMANN: *Handbuch der Kinder-Psychother.*, Bd. I, Reinhardt Verlag, München 1969.

gegen aller vermeintlichen Objektivität immer auch bereits durch »Vor-Urteile«, die aus diesen frühen, noch weitgehend irrationalen Quellen stammen, mitbestimmt werden.

Ebenfalls nicht bewußt sind wir uns der Tatsache, daß solche unbewußte Beeinflussung im prälogischen Bereich auch im Erwachsenenalter durch unausgesetzte sozio-kulturelle Einwirkungen von seiten der Familie, des Volkes und der Gesellschaftsschicht, der wir angehören, fortdauert, und zwar im Guten wie im Bösen, und auch dann, wenn wir glauben, längst innere Selbständigkeit und Unabhängigkeit erworben zu haben. In Nachwirkung frühkindlicher, wenn nicht sogar vorgeburtlicher Erfahrungen (»Dyade«)* ist auch der Erwachsene noch ständig auf der Suche nach dem gemeinsamen Wurzelgrund, nach Teilhabe an Bergendem, nach überpersönlich Verbindendem und Umfassendem. – Damit läuft er aber zugleich Gefahr, in den Sog irrationaler Gewalten zu geraten, die ihn auch im Negativen zu unkontrollierbarem Tun und Verhalten veranlassen können, ohne daß er es selber recht merkte. Das gilt für jeden, unabhängig von Rasse, Religion, Nationalität und auch gleich, ob er einem sogenannten Kulturvolk angehört und »gebildet« ist, oder ob nicht. Die hinter uns liegenden Jahrzehnte haben uns ein erschreckendes, einfach nicht mehr möglich geglaubtes Beispiel gegeben, das alle hätte wachrütteln müssen. Und trotzdem hat sich daran nichts geändert.

Für eine unaufhaltsame kulturelle Höherentwicklung der Menschheit, deren man sich um die vergangene Jahrhundertwende noch gewiß war, ist mit imponierendem wissenschaftlich-technischen Fortschritt allein nur wenig getan. Die unvermeidlich damit einhergehende Auflockerung, ja Auflösung der einst für immer festgefügt geglaubten Bande, wie die familiären und gesellschaftlichen Strukturen bzw. kultischen und sozialen Institutionen mit ihren spezifischen Wertordnungen, hat trotz allen Zugewinns an Reichtum, Macht,

* *Nachtrag bei der Korrektur (1973):* In diesem Zusammenhang sei auf die in konsequenter Fortentwicklung der hier angedeuteten Forschungsrichtung auf die auf Initiative von H. Graber, Bern, Fr. Kruse, Wiesbaden, und A. Raskovsky, Buenos Aires, kürzlich gegründete »Internationale Studiengemeinschaft für pränatale Psychologie (ISPP)« hingewiesen.

Vervollkommnung, Lebenserleichterung und Lustmöglichkeiten zu einer allgemeinen Verunsicherung geführt. Und dies um so mehr, in je schnellerer Folge mit den sich geradezu überstürzenden und in des Wortes wahrster Bedeutung »welterschütternden« Entdeckungen und technischen Fortschritten der letzten Jahre sich das Weltbild und damit auch das Lebensgefühl schon innerhalb einer einzigen Generation von Grund auf zu ändern begann. Kaum mit dem Neuen vertraut und darin heimisch geworden, ist der heutige Mensch gezwungen, es zugunsten eines soeben entdeckten oder entwickelten Allerneuesten als unzureichend wieder preiszugeben. Und er muß Schritt halten, muß mitrennen, will er nicht als lebensuntauglich auf der Strecke bleiben.

Ist in einer derart »fortschreitenden« Welt noch Zeit und Raum für gemüthafte Werte? Für Muße? Oder gar für Liebe im ursprünglichen Sinne des Wortes? Oder ist auch sie bereits auf dem Wege, »fortschrittlich« zum technisierten Sex »umfunktioniert« zu werden? –

Ich möchte nicht mißverstanden werden: Nichts gegen Fortschritt, und erst recht nichts gegen Erfindergeist. Es gäbe ja auch keine Alternative mehr. Aber wir sollten aus dem Verlauf der Weltgeschichte, zumal der dieses Jahrhunderts, gelernt haben, daß noch so großartige wissenschaftliche Entdeckungen und Erkenntnisse und noch so imponierende technische Fortschritte nicht genügen, um als solche für die Menschheit in ihren Auswirkungen bereits ein Positivum, also einen »Fort-Schritt« in des Wortes eigentlicher Bedeutung darzustellen. Die geniale Entdeckung der nicht für möglich gehaltenen Atomspaltung und damit die Erschließung der nuklearen Energie als neues Kräftepotential von unvorstellbarem Ausmaße ist ein anschauliches Beispiel für das Gemeinte. Ob solche wahrhaft »welt-erschütternden« Großtaten des menschlichen Geistes zum Segen oder aber zum Fluch für uns alle werden, hängt nicht vom wissenschaftlichen oder technischen Genie ihrer Entdecker ab, sondern von einer ganz anderen Qualität des Menschen; nämlich – so altmodisch es klingen mag – von der moralischen, genauer formuliert von der humanen Gesinnung und Gesittung derjenigen, die die Verfügungsgewalt über das neu erschlossene Energiepotential besitzen. Mit anderen Worten: Weisheit und Vernunft müssen sich zur wissenschaftlichen und technischen Brillanz nicht nur beratend hinzugesellen, sie müssen vielmehr die letzte Entscheidungsbefugnis bekommen.

Das erst in den letzten Jahren erwachende, aber nun schnell raumgewinnende Verantwortungsgefühl für die Erhaltung natürlicher Lebensgemeinschaften (Biotope) und, soweit nur irgend möglich, der Bewahrung oder Wiederherstellung einer natürlichen Umwelt für den Menschen scheint ein verheißungsvolles Zeichen dafür zu sein, daß sich Kräfte regen, um uns tödlich bedrohendes Unheil zu verhüten. So scheint sich auch auf kollektiver Ebene eine Instanz lebensbewahrend einzuschalten, wie ich sie auf individueller Ebene als »biologisches Gewissen« nachzuweisen versucht habe. –

Wohl spätestens an dieser Stelle wird wahrscheinlich der eine oder andere Leser sich verwundert, wenn nicht gar unwillig fragen: »Wozu alle diese so fernliegenden breiten Ausführungen zu einem klinischen Thema, wie es der Titel ›Funktionelle Sexualstörungen‹ jedenfalls mit Recht erwarten läßt?« – Die Antwort: weil bei psychosomatischen Krankheiten, also auch bei funktionellen Störungen (und besonders bei sexuellen!) derart Hintergründiges pathogenetisch eine gewichtige Rolle spielt – und gerade in den letzten Jahren noch spürbarer als vordem. Denn mögen sich diese Erkrankungen auch in einer Beeinträchtigung von körperlichen Funktionen äußern, so erwachsen sie doch auf dem Boden nicht bewältigter unbewußter Konflikte mit den jeweils herrschenden Wertordnungen einschließlich der gültigen Sexualmoral – ob nun ein einzelner in frühester Kindheit an diesen Normen scheitert, oder ob eine Gruppe, später vielleicht sogar die Mehrheit der neuen Generation die überlieferten Leitbilder und Wertordnungen, als der inzwischen zu sehr gewandelten Welt widersprechend, nicht mehr mit Sinn zu erfüllen vermag und sich unter Mißachtung der von den derzeitigen Autoritäten aufrechterhaltenen Tabus auf die Suche nach ihren dem neuen Weltgefühl entsprechenden Lebensformen macht. Das war immer schon so, war jedoch früher weniger spürbar als heute, weil es jetzt, entsprechend dem sich überstürzenden Fortschrittstempo, öfter geschieht und sich sehr viel schneller vollzieht und dadurch einen radikaleren Charakter bekommt.

Zur Zeit der Erstauflage dieser Schrift ging es um die Überwindung der immer noch (internalisiert) nachwirkenden Wertordnungen des längst zu Ende gegangenen Viktorianischen Zeitalters. Und auch heute kämpft die junge Generation gegen (internalisierte) Wertordnungen einer für überholt gehaltenen Gesellschaftsordnung, um nicht weiterhin in deren Sinne manipuliert zu werden. Morgen wird sich die Jugend erneut unter einer anderen dem dann herrschenden Weltbild widersprechenden Parole auflehnen. Das ist nicht nur unvermeidlich, sondern auch biologisch notwendig und deshalb richtig. Auch wenn es der alten Generation wehtut und ihr nicht paßt. Und auch, wenn jede neue Generation für ihren »Frevel« büßen muß mit psychischen Konflikten, Angst, organischen Funktionsstörungen bis zu Körper- und Geisteskrankheiten – lauernde Risiken für denjenigen, der, wie ich darzulegen versucht habe, ein Tabu bricht (vgl. S. 51 f.).

III. Erscheinungsformen funktioneller Sexualstörungen

A. Hemmungscharakter vorwiegend

1. Allgemeines

Bei unseren Versuchen, zu klären, wovon es abhängt, ob die Entwicklung eines Organismus wie dem des Menschen normal oder gestört verläuft, waren wir auf eine unerwartet große Zahl vielartiger dafür maßgeblicher Faktoren gestoßen. Wir hatten zunehmend verstehen gelernt, daß eine normale Entwicklung vom richtigen Zusammenspiel all dieser Faktoren abhängt, und zwar dem Wirksamwerden eines jeden einzelnen zur rechten Zeit, d. h. bei zeitweiser Überlappung in sinnvoll ineinander greifender Abfolge und dazu noch in jeweils richtiger Dosierung sowie natürlicher Verzahnung miteinander; aber auch mit einem jeweils korrespondierenden Verhalten der Umwelt, besonders der Mutter. So wird die Anfälligkeit eines so hochdifferenzierten Gefüges verständlich. Dies um so mehr, als diese Faktoren ja nicht qualitativ mehr oder minder einheitliche (und damit im Bedarfsfalle wie genormte Einheiten auswechselbare) »Bauelemente« sind. Vielmehr handelt es sich um so Grundverschiedenes wie phylogenetisch präformierte Erbanlagen einerseits und die seit Beginn der Menschheit in ständigem Fluß befindlichen Umweltgegebenheiten mit ihren sozio-kulturellen Rückwirkungen auf den einzelnen – Einflüsse, die sich in den letzten Jahrzehnten in ihrem schnellen Wechsel geradezu überstürzen und oftmals die Grenze der Assimilierbarkeit bereits überschritten haben. Beide müssen aber, »soll das Werk gelingen«, zum mindesten in der frühen Kindheit in ihrer Wirkweise nicht nur zeitlich richtig ineinandergreifen, sondern auch kindgerecht aufeinander abgestimmt bleiben; d. h. sie dürfen das

Maß des dem noch Ungeborenen Zumutbaren und die Anpassungsfähigkeit des neuen Lebewesens auch nach seiner Geburt nicht überfordern.

So ist es gewiß auch kein Zufall, daß im Gegensatz zu weit zurückliegenden Zeiten heute die Jugend das Hauptkontingent der von der bisherigen Norm Abweichenden stellt. Das äußert sich sowohl in ihren veränderten Wertmaßstäben und -ordnungen bzw. den diesen entsprechend veränderten Verhaltensweisen, als auch in den bei Jugendlichen ständig zunehmenden Kontaktstörungen bis zu Neurosen, Verwahrlosungserscheinungen, funktionellen Organstörungen, insbesondere sexueller Art, Drogenabhängigkeit, Anfälligkeit für körperliche Krankheiten bzw. in einer Mischung von alledem.

Der nicht psychoanalytisch vorgebildete Leser wird sich gewiß schon mehrfach gewundert haben, wieso wir der frühesten Lebenszeit für das Phänomen der Sexualität so entscheidende Bedeutung beimessen. Beginnt es sich doch erst in der Pubertät, also mehr als ein Jahrzehnt später zu äußern; und eine etwaige Sexualstörung, insbesondere ihre häufigsten Formen (beim Manne die Impotenz und bei der Frau die Frigidität), wird doch in der Regel noch einige Jahre später überhaupt erst festgestellt. In der Tat hat mit dieser so einleuchtend erscheinenden Begründung die offizielle Wissenschaft bis noch vor wenigen Jahrzehnten dem Kinde bis zur Pubertät jede Sexualität abgesprochen, hat ihr auch bis zum heiratsfähigen Erwachsenenalter so wenig Beachtung geschenkt, daß sie entsprechend auch in der ärztlichen Ausbildung und ebenso in der ärztlichen Praxis gewissermaßen »nicht existiert«. Und das, obwohl doch jeder die sexuellen Nöte der Adoleszenz durchgemacht hat; obwohl jeder von den trotz aller Gebote der Erwachsenen doch heimlich getriebenen »verbotenen Spielen« in der Kindheit weiß; obwohl jede Mutter oder sonstige Pflegeperson bereits beim Säugling und erst recht beim Kleinkind Zeichen lustvoller genitaler Erregung (Erektionen, Berührungen u. a.) bemerkt. Selbst wenn wir annehmen müssen, daß jene frühen lustvollen genitalen Äußerungen subjektiv bei beiden Geschlechtern noch nicht den Charakter der ausgereiften Erwachsenensexualität aufweisen, kann an ihrer sexuellen Natur nicht gezweifelt werden (was ja auch durch den Nachweis von Sexualhormonen schon beim Säugling objektiv unterbaut wird, und zwar auch beim männlichen, dem sie somit nicht von der Mutter zugeführt sein können). Diese Blindheit bei der Beobachtung von Säugling und Kleinkind auf seiten der Erwachsenen ist ein eindringlicher Beweis für die geheime Allmacht der auch beim Erwachsenen noch vorherrschenden Sexualtabus, also von in uns noch unbewußt wirksamen Verboten. Zeigen diese Beispiele doch, in welchem Ausmaße wir alle immer noch, ohne es zu ahnen, im Banne von schon in früher Kindheit von unserer Umwelt (Mutter, Familie, Gesellschaft) unmerklich übernommenen (internalisierten) Geboten und Verboten stehen, eine Abhängigkeit, die wir längst überwunden zu haben glauben; ja, die wir bewußt sogar ausdrücklich ablehnen oder gar bestreiten mögen. Das gilt nicht etwa nur für den Kranken, in unserem Falle also für den sexuell Gestörten; es gilt ebenso auch für den Gesunden und, wie wir eben sahen, sogar für die Wissenschaft. Um nicht mit den durch Tabus abgesicherten tradierten Wertordnungen in Konflikt zu geraten, hat auch die Wissenschaft trotz aller Fortschrittlichkeit und bewundernswerten Erfolge auf Grund von als solchen nicht erkannten Tabus nicht vermocht, über ihren eigenen Schatten zu springen. Man denke etwa an die Haltung der damaligen Vertreter der Wissenschaft gegenüber KOPERNIKUS, GIORDANO BRUNO, oder noch in neuerer Zeit gegenüber DARWIN u.a.

Die von uns allen wegen ihrer vermeintlichen Objektivität und Unbestechlichkeit so bewunderte »wertfreie Wissenschaft« hat somit nicht wertfrei und sachlich geforscht, sondern hat aus emotionalen Motiven (letztlich aus Angst- und Schuldgefühl) nicht den »Frevel« zu begehen gewagt, mit bisherigen von »den Alten« übernommenen und damit gewissermaßen sanktionierten wissenschaftlichen Überlieferungen zu brechen – hat sich also kollektiv gegenüber den von ihren Lehrmeistern tradierten »internalisierten« Lehrmeinungen genauso verhalten, wie wir es vorhin am Verhalten des Kindes gegenüber den von ihm übernommenen (internalisierten) Geboten »der Großen« aufzeigten.

Bestätigt wird diese manchen zunächst befremdlich anmutende Behauptung auch durch den von der Psychoanalyse erhobenen Befund, daß die funktionellen Sexualstörungen beim Menschen zwar, wie erwähnt, sich erst zeigen, wenn er ein geschlechtsreifer Erwachsener geworden ist; daß aber bei solchen Patienten regelmäßig eine aus der frühen Kindheit stammende, noch nicht bewältigte, sondern mittels Verdrängung oder anderer »Abwehrmechanismen« umgangene, somit ungelöste Konfliktsituation zugrunde liegt. Wird jedoch dieser Urkonflikt durch eine Art Neuauflage in Form einer kategorial entsprechenden Konstellation erst Jahre, wenn nicht Jahrzehnte später aus seiner bisherigen Latenz erweckt, so kann die bisher gelungene Abwehr dem erneuten Ansturm nicht mehr gewachsen sein: der Verlust des bisher aufrechterhaltenen inneren Gleichgewichts führt zu einer Beeinträchtigung normaler Funktionsabläufe, löst Krankheitssymptome aus. Solche Re-aktualisierung von scheinbar längst Verwundenem (!) kann von innen heraus bewirkt werden, d. h. durch die tiefgreifenden Umstellungen während der für den Menschen charakteristischen biologischen Durchgangsphasen wie Pubertät, Schwangerschaft, Klimakterium; ebenso aber auch durch Belastungen in der äußeren Lebenssituation, z. B. durch Verlust einer wichtigen Bezugsperson, Konfliktzuspitzungen in der familiären oder beruflichen Umwelt, durch Bedrohung der persönlichen Integrität (moralisch oder physisch verstanden) infolge Unfall, Krankheit, Kränkung u. a.

Alle diese zuletzt genannten Ereignisse sind aber nicht, wie der zeitliche Zusammenhang zwischen ihnen und dem »Ausbruch«, also der Manifestierung der Symptomatik (z. B. dem Einsetzen einer funktionellen Sexualstörung) nahelegt, die wahren Ursachen dieser Störungen. Sie haben vielmehr lediglich eine auslösende Funktion. Sie führen, vergleichsweise gesprochen, nur zur erstmaligen Betätigung des nunmehr entsicherten Abzugshebels einer geladenen Schußwaffe, die man – wenn auch geladen, aber gesichert – schon jahrelang bei sich trug.

Daher haben wir auch immer wieder die entscheidende Bedeutung der jeweils zugrundeliegenden Persönlichkeitsstruktur betont. Wir sagten, daß es von ihr abhinge, ob man sich im einzelnen Krankheitsfall mit einer Symptombeseitigung durch eine gezielte Kurztherapie begnügen könne – zum mindesten versuchsweise –, oder ob ein Umbau der Grundstruktur die unerläßliche Voraussetzung für einen Dauer versprechenden Heilerfolg sei – prognostische Vorüberlegungen, die auch die Art des therapeutischen Vorgehens bestimmen.

2. *Die eigentlichen Potenzstörungen beider Geschlechter*

a) generative Impotenz = Sterilität
(Fortpflanzung beeinträchtigt)

Manchen Leser mag wohl die Behauptung befremdet haben, daß es Formen der *generativen Impotenz,* also der Fortpflanzungsunfähigkeit geben soll, die als weitgehend oder sogar entscheidend psychisch bedingt anzusehen und auch psychotherapeutisch behebbar sein sollen. Und doch trifft dies für einen Teil der Formen der Fortpflanzungsunfähigkeit zu, die keinen nachweisbaren objektiven Befund (einschl. Spermauntersuchungen bzw. der Röntgenkontrastuntersuchung der weiblichen inneren Genitalien) aufweisen, und zwar für beide Geschlechter. Diese von MOHR[14] und anderen auf Grund von vielfachen Erfahrungen schon vor Jahren aufgestellte Behauptung ist natürlich im einzelnen Fall mit absoluter Sicherheit kaum zu beweisen. Der Einwand, daß andere nicht erkennbare Faktoren doch die entscheidende Rolle gespielt hätten, ist eben prinzipiell nicht zu widerlegen. Trotzdem haben, wie wir ausführlich darlegen konnten[15], insbesondere die beweiskräftigen Untersuchungen von STIEWE[16] nunmehr auch die bisher fehlenden anatomisch-physiologischen Grundlagen für die Berechtigung einer solchen Auffassung geliefert. Gelang doch STIEWE an Gefangenen, die Grund hatten, ein Todesurteil zu erwarten, der Nachweis, daß es trotz ausreichender Ernährung innerhalb weniger Wochen zu schweren Rückbildungen in den Hoden und Eierstöcken kam, die zur Beeinträchtigung, ja bis zum Stillstand in der Spermiogenese bzw. der Follikelreifung führten, ferner, daß darüber hinaus auch degenerative Atrophien in der Schleimhaut der samen- bzw. eiabführenden Wege sich einstellten. Angst kann also Sterilität bedingende somatische Veränderungen setzen! Je-

14 *Zentralblatt für Psychotherapie* 1935.

15 »Der seelische Anteil an der Sterilität«, in: *Dt. Ärztebl. 35/36,* 1942.

16 *Ztschr. Mikrok. anat. Forschung 52,* 1942.

der Psychotherapeut weiß aber, welch bedeutende Rolle die Angst im Leben seiner Patienten spielt, so daß es ohne weiteres verständlich ist, wenn auch die jahre- und jahrzehntelang einwirkenden »kleineren Ängste« im Leben des neurotisch Kranken ebenfalls zu ähnlichen, wenn auch graduell nicht so schweren Veränderungen führen können. Diese leichteren Veränderungen mit dem Effekt einer nur passageren Konzeptionsunfähigkeit würden sich im Laufe der psychoanalytischen Behandlung mit ihrem allmählichen Aufarbeiten und Beseitigen dieser Ängste auch wieder zurückbilden können, wodurch die Konzeptionsfähigkeit wiederhergestellt würde. Jedenfalls dürfte es kaum einen Analytiker geben, der nicht schon die folgenden Erfahrungen gemacht hätte: Eine jahrelang ungewollt kinderlos verheiratete Frau, die ebenso wie ihr Mann ärztlicherseits für völlig gesund befunden wurde, wird während oder nach einer analytischen Behandlung, der sie sich wegen bestimmter anderer Schwierigkeiten unterzogen hatte, unerwartet doch noch von ihrem Mann schwanger. Oder: Ehepaare, die sich wegen langjähriger Kinderlosigkeit schließlich zur Adoption eines Kindes im Säuglingsalter entschlossen haben, bekommen ein oder zwei Jahre später doch noch ein eigenes Kind (Fallzusammenstellungen von PERKINS[17]). Gewiß sind das keine absoluten »Beweise«. In ihrer Häufigkeit legen solche Beobachtungen immerhin die Annahme nahe, daß die durch den tagtäglichen Umgang mit einem Kinde so frühen Alters geweckten Regungen von Mütterlichkeit sich bei der Pflegemutter auch somatisch ausgewirkt haben. –

Die oftmals als gleichsinnig gebrauchten Ausdrücke Sterilität und Infertilität sind nicht identisch. Infertilität ist die Unfähigkeit, eine lebensfähige Leibesfrucht auszutragen, gleich zu welchem Zeitpunkt der Schwangerschaft die spontane Unterbrechung auch erfolgen mag. Infertilität setzt mithin eine Befruchtung, also das Eindringen eines männlichen Samenfadens in eine mütterliche Eizelle voraus, was den Anstoß zur Entwicklung eines neuen Lebewesens gibt. (Nach neuesten Angaben sollen mindestens 3% aller spontanen Fehl-

[17] *Eugenical news 21*, H. 5, 1936.

geburten auf Chromosomenstörungen beruhen (Geisler, *Dtsch Ärztebl.* 1973, S. 1545). (*Nachtrag 1973*.)

Sterilität hingegen bedeutet Befruchtungsunfähigkeit. Sei es die Unfähigkeit des Mannes, zeugungsfähigen Samen in seinen Geschlechtszellen (Hoden) zu produzieren und durch seine samenabführenden Wege ungestört und intakt zu entleeren. Oder sei es die Unfähigkeit der Frau, im Eierstock ausgereifte empfängnisfähige Eizellen über die eiabführenden Wege ungestört dem männlichen Samen zwecks Befruchtung zuzuleiten. Eine *primäre* Sterilität liegt vor, wenn diese Unfähigkeit von Anfang an bestanden hat; eine sekundäre, wenn eine durch Schwängerung bzw. Schwangerschaft bereits erwiesene Zeugungs- bzw. Empfängnisfähigkeit wieder verlorengegangen ist (örtliche bzw. allgemeine Erkrankungen; hormonale, neurovegetative oder psychische Störungen).

Während bei der geschlechtsreifen Frau physiologischerweise mit dem Klimakterium die Fähigkeit zur Bildung und (im monatlichen Zyklus erfolgenden) Ausstoßung ihrer Geschlechtsprodukte allmählich erlischt (ohne daß sie jedoch damit ihre erektive oder orgastische Potenz verliert), bleibt beim Manne normalerweise die Fähigkeit zur Bildung und Ausstoßung zeugungsfähiger Zellen bis ins hohe Alter erhalten.

Hoden und Eierstöcke sind jedoch nicht nur die Bildungsstätten der für die Fortpflanzung bestimmten Geschlechtszellen. Sie produzieren auch die geschlechtsspezifischen Wirkstoffe, die Sexualhormone. Mit ihrer in chemischer Form gespeicherten Energie wird – vergleichsweise gesprochen – das ganze sexuelle Funktionssystem (»Geschlechtsapparat«) gespeist und somit überhaupt erst funktionstüchtig.

Nachtrag 1972: Unseren heutigen Vorstellungen über die Sexualität beim Menschen liegt – vereinfacht dargestellt – folgendes neurovegetatives Struktur- und Funktionsmodell zugrunde. Der Hypothalamus, also der Teil des stammesgeschichtlich alten Zwischenhirns, in dem sich die dem vegetativen Nervensystem übergeordneten Zentren zur koordinierenden Regulierung der meisten lebenswichtigen Funktionen befinden, ist auch Sitz einer übergeordneten sexuellen Schaltstelle (»Sexualzentrum«). Sie steuert bei beiden Geschlechtern vorwiegend auf neuralem Wege die komplizierte

Funktion der Sexualorgane und bildet mit der für die hormonalen Steuerungen verantwortlichen benachbarten Adeno-Hypophyse eine sich wechselseitig beeinflussende Funktionseinheit.

Beider Einwirkung auf die Keimdrüsen (Hoden, Eierstock) ist eine doppelte: die Bildung der eigentlichen Geschlechtsprodukte (Samenfaden, Eizelle) sowie die der spezifischen Sexualhormone. Vor allem haben sie ihrerseits einen Rückkoppelungseffekt auf den Hypothalamus, wobei u. a. auch Nebennieren- und Schilddrüsenhormone regulierend mitwirken. – Die im Lumbal- bzw. Sakralmark der Wirbelsäule lokalisierten spinalen Erektions- und Ejakulationszentren werden zwar auch vom Hypothalamuszentrum gesteuert, haben sich aber nicht nur eine gewisse (reflektorische) Autonomie bewahrt, sondern werden in ihrer Funktion auch weitgehend von der Großhirnrinde beeinflußt. Bekanntlich wirken bestimmte Sinneseindrücke oder Phantasien stimulierend, so daß sie allein schon Erektionen und sogar spontane Orgasmen auslösen können (z. B. nächtliche Pollutionen bei exzitierenden Träumen). Umgekehrt können aber auch Ekel, Angst, Sorge und andere negative psychodynamische Regungen sexuell lähmend wirken. Weniger bekannt, wenngleich folgenschwerer ist, daß derart hemmende psychische Einflüsse vom Großhirn über den Hypothalamus auf neuralem Wege auch unmittelbar an die Keimdrüsen weitergeleitet werden können, wo sie sich dann – sei es sofort, sei es erst in allmählicher Auswirkung – in Form von Funktionsbeeinträchtigungen bis zu mehr oder minder schweren morphologischen Veränderungen bemerkbar machen. Und zwar bei der Frau mit Irregularitäten des menstruellen Zyklus bis zu vorübergehendem, ja sogar dauerndem Sistieren der Ovulation bzw. beim Manne mit vorübergehendem oder dauerndem Sistieren der Produktion befruchtungsfähiger Samenzellen; dazu möglicherweise noch (bei beiden Geschlechtern) begleitet von degenerativen Veränderungen der Schleimhautwandungen der abführenden Wege für die Geschlechtsprodukte oder von anderen zur Unfruchtbarkeit führenden Prozessen.

Befunde dieser Art hat der Anatom Stiewe bereits 1942 als Folge psychischer Einwirkung beschrieben, womit er, wie gesagt, erstmals die von Psychotherapeuten[18] aufgrund ihrer Kasuistik längst behauptete Abhängigkeit der Befruchtungsfähigkeit auch von psychischen Faktoren histologisch unterbaute. Inzwischen sind auch seitens der Psychoanalyse wesentlich differenziertere Beiträge zum Thema der Genese der funktionellen Sexualstörungen einschließlich der generativen Impotenz erbracht worden, und nicht zuletzt dadurch, daß das neuere Wissensgut der Nachbardisziplinen stärker einbezogen wurde: auf der einen Seite das der durch die Molekularbiologie bereicherten Genetik und Endokrinologie, auf der anderen das der vergleichenden Verhaltensforschung und Kulturanthropologie, sowie das der Gesellschaftswissenschaften. Aus dieser erweiterten Perspektive ergaben sich zusätzliche Einsichten in die Bedeutung des unbewußt verlaufenden ständigen Spieles psychischer Interaktionen, wie sie nicht nur für die Zweierbeziehung charakteristisch sind, sondern in entsprechend abgewandelter Form auch für Rolle und Verhalten des einzelnen in seinem familiären, seinem Klein- oder Großgruppen-Kollektiv.

So bekam der noch reichlich vage Begriff der »psychischen Bedingtheit« (Psychogenese) von sich körperlich äußernden Funktionsstörungen bzw. Krankheiten präzisere Konturen. Hatte Stiewe als erster die histologisch faßbaren destruktiven Veränderungen an Bau und Funktion der inneren Sexualorgane als Auswirkungen *bewußt* erlebter Todesangst nachweisen können, so zeigte sich, daß solche Wirkung ebenso, ja sogar erst recht von Ängsten oder sonstigen emotionalen Regungen ausgehen kann, die mit einer dem Bewußtsein entzogenen und damit auch ihrer bewußten Verarbeitung unzugänglichen Konfliktsituation zusammenhängen; sei solcher Bewußtseinsentzug nun Folge einer Verdrängung oder die einer anderen Form psychischer Abwehr.

Mit dieser Erkenntnis wurde das wissenschaftliche Interesse noch mehr auf die hintergründige Motivation solcher Abwehr gelenkt: Was befürchtet jemand insgeheim, der an solcher funktioneller Sexualstörung leidet? Warum und wogegen setzt er sich, ohne sich dessen bewußt zu sein, zur Wehr? Beispielsweise würde die Frage bei der an einer ungewünsch-

[18] Vgl. Fußnoten 14, 15, 16.

ten Kinderlosigkeit leidenden Frau konkret lauten: Lehnt sie unbewußt eine Schwangerschaft als solche ab, weil sie Angst hat vor den Aufgaben, Belastungen und Verzichten, die damit bzw. mit dem Aufziehen eines Kindes verknüpft sind? Oder weil sie insgeheim der durch ein Kind sich ergebenden verpflichtenderen Bindung an ihren Partner aus dem Wege gehen möchte? Oder vermag sie sich generell nicht mit ihrer Geschlechtsrolle zu identifizieren? Ist es ein geheimer Protest gegen die Stellung der Frau in der heutigen Gesellschaft? Ist es, vermeintlich gestützt auf reale eigene oder fremde Erfahrungen, die Angst vor der Geburt? – In Wirklichkeit wird solche Angst jedoch, wie auch alle vorher genannten Ängste, aus irrationalen Quellen gespeist, nämlich aus noch nachwirkenden phantastischen Vorstellungen, die aus der frühen Kindheit immer noch in ihr nachwirken.

Bei allen Fragen dieser Art muß man sich nämlich darüber klar sein, daß die Antworten, die man erhält, nur Teilwahrheiten darstellen, und zwar nicht deshalb, weil der oder die Befragte bewußt verschweigen oder gar lügen (das gibt es natürlich auch), sondern weil sie bei bester Absicht nur das mitteilen können, was sie bewußt wissen. Und gerade das, worum es bei der Abwehr in Wirklichkeit hintergründig geht, wissen sie eben nicht! oft nicht einmal, daß eine Abwehr überhaupt besteht. Denn derartige psychische Abläufe erfolgen genauso bewußtseinsfern, wie die ständig regulierenden Abläufe in anderen lebenswichtigen Bereichen unseres Innern (etwa die des inneren Stoffwechsels), und zwar durch jene auf Seite 45 f. genannten, noch aus der Frühphase stammenden bewußtseinsentzogenen psychischen »Abwehrmechanismen« (Verdrängungen, Reaktionsbildungen u. a.), so daß sie auch dem rationalen Denken des Erwachsenen normalerweise nicht einsichtig und auch nicht einfühlbar sind. So kann – um ein konkretes Beispiel für das Gemeinte zu geben – in dieser irrationalen Schicht für die Schwangere ihre eigene Leibesfrucht wie ein sie auszehrendes Wesen sein, und ähnlich der Säugling beim Stillakt: Immer muß sie auf Kosten ihrer eigenen Substanz für den »Fremdkörper« hergeben, ohne selber zu »kriegen«; immer wird sie aufgeopfert!

Bekanntlich hat der Mensch normalerweise schon eine Scheu, der Umwelt Einblick in sein Inneres zu geben; er verbirgt oft sogar sozial positiv Gewertetes wie Gefühle und Empfindungen (z. B. Regungen von Zärtlichkeit und Weichheit) durch eine vordergründige Härte und Ruppigkeit vor dem Nächsten und auch vor sich selbst. Eine Abwehrhaltung, die, über längere Zeit beibehalten, schließlich »zur zweiten Natur« wird. Um so verständlicher ist dann solche innere Absperrung gegen sich selbst, wenn es um Regungen geht, die als sozial verwerflich gewertet werden, oder die so abstrusen oder gar monströsen Charakter haben, daß sie der phantastisch-grausigen Welt eines Hieronymus Bosch entsprungen sein könnten, und die der Mensch normalerweise nur gelegentlich in seinen Träumen erfährt. Für Derartiges darf in den geheiligten Bereichen, in denen familiäres Glück, Mutterliebe u. ä. beheimatet sind, kein Raum sein! Die Tatsache, daß diese Absperrung gegen gewisse Regungen und Impulse aus dem eigenen Innern automatisch funktioniert, macht den scheinbaren Widerspruch verständlich, daß die bewußte Einstellung der erwachsenen Frau zu Schwangerschaft, Geburt und Mutterschaft keineswegs übereinstimmen muß mit dem, was angesichts real gegebener Möglichkeiten einer Schwangerschaft und aller Folgen zugleich, ihr unbewußt, an phantastischen Vorstellungen und Erwartungen aus der prälogischen Frühphase der Kindheit wieder mobilisiert worden ist, was aber, noch bevor es bewußt wahrgenommen werden konnte, sogleich auch schon wieder automatisch abgewehrt wurde. Grundsätzlich gilt Entsprechendes auch für den Mann, z. B. hinsichtlich einer widersprüchlichen Einstellung zur Vaterschaft oder zum weiblichen Geschlecht überhaupt.

Die Psychoanalyse kennzeichnet solches Verhalten als reaktive Abwehrhaltung bzw. charakterliche Reaktionsbildungen, d. h. daß die dem bewußten Ich entsprechende innere Einstellung eines Menschen und auch das ihr entsprechende charakterliche Verhalten ständig entgegenstehende unbewußt bleibende Impulse in Schach zu halten haben. Erfahren diese jedoch durch äußere oder innere Anstöße eine solche Stimulierung, daß die bisherige Abwehr diesem Andrängen nicht mehr gewachsen ist, so kann die bedrohte charakterologische Abwehrfront durch eine weitere, diesmal somatische verstärkt werden. In unserem Beispiel wird das natürliche Zusammenspiel aller zur Befruchtung führenden körperlichen

Funktionsabläufe durch hormonale oder neurale Fehlsteuerung unterbrochen: es kommt zu einer psychosomatischen generativen Impotenz, zu einer »funktionellen« Sterilität. Funktionell deshalb, weil sie zunächst noch unter veränderten Lebensbedingungen spontan wieder abklingen kann. Bei anhaltender Abwehrnotwendigkeit kann es jedoch auf dem Wege einer fortschreitenden Somatisierung zu einer dauernden Sterilität kommen mit schließlich auch morphologisch nachweisbaren Veränderungen, deren Rückbildungsfähigkeit zunehmend fraglicher wird.

Es ist gewiß kein Zufall, daß seitens der Psychoanalytiker die meisten größeren wissenschaftlichen Beiträge zu diesem Thema[19] von Kolleginnen erbracht worden sind: so von Th. Benedek, G. L. Bibring, H. Deutsch, E. Jacobson, M. Langer u. a. Sie können hier aus Raumgründen nicht wiedergegeben werden. Als Beispiel lediglich kurz einige Andeutungen aus dem originellen Beitrag von Th. Benedek[20].

Bei der Beobachtung des psychischen Verhaltens der Frau im Verlauf ihres monatlichen Zyklus war Benedek aufgefallen, daß es in dessen erster Hälfte, der Phase der durch das Hormon Östrogen bewirkten Follikelreifung, eine mehr extravertierte, auf die Welt und den Sexualpartner gerichtete Tendenz aufweist. In der mit dem Follikelsprung, also der Ausstoßung einer befruchtungsfähigen Eizelle beginnenden zweiten Zyklushälfte, der Phase des Gelbkörperhormons (Progesterin), setzt bei der Frau eine zunehmend introvertierte, mehr auf die eigene Person ausgerichtete Einstellung ein. Wenn keine Befruchtung erfolgt (Menstruation), schwindet sie wieder und macht aufs neue der für die erste Phase charakteristischen Einstellung Platz. Ist es jedoch zu einer Schwängerung gekommen, so hält diese »narzißtische« Haltung für die Dauer der Schwangerschaft an. Benedek ver-

[19] *Nachtrag 1973*: Der interessierte Leser sei auf eine prägnante Zusammenfassung mit Zusammenstellung der neueren Literatur in der Arbeit von O. Goldschmidt in: *Psyche* 27 (1973), H. 1, verwiesen.

[20] Der einstige Berliner Psychoanalytiker Franz Alexander, einer der »Väter der psychosomatischen Medizin«, hat die Leipziger Kollegin Benedek bald nach seiner Emigration nach New York als Mitarbeiterin nachkommen lassen. In seinem grundlegenden Werk *Psychosomatic Medicine* (1950) schrieb sie das Kapitel über die Störungen der Sexualfunktion.

stand die extravertierte Haltung der ersten Phase als Ausdruck der hormonal gesteuerten biologischen Zuwendung (Suche) zum Sexualpartner, die introvertierte der zweiten als ebenfalls hormonal gesteuerte Einstellung auf die Ei-Einnistung im Falle der Befruchtung, also auf eine erwartete Schwangerschaft. Da aber nicht nur Hormone die psychische Haltung und das Befinden beeinflussen, sondern auch umgekehrt psychische Faktoren auf die hormonale Produktion einwirken und sie steuern, ist nach Benedek hier der Ansatzpunkt für das Zustandekommen von psychisch bedingten generativen Funktionsstörungen zu suchen. –

Die Ausführungen der letzten Seiten, zumal die zur Veranschaulichung gebrachten Beispiele, könnten beim Leser den Eindruck erweckt haben, als sei eine funktionelle Sterilität fast nur Angelegenheit des weiblichen Geschlechts. Dies um so mehr, als tatsächlich seit jeher die Tendenz bestanden hat und noch besteht, die »Schuld« an einer Unfruchtbarkeit – gleich welcher Art – stets bei der Frau zu suchen. Und wenn zur Zeit der Erstauflage dieser Schrift noch angenommen wurde, daß Frauen und Männer im Verhältnis von etwa 9 : 1 von dieser Störung betroffen sind, so lagen die entsprechenden Schätzungen zwei Jahrzehnte zuvor sogar noch weit ungünstiger für das weibliche Geschlecht. Heute wird als Relation angegeben: knapp zwei Drittel Frauen zu etwas mehr als einem Drittel Männer. Sie wird sich m. E. noch weiter zu Lasten des männlichen Geschlechtes verändern; und zwar nicht deshalb, weil sich das Zahlenverhältnis im Laufe der Zeit objektiv so sehr verändert hätte, sondern weil der Mann früher kaum in die Untersuchung einbezogen wurde, wenn die Ursachen einer Sterilität zu klären waren.

Die mit der Einbeziehung auch des männlichen Geschlechts spürbare Änderung im ärztlichen Denken ist wohl am deutlichsten darin zum Ausdruck gekommen, daß es als Ergänzung, gewissermaßen als Gegenstück zur zunächst allein existierenden Gynäkologie seit gut einem Jahrzehnt nun einen neuen Wissenschaftszweig gibt, die Andrologie – also neben der Frauenheilkunde jetzt auch die Männerheilkunde. War sie zunächst auch nur als ein spezieller »Anhang« innerhalb des fachärztlichen Bereiches der »Haut- und Geschlechtskrankheiten« in Erscheinung getreten, so hat sie sich inzwischen doch mit Recht einen Platz als selbständige Disziplin zu erobern vermocht. Auf sie wird später nochmals kurz einzugehen sein.

Im jetzigen Zusammenhang soll nur noch darauf hingewiesen werden, welche konkreten Rückwirkungen der Wandel einer sozio-kulturellen Einstellung auch auf die ärztlichen Maßnahmen hat. Müssen wir doch aufgrund der mitgeteilten früher maßgeblichen Vorstellungen über die Beteiligung beider Geschlechter an der Sterilität zur Kenntnis nehmen, daß infolge des Vorurteils einer patriarchalisch orientierten Gesellschaftsordnung sogar die Gynäkologie (also die speziell für die Behebung der Beschwerden und Krankheiten des weiblichen Geschlechts geschaffene ärztliche Disziplin) in fast einem Drittel der Fälle, die zur Klärung einer Sterilität in die ärztliche Sprechstunde kamen, Frauen unbegründeterweise den Belastungen ausgesetzt hat, die mit allgemeinen und örtlichen Untersuchungen und verschiedenartigen Behandlungen einschließlich der nicht harmlosen Hormontherapie, Tubendurchblasung und Operationen verbunden sind. Diese schmerzhaften Prozeduren hätten vielen Frauen erspart werden können, würde man früher schon, wie es heute geschieht – zum mindesten geschehen sollte –, zugleich auch den männlichen Partner in die entsprechenden Untersuchungen einbezogen haben.

b) erektive Impotenz = Impotenz i. e. S. (Beischlaf beeinträchtigt)

Zweifellos ist diese Form der Potenzstörung die häufigste, praktisch wichtigste und auch die bekannteste unter den funktionellen Sexualstörungen. Am bekanntesten deshalb, weil sie dem Mann infolge fehlender oder unzureichender Gliedsteifung den Vollzug der eigentlichen Sexualbeziehung unmöglich macht, so daß auch die Partnerin von dieser Störung mit betroffen wird. So wird begreiflich, daß, wenn von Impotenz überhaupt die Rede ist, fast ausschließlich an die Erektionsunfähigkeit des Mannes gedacht wird. Darüber ist lange Zeit übersehen worden, daß auch beim weiblichen Geschlecht mindestens ebenso häufig eine dieser Form der männlichen Impotenz entsprechende Störung vorkommt, die meist in das unklar abgegrenzte Krankheitsbild der sogenannten Frigidität (Geschlechtskälte) eingereiht wird. Dieses »Übersehen« wurde dadurch erleichtert, daß infolge der anatomischen Verhältnisse solche Störung bei der Frau äußerlich weniger in Erscheinung tritt; zum anderen dadurch, daß, wenn man von seltenen besonders schweren Fällen (Vaginismus) absieht, trotzdem seitens des Mannes der Geschlechtsakt vollzogen werden kann; schließlich dadurch, daß, wie schon gesagt, in einer patriarchalisch orientierten Gesellschaft die Sexualität – jedenfalls was die Lustbefriedigung anbetrifft – als Privileg des Mannes angesehen wird.

Für das Thema dieser Schrift ist die Störung der erektiven Potenz von besonderem Interesse, weil Arzt und Laie gleichermaßen von ihrem funktionellen Charakter und ihrer starken Abhängigkeit von psychischen Faktoren überzeugt sind (wenngleich es gewiß auch einige seltenere Formen somatisch-organischer Bedingtheit gibt, wie z. B. bei Zuckerkrankheit, Rückenmarksleiden). So gilt für sie und für die anschließend besprochene Störung der orgastischen Potenz all das, was in den vorhergehenden Kapiteln hinsichtlich Pathogenese und Bedeutung der funktionellen Sexualstörungen bereits gesagt wurde.

Zum Verständnis ihrer Besonderheit seien jedoch noch einige zusätzliche Angaben zur Physiologie der sexuellen Erregung gebracht. Sie macht sich bei beiden Geschlechtern subjektiv und objektiv zuerst bemerkbar durch eine Verstärkung der Blutzufuhr zu den Sexualorganen. Setzt der sie auslösende Anreiz (sinnliche Wahrnehmung, örtliche Stimulierung, Phantasie etc.) bald wieder aus, geht die Blutfülle spontan zurück und mit ihr auch die spezifisch sexuelle Allgemeinempfindung. Dauert der stimulierende Anreiz jedoch an, so erreicht die Erregung mehr oder minder schnell einen Grad von Intensität, der es eben noch zuläßt, diesen lustvollen Erregungszustand willkürlich zu verlängern – ihn gegebenenfalls auch noch bei Nachlassen des Anreizes wieder zum Abklingen kommen zu lassen. Sowie jedoch eine bestimmte Schwelle der Erregung überschritten wurde, bricht sich der Drang zu orgastischer Entladung reflektorisch Bahn und kann willkürlich nicht mehr aufgehalten werden.

Stärkster Ausdruck erektiver Potenz ist beim Manne die

Steifung seines Gliedes infolge praller Blutfüllung der darin eingebauten wabenartigen Schwellkörper, bei der Frau entsprechend der Schwellkörper der Labien und der Klitoris. Unter der Wirkung der gleichzeitigen Blutfülle der Wandung der Scheide wird diese verlängert, wobei zudem die Absonderung einer schlüpfrigen Gleitsubstanz in ihr Lumen erfolgt. Kommt es zu einer Geschlechtsbeziehung, so gewährleisten diese Abläufe insgesamt ein aufeinander abgestimmtes Zusammenspiel der Partner, das bei beiden zu ständiger Luststeigerung führt, das zugleich aber auch die besten Voraussetzungen für eine Befruchtung schafft.

Jede Störung in diesem Zusammenspiel infolge beeinträchtigter erektiver Potenz, gleich von welchem Partner sie ausgeht, wird sich von Anfang an auch ungünstig auf diese Luststeigerung auswirken. So wird verständlich, daß bei sexueller Harmonie manche sonstigen Schwierigkeiten im Zusammenleben der Partner leichter überbrückt werden; andererseits aber auch, daß selbst trotz einer sonst guten Beziehung eine sich ständig wiederholende Enttäuschung beim sexuellen Beisammensein zu einer zunehmenden Entfremdung führen kann. Umgekehrt beweist die Tatsache, daß es auch eine sogenannte *fakultative* erektive Impotenz gibt, bei der ein Mann oder eine Frau gegenüber einem bestimmten Partner nur unzureichend oder gar nicht, einem anderen gegenüber jedoch voll geschlechtstüchtig ist, daß eine etwaige erektive Impotenz nur in Bezug auf einen bestimmten Partner richtig bewertet werden kann. Sie ist mithin stets zugleich Ausdruck unserer zwischenmenschlichen Beziehung, wie wir dies bereits bei der generativen Potenzstörung erfahren hatten. Und das gilt auch hier wieder für beide Geschlechter.

Über diese persönlichen sowie die sozio-kulturellen Faktoren hinaus dürften bei der erektiven Potenzstörung der Frau, der so verbreiteten und in vielfacher Gestalt sich äußernden Frigidität, stammesgeschichtliche Faktoren eine wesentlichere Rolle spielen als bei den entsprechenden Störungen des Mannes. So z. B. die in ihrer Bedeutung meiner Meinung nach bis heute nicht gewürdigte Tatsache der erst phylogenetisch späten Entwicklung des weiblichen Begattungsorganes, der Vagina, in der für die Spezies Mensch charakteristischen Form; oder der von mir vermutete Zusammenhang zwischen dem Vaginismus-Symptom und der Abwehr von seiten des Weibchens bei bestimmten Säugetierarten gegen ein es außerhalb seiner Brunstphase bedrängendes Männchen u. a. m.[21] Auch die Krankengeschichten werden hierzu noch weiteres aussagen, werden auch verständlich machen, warum ich z. B. den Pruritus genitalis ebenfalls in diese Rubrik der Sexualstörungen eingereiht habe, indem ich ihn als einen durch unbewußte Abwehr mißglückten Versuch einer beginnenden sexuellen Erregungsschwellung verstehe (s. Krankengeschichte 1 und 1a).

Schließlich sei noch erwähnt, daß es beim Manne eine Potenzstörung gibt, die sich paradoxerweise in einer ungewollten, störenden und dazu noch schmerzhaften Dauererektion, meist ohne Lustgefühl, bemerkbar macht. Dieses Priapismus genannte seltene Leiden wurde bisher als organische Erkrankung angesehen (Thrombose, Gewebsinduration, Rückenmarksleiden etc.). Daß beim Zustandekommen dieser Störung jedoch psychische Faktoren eine wesentliche, wenn nicht sogar die entscheidende Rolle spielen – zum mindesten spielen können –, glaube ich mit der ausführlichen Darstellung des Behandlungsverlaufs und der Heilung eines solchen Patienten allein durch Psychotherapie überzeugend nachgewiesen zu haben. Sie konnte zudem katamnestisch über Jahre abgesichert werden (s. Krankengeschichte 5). –

Daß Störungen der *erektiven Potenz* beim Manne *die* Domäne psychotherapeutischer Behandlung sind, ist auch in Ärztekreisen weitgehend anerkannt. Trotzdem wird leider auch hier von seiten des Arztes noch viel zu somatisch und lokalistisch gedacht, so, als ob eine »örtliche Betriebsstörung« vorliege. Dabei sollte doch die Tatsache, daß ein und derselbe Mensch, und zwar sowohl der Mann als auch die Frau, dem einen Partner gegenüber voll potent und zur gleichen Zeit einem anderen Partner gegenüber impotent sein kann, eindeutig und endgültig gezeigt haben, daß die erektive Potenzstörung bei beiden Geschlechtern in der Regel nicht auf einer lokalen Störung beruht, sondern mit der Beziehung des Be-

[21] W. Kemper, »Zum Frigiditätsproblem«, in: *Geburtsh. u. Frauenheilkd. 2*, 1940; ferner Fußnote 1 auf Seite 7 (»Manuskript«).

treffenden zu dem jeweiligen Partner zu tun haben muß (siehe Krankengeschichten).

Warum ist es bloß für das ärztliche Denken so schwer zu verstehen, daß die Sexualität des Menschen trotz ihres unverändert gebieterischen Dranges dennoch nicht mehr den quasi mechanischen Ablaufcharakter eines bedingten Reflexes hat wie im Tierreich, zumal bei den niederen Tieren? Gewiß hat der Geschlechtsverkehr als physiologisches Phänomen entwicklungsgeschichtlich durch die Jahrmillionen hindurch auch beim heutigen Menschen noch unverändert den Charakter der sexuellen Exekutive beibehalten. Aber ebenso wie beim Menschen als geistbegabtem Wesen sich seine Fähigkeit, wirklich *lieben* zu können, grundsätzlich von dem unterscheidet, was wir im Tierreich als »Liebe« und als »Mütterlichkeit« im Sinne einer Brutpflege antreffen, ebenso ist auch des Menschen gesamte Sexualität einschließlich des Geschlechtsaktes in diese neue und weit umfassendere Gesamtheit dessen einbezogen, was wir beim Menschen in des Wortes tiefster Bedeutung Liebe nennen (und zwar unabhängig davon, daß beim Sexualakt selbst nach wie vor eine Folge reflexartiger Abläufe eine unerläßliche Rolle spielt).

All diese angeführten Tatsachen legen dem Arzte die Verpflichtung auf, in den sexuellen Funktionsstörungen eines Menschen nicht mehr einen lokalen, von der leib-seelischen Gesamtpersönlichkeit isolierten krankhaften Prozeß zu sehen, sondern sie als Symptom dafür zu werten, daß eine Beeinträchtigung der Liebesfähigkeit eines solchen Menschen vorliegt. Diese kann die verschiedensten Ursachen haben. Es kann z. B. am Partner liegen, also objektiv begründet sein. Ist es nicht natürlich, daß selbst der potenteste Mann von einer ihn innerlich oder äußerlich abstoßenden Frau sich auch sexuell nicht angezogen fühlt? Und ebenso, daß die bisherige Potenz gegenüber einer Partnerin dann erlahmen kann, wenn sich Dinge zwischen beiden ereignet haben, auf Grund derer die Beziehung zu ihr schwer beeinträchtigt wurde und statt der früheren Zuneigung nun eine geheime Abneigung, wenn nicht gar eine halb oder voll bewußte Ablehnung aufkommen ließen? Was natürlich umgekehrt genauso für die Frau gilt.

Kompliziert wird das Verständnis dieser Zusammenhänge dadurch, daß auch rein subjektive Faktoren solche Störungen auslösen können. Nicht nur beispielsweise ein – objektiv unberechtigtes – Vorurteil oder Mißtrauen gegen den Partner, sondern allein schon eigene innere Schwierigkeiten und Konflikte, die vom jeweiligen Partner unabhängig sind. Bekanntestes Beispiel hierfür ist die häufige, glücklicherweise meist harmlose angstgeborene Impotenz in der Hochzeitsnacht oder die ebenso häufige erektive Impotenz des jungen Menschen aus Schuldgefühl, weil er »Verbotenes« tut. Das gilt nicht nur für den Mann, sondern genauso für das Mädchen.

Vollends kompliziert und undurchsichtig werden diese ganzen Zusammenhänge dadurch, daß wir Menschen solche Angst und Schuld nicht immer bewußt erleben. Wie die nachfolgenden Krankengeschichten dies noch veranschaulichen werden, pflegen insbesondere dann, wenn derartige *unbewußte* Angst und Schuld und ähnliches vorliegt, sexuelle Funktionsstörungen einzutreten. Leider können die hier bestehenden psychologischen Gesetzmäßigkeiten (wie z. B. die Abwehrfunktion der Projektion gegen die Kenntnisnahme unliebsamer eigener Problematik) hier nicht im einzelnen ausgeführt und begründet werden; wir müssen, soweit das noch nicht geschehen ist, wieder auf die psychotherapeutische Fachliteratur verweisen.

Jedoch auch dann, wenn der Betreffende selbst von diesen seinen unbewußten, die Störung bewirkenden Hintergründen nichts weiß, hat der moderne Psychotherapeut die Möglichkeit, etwa vorliegende Motive dieser Art auf indirektem Wege nicht nur zu erschließen, sondern sie auch im psychoanalytischen Verfahren dem Betreffenden überzeugend aufzuzeigen. Nun erst kann sich der Patient bewußt mit dieser seiner ihm selbst bisher verborgen gebliebenen Konfliktsituation auseinandersetzen. Gelingt ihm im Laufe einer solchen oft langwierigen Behandlung die Lösung des Konfliktes, so schwindet erfahrungsgemäß damit auch die Symptomatik. Und zwar bezeichnenderweise nicht nur ohne jedwede zusätzliche örtliche Behandlung der »Sexualstörung« selbst, sondern vielfach sogar, ohne daß die Sexualstörung als solche im Mittelpunkt dieser Behandlung gestanden haben müßte. Um das Gemeinte anschaulich zu machen, sei ein Beispiel gegeben: mit der erneuten Klärung der inneren Beziehung eines Patienten zu seiner (bereits vor Jahren verstorbenen) Mutter kann im Laufe einer solchen Behandlung eine bis dahin bestehende hartnäckige Impotenz sich gewissermaßen in sich selbst auflösen. Genauso aber auch mit der Behebung der Selbstgefühlproblematik eines Menschen oder mit der Klärung seiner Beziehung zum Thema Besitz (»Besitz« im allerweitesten Sinne verstanden) und seiner Verlustangst. Ferner besteht geradezu eine Relation zwischen solcher Symptomatik und gewissen Ideologien. Das gilt nicht nur für die funktionellen Sexualstörungen, sondern auch für andere Formen von neurotischer Symptomatik überhaupt.

Ohne in noch weitere Einzelheiten eintreten zu können, hoffen wir, überzeugend aufgezeigt zu haben, daß die funktionellen Sexualstörungen für den Arzt Signalcharakter haben, also der Indikator dafür sind, daß der von ihnen Betroffene in seiner Liebesfähigkeit sich in einer – ihm vielfach selbst verborgenen oder vor sich selbst verleugneten – inneren Konfliktsituation befindet; mag diese nun mit der Person des derzeitigen Partners zusammenhängen, mag sie auf vom jeweiligen Partner unabhängigen eignen Schwierigkeiten beruhen. Somit bekommt – etwa ähnlich dem Schmerz – die Sexualstörung oft den Charakter eines ersten Warnungssignals, daß eine (diesmal »innere«) Gefahr im Anzug ist. Hilft der Arzt einem solchen Patienten wirklich, wenn er ihm sein Symptom einfach »exzidiert«, statt dem Grundleiden, das es anzeigt, nachzugehen? Und selbst wenn das aus Gründen, die außerhalb unseres Machtbereiches liegen, im einzelnen Falle nicht möglich ist, ändert das nichts an der grundsätzlichen Berechtigung solcher Fragestellung. Wir lehnen es ja auch als unärztlich ab, ja verurteilen es scharf, wenn ein Arzt bei Kopfschmerzen nur Pulver verordnet und darüber die beginnende Urämie übersieht, oder wenn er bei Blutungen einer Frau Secale gibt und darüber das beginnende Karzinom nicht erkennt. Bei den funktionellen Sexualstörungen liegt aber prinzipiell das gleiche vor – ein Symptom und keine lokale Krankheit! Trotzdem ist für den Arzt die Ideenverbindung: Sexualstörung – also Hormontherapie schon derart zum bedingten Reflex geworden, daß er die mit den Potenzstörungen tatsächlich gegebene ärztliche Aufgabe überhaupt nicht mehr erkennt. Liegt doch diese Aufgabe so ganz außerhalb des Rahmens sonstiger »handgreiflicher« ärztlicher

Tätigkeit. Durch die Versachlichung und Technisierung des Arztberufes ist die Arzt-Patienten-Beziehung erschreckend entpersönlicht worden. Infolgedessen kann die heutige Ärztegeneration nur mit Schwierigkeiten den von uns aufgezeigten Zusammenhängen einen pathogenetischen Wert beimessen, noch schwerer die aus diesen Zusammenhängen sich ergebende Aufgabe als ärztliche Verpflichtung annehmen. Wo soll der Arzt sich auch das psychotherapeutische Rüstzeug erworben haben, das ihm den Zugang zum wirklichen Verständnis dieser Störungen und zugleich die Möglichkeit zu einer kausalen Therapie böte[22]?!

Die therapeutische Fragwürdigkeit solcher Hormontherapie wurde eingangs bereits von uns kritisch beleuchtet. Außerdem sollte die Überlegung nachdenklich machen, daß es sich nahezu ausschließlich um Menschen handelt, denen bei voll erhaltener Libido lediglich die sexuelle Exekutive im Geschlechtsakt versagt ist. Abgesehen vom eigentlichen Geschlechtsverkehr sind sehr viele Impotente dieser Gruppe gar nicht »impotent«; sie haben, besonders nachts, z. T. intensive und oftmals lang anhaltende Erektionen (*Zusatz 1972*: Diese Aussage ist damals – 1950 – vielfach angezweifelt worden. Sie ist jedoch inzwischen durch die neue experimentelle Traumforschung noch weit mehr als ich selber zu behaupten wagte, bestätigt worden; auch der funktionell [»neurotisch«] Sexualgestörte hat – ebenso wie der Gesunde – normalerweise allnächtlich mehrfache anhaltende Erektionen!).

Wir bewirken in solchen Fällen also durch »therapeutische« Hormonzufuhr nur eine oft zur Qual werdende weitere Stei-

[22] *Zusatz 1972*: Mag sich an dieser von mir vor 30 Jahren getroffenen Feststellung inzwischen auch insofern manches geändert haben, als die psychoanalytische bzw. psychosomatische Konzeption in gewissen ärztlichen (und erst recht in nichtärztlichen) Fächern heute sogar an einigen Universitäten vertreten wird und sich selbst dort, wo sie noch offiziell abgelehnt wird, bereits als unaufhaltbar durchzusetzen begonnen hat, so bleibt es doch fast erschreckend, wie wenig noch die Masse der heute praktizierenden Ärzteschaft – gleich ob Allgemeinpraktiker oder Facharzt – für eine Konzeption aufgeschlossen ist, in der alles Krankheitsgeschehen zugleich auch in die jeweilige Lebenssituation des Patienten eingebettet gesehen und deshalb – unbeschadet alles unverändert notwendig Ärztlich-Handwerklichen – auch gebührend berücksichtigt und in die Gesamtbehandlung einbezogen wird.

gerung der Sexualspannung unserer Patienten – ohne ihnen damit aber die in Wirklichkeit allein fehlende notwendige *Ent*spannungsmöglichkeit zu vermitteln! Dieselbe kritische Zurückhaltung gegenüber der Hormontherapie ist erst recht bei den analogen Störungen des Weibes (fehlende lokale Erregbarkeit bei sonst durchaus erhaltener, vielfach sogar übersteigerter allgemeiner Ansprechbarkeit) angebracht, und zwar aus den gleichen Motiven. Daß auch die Sonderformen erektiver Potenzstörungen des Weibes – zu denen aus guten Gründen (s. u.) auch der Pruritus und der Vaginismus gezählt werden können – sogar meist besonders geeignete Objekte einer sachkundigen Psychotherapie sind, zeigen abschließend Krankengeschichten, die ohne Schwierigkeiten, besonders hinsichtlich des Vaginismus, durch eine große Zahl ähnlicher ergänzt werden könnten. –

c) orgastische Impotenz (Erregungsabfuhr beeinträchtigt)

Die bis Ende der 20er Jahre dieses Jahrhunderts nicht übliche Herausstellung einer besonderen orgastischen Potenzqualität und deren Abhebung von der erektiven Potenz habe ich noch von W. Reich, meinem damaligen Lehrer am Berliner Psychoanalytischen Institut, übernommen. In seiner 1927 erschienenen, Freud gewidmeten und auch heute noch lesenswerten Monographie *Die Funktion des Orgasmus*[23] hat er die Berechtigung solcher Abhebung ausführlich begründet.

Wie im vorigen Abschnitt dargelegt, kann in der erektiven Phase die lustvolle Erregung zunächst noch willkürlich für gewisse Zeit auf gleichem Niveau (»Plateau-Phase« von Masters und Johnson[24]) gehalten, also bewußt verlängert, aber ebenso auch wieder zum Abklingen gebracht werden. Bei weiterer beabsichtigter Steigerung wird jedoch bald ein Punkt erreicht, an dem ein »Umkippen« erfolgt: Spinale, reflektorisch verlaufende Automatismen brechen in die bis dahin mehr genital-zentrierten Abläufe ein und übernehmen

[23] Originalfassung im Internat. Psychoanalyt. Verlag Wien (1927); unveränderter Neudruck als Taschenbuch im Fischer Verlag 1972.

[24] *Die sexuelle Reaktion,* Rowohlt-Taschenbuch 1970 (amerikanische Originalausgabe 1966).

in der nun einsetzenden, vergleichsweise nur kurz dauernden orgastischen Phase selbständig die Führung. Diese Phase beginnt mit einem leisen, auf den gesamten Körper übergreifenden (»tonischen«) Aufbäumen, dem die für den eigentlichen Orgasmus charakteristischen spontanen (»klonischen«) Zuckungen folgen, die beim Manne die Ausstoßung des Samens begleiten (Ejakulation).

Während des Liebesspiels und während der ersten Phase der Geschlechtsbeziehung steigert der Mann durch seine Friktionen oder durch zusätzliche sonstige Praktiken und ebenso die Frau durch korrespondierendes Mitgehen ständig die Erregungslust bzw. beeinträchtigt sie (einer oder beide) durch unbeteiligtes, wenn nicht sogar sperriges Verhalten. Sie können somit den Ablauf zunächst weitgehend willkürlich steuern. Der übermächtige plötzliche Einbruch der den Beginn der orgastischen Phase objektiv kennzeichnenden anderen Potenzqualität äußert sich darin, daß die motorischen und neurovegetativen, vordem vorwiegend genital-zentrierten Abläufe jetzt nicht mehr dem Willen der Partner unterstellt sind, sondern daß sie – wenn auch individuell in recht verschiedenem Ausmaße – nun automatisch verlaufend stark auf die gesamte Person übergreifen. Und zwar nicht nur ihre Motorik und neuro-vegetativen Funktionen beherrschen, sondern bei normalem Ablauf auch ihre Sensibilität und Sensorik tiefgreifend verändern.

Ist es beim Manne gleich zum »tonischen« Beginn der Orgasmusphase in der Prostatagegend zur Entleerung des Inhaltes der Samenblasen in die hintere Harnröhre gekommen, so wird er in der unmittelbar danach einsetzenden »klonischen« Orgasmusphase schleudernd durch die Harnröhre nach außen entleert, somit bei eingeführtem Glied im oberen Scheidengewölbe der Partnerin deponiert, d. h. in unmittelbarer Nähe des Muttermundeinganges. Waren vorher schon Atmung, Blutdruck, Kreislauf, Schweißsekretion u. a. zunehmend in Anspruch genommen, so kommt es in der Orgasmusphase zu einer sprunghaften Steigerung der Atem- und Herzschlagfrequenz sowie zum Hochschnellen der Blutdruckwerte. Nicht nur die glattfaserige vegetativ innervierte Muskulatur wird von zuckenden Bewegungen erfaßt, sondern der Klonus greift auch auf die quergestreifte Skelettmuskulatur über. Der leise spastische Klonuskrampf löst sich nicht selten mit einem stöhnenden Aufschrei.

Ähnlich eindrucksvoll sind die psycho-sensorischen und sensiblen Rückwirkungen. Das mit Einsetzen des Orgasmus erreichte Maximum an sexueller Erregung wird als eine Art »Wehelust« erlebt. Dies kommt auch in der Mimik zum Ausdruck. Die Empfindung lustvollen Mitgehens ist, ungestörte Hingabefähigkeit der Partner vorausgesetzt, auch real vom Nachlassen der Wahrnehmung bis zu ohnmachtsähnlichem »Schwinden der Sinne« begleitet. Die Wahrnehmungsfähigkeit der sogenannten niederen Sinne ist vorübergehend herabgesetzt, wenn nicht nahezu aufgehoben (Tiefensensibilität, Berührungs-, Schmerz- und Wärmeempfindung). Auch Wahrnehmungen der höheren Sinne (Auge, Ohr) werden wenig oder kaum noch registriert. Als Ausdruck der abrupten orgastischen Entspannung stellt sich (besonders beim Manne), noch ehe sich beide Partner wieder voneinander gelöst haben, ein gebieterisches Schlafbedürfnis ein. Beide erwachen mit einem Gefühl psychischen und körperlichen Wohlbehagens.

Ist der Verlauf der orgastischen Phase bei der Frau auch grundsätzlich dem des Mannes vergleichbar, so ergeben sich aus der anatomisch-funktionellen Verschiedenheit der Geschlechter doch gewisse charakteristische Unterschiede. Z. B. benötigt die Frau in der Regel eine etwas längere Anlaufzeit, bis sie den kritischen Punkt (»Umkippen«) erreicht. Ob dies biologisch bedingt oder Auswirkung der für beide Geschlechter seit Jahrhunderten unterschiedlichen sozio-kulturellen Sexualmoral ist, bleibe dahingestellt. Alles Weitere erfolgt bei ihr dann aber, sofern sie sich in ihrer inneren Einstellung sowie auch unter den gegebenen äußeren Bedingungen unbeeinträchtigt sich selbst überlassen (»hingeben«) kann, mit gleicher, wenn nicht sogar etwas gesteigerter Intensität. Deshalb hängt es meist von der Bereitschaft des Mannes ab, die Erregungsphase etwas hinauszuzögern, ob in der orgastischen Phase die optimale Synchronisation der Partner erreicht wird. Nur dann verschränken sich die einzelnen Abläufe bei beiden Partnern zu sinnvoller Ergänzung ineinander.

Um dies verständlicher zu machen, muß erwähnt werden, daß die Scheide der Frau sich stammesgeschichtlich aus zwei verschiedenen Anteilen zu einem einheitlichen Gebilde entwickelt hat. So läßt sich ihr unteres Drittel beim Menschen auch heute noch in Bau, Innervation und Funktion von den oberen zwei Dritteln abgrenzen. Während beim Manne die orgastische Phase mit den geschilderten Abläufen in der Prostatagegend – wie ich vermute im Utriculus – beginnt, die von einem ganz spezifischen, dort genau lokalisierbaren spannungsvollen Lustgefühl begleitet sind, beginnt sie bei der Frau nach vorausgegangener Verengung im unteren Drittel der Scheide (»Manschette«; MASTERS und JOHNSON) und einer Erweiterung ihrer oberen Partien mit mehreren, dem Willen nicht mehr gehorchenden rhythmischen Kontraktionen, die den gesamten Beckenboden und die Gebärmutter mit einbeziehen. Der Ausgangspunkt des Orgasmus wird nach den experimentellen Untersuchungen der genannten amerikanischen Autoren nicht mehr im oberen Scheidengewölbe in der Nähe des äußeren Muttermundes, sondern im unteren Scheidendrittel angenommen.

Während der Mann nach dem mit Ejakulation endenden Orgasmus für kurze Zeit sexuell nicht mehr ansprechbar ist (Refraktärphase), ist die Frau, sofern die sexuelle Stimulierung anhält, zu weiteren Orgasmen fähig, bis auch bei ihr der Sättigungsgrad erreicht ist. Die Intensität des Orgasmus ist, abgesehen von einer gewissen individuellen Schwankungsbreite, objektiv und subjektiv bei beiden Geschlechtern gleich.

Wenn trotzdem selbst heute noch ein hoher Prozentsatz der Frauen anorgastisch ist, so darf dies vor allem als Ergebnis ideologischer bzw. gesellschaftlicher Einflüsse gewertet werden. Immerhin halte ich es für möglich, daß auch ein phylogenetischer Faktor mit im Spiel ist, wenn bei den funktionellen Geschlechtsstörungen der Frau gerade die Orgasmusstörungen eine so große Rolle spielen. Angeregt durch die ideenreiche Studie *Versuch einer Genitaltheorie* von S. FERENCZI[25] vermute ich, daß, als sich vor Jahrmillionen in der stammesgeschichtlichen Entwicklung neben den bisher nur im Wasser lebensfähigen Tieren die ersten, wenn auch zunächst nur passager außerhalb des Wassers lebenden Tiere entwickelten (Lurche u. ä., die Vorläufer der späteren Landtiere), das Weibchen einen Orgasmuswandel durchgemacht hat. Im In-

[25] Internat. Psychoanalyt. Verlag, Wien 1924.

teresse der Arterhaltung hat es die bisherige, dem Leben im Wasser angepaßte (und der des Männchens gleiche) Form der *äußeren* zugunsten einer dem Landleben gemäßen *inneren* Befruchtung aufgegeben. Was jedoch zwangsläufig bedeutete, mit dieser Umstellung auch auf die bisher der des Männchens gleiche orgastische Ausstoßungslust bei der Entleerung der Geschlechtsprodukte verzichten zu müssen. So gesehen, bedeutet der Orgasmus der Frau heute eine sekundäre zeitliche Wiederanpassung an die Ausstoßungslust des männlichen Partners – mithin einen phylogenetischen Späterwerb, und damit eine größere Anfälligkeit für Störungen, während der Mann seine Orgasmusart über die Jahrmillionen unverändert beibehalten konnte (Näheres hierüber in meiner eingangs zitierten Monographie). –

Die angedeutete andere Funktion des Orgasmus ist individueller Natur. Sie ergibt sich aus der einmaligen Möglichkeit, gestaute vegetative Erregung im Sexualvorgang abzuführen. Diese der Aufrechterhaltung des psycho-vegetativen Gleichgewichts dienende Leistung erweist sich gerade für den heutigen Kulturmenschen als besonders bedeutsam. Lebt er doch in einer Gesellschaftsordnung, die ständig Triebeinschränkungen fordert. Diese für den Ausgleich der Spannungen des Trieblebens wichtige Rolle des Orgasmus war es auch, die W. Reich veranlaßt hatte, die orgastische Potenz als eine besondere Qualität abzuheben, obwohl sie, physiologisch gesehen, mit der erektiven ein Kontinuum, also eine funktionelle Einheit darstellt. Leider ist diese zweite, meines Erachtens biologisch nicht minder wichtige Funktion des Orgasmus, zu der ich in meiner Monographie noch weiteres Material zusammengetragen habe, in ihrer Bedeutung bisher kaum erfaßt worden. So behält diese Aufgliederung von Reich ihre Berechtigung, wie dies auch unsere Krankengeschichten noch veranschaulichen werden, gleich, ob man bestimmte spätere Positionen von W. Reich akzeptiert oder nicht.

Aus den bisherigen Ausführungen ergibt sich somit, daß dem Orgasmus eine Doppelfunktion zukommt. Zunächst einmal steht er im Dienste einer überpersönlichen Aufgabe: er sichert die Arterhaltung. Der geschlechtsreife Mensch wird durch die Prämie einer in ihrer Art einmaligen intensiven sexuellen Lustbefriedigung immer wieder zur Aufnahme von

Sexualbeziehungen veranlaßt. Und man könnte die Tatsache, daß das anfangs willkürlich steuerbare, zunehmend lustvolle Spiel gerade zu Beginn der höchsten Luststeigerung der willentlichen Steuerung entgleitet und sich von nun an reflektorisch unaufhaltsam vollzieht – dazu noch bei gleichzeitiger Trübung des Bewußtseins, also unter Verlust wacher Kontrolle – geradezu als eine List der Natur verstehen, ihren Zweck, die Befruchtung und damit die Arterhaltung zu erreichen (so wie der Mensch neuerdings umgekehrt wieder die Natur mit der »Pille« überlistet).

Im Zusammenhang mit der zweiten Funktion, der vegetativen Erregungsabfuhr, muß auch die Praxis des *Koitus interruptus* erwähnt werden. Er muß sich schädigend auswirken, da ein unbeeinträchtigter Verlauf des Orgasmus für die neuro-vegetative Ausgeglichenheit und damit für das leib-seelische Wohlbefinden eines Menschen von großer Bedeutung ist. Der Koitus interruptus besteht in einem abrupten Abbrechen des Geschlechtsverkehrs im Augenblick des beginnenden »Umkippens« (s. o.), so daß der Samenerguß des Mannes gerade eben nicht mehr innerhalb der Scheide erfolgt.

Bis noch in die letzten Jahrzehnte hinein, als es noch keine Pille gab und man auch noch nichts Sicheres über die Tage innerhalb des monatlichen Zyklus wußte, in denen die Frau natürlicherweise empfängnisunfähig ist, und auch auf Kondome kein rechter Verlaß war, erschien der Koitus interruptus als Methode der Wahl, um eine Schwängerung zu vermeiden. Auch heute noch wird, mehr als man im allgemeinen annimmt, von ihm Gebrauch gemacht, insbesondere in den sozial schlechter gestellten Bevölkerungsschichten. Seine schädigenden Auswirkungen – zunehmende nervöse Reizbarkeit, Verstimmtheit depressiver Tönung, Arbeitsunlust, »Neurasthenie« mit funktionellen Organbeschwerden verschiedener Art – sind daraus abzuleiten, daß es einen Verstoß wider die Natur bedeutet, wenn der Mann und erst recht die Frau, statt sich dem natürlichen Ablauf im körperlichen Beisammensein überlassen, d. h. sich wirklich »hingeben« zu können, die ganze Zeit über aufpassen müssen, daß der Mann nicht im entscheidenden Augenblick »den Kopf verliert« und »sich gehen läßt«. Diese Besorgnis ist ja um so berechtigter, als beide von vornherein wissen, daß sie sich durch die beabsichtigte Unterbrechung um den natürlichen Höhepunkt bringen werden, in dem das unbeeinträchtigte Erleben normalerweise gipfelt. So werden sie darauf aus sein, wenigstens die Lust der Plateau-Phase so intensiv wie nur möglich zu genießen und sie zugleich so lange wie nur eben möglich hinzuziehen. Mithin bewegen sie sich immer dicht am »Gefahrenpunkt«, wo dem Manne die Beherrschung, nämlich die willentliche Steuerung des weiteren Verlaufs durch die Einschaltung von Reflexmechanismen entrissen wird. Und eben das darf auf keinen Fall passieren!

Im Banne dieses hellwachen ängstlichen Aufpassenmüssens kann es bei beiden nicht zu einem sich ständig steigernden und zunehmend lustvoller erlebten natürlichen Erregungsablauf mit dem im Orgasmus beide »erschütternden« steilen Höhepunkt kommen, mit dem zugleich auch die Erregungsspannung ihre natürliche Abfuhr erreicht. Zwar »treibt man Sex«, aber eine Sexualität reduzierter Qualität. Zu einer mit dem voll ausgelebten Geschlechtsverkehr verbundenen Abfuhr vegetativer Erregung kann es bei solch abrupter Unterbrechung nicht mehr recht kommen. Selbst des Mannes Orgasmus ist beeinträchtigt, während die Frau, bei der es wahrscheinlich aus physiologischen Gründen sowieso erst später dazu gekommen wäre, meist darum betrogen wird. Statt zu Erregungsabfuhr kommt es so eher noch zu erhöhter Anstauung. Beide Partner bleiben im doppelten Sinne unbefriedigt. Trotz sexueller Gemeinschaft bringt diese Art von Verkehr beide auf die Dauer nicht zueinander, sondern führt wegen der Enttäuschung eher zu einer wechselseitigen Entfremdung.

Aus all den dargelegten Gründen werden Arzt und Laie dazu geführt, gerade Störungen der *orgastischen* Potenz einseitig unter körperlich organischem Aspekt (d. h. neurologisch-hormonal) und zu örtlich begrenzt einzuwerten. Entschließen sich die daran Leidenden, einen Arzt aufzusuchen, werden sie in der Regel nicht der bei ihnen fast immer indizierten Psychotherapie zugeführt (s. u.). Deshalb noch kurz einiges zu den häufigsten Formen orgastischer Potenzbeeinträchtigungen.

Die *Ejaculatio praecox,* der vorzeitige Samenerguß des Mannes beim Geschlechtsverkehr, ist viel verbreiteter, als allgemein bekannt ist, da sie während der üblichen ärztlichen Sprechstunde kaum zur Sprache kommt. Sie gilt als crux medicorum. Den Praktiker, an den sich doch einmal ein solcher Kranker wendet, beschleicht heute noch meist ein Gefühl von Hilf- und Ratlosigkeit. Hat der Arzt doch während seiner Studienzeit niemals etwas über dieses wichtige und oftmals therapeutisch recht dankbare Krankheitsbild gehört[26].

So wie die Geschlechtstüchtigkeit des Menschen, also seine sexuelle Potenz, keine konstante Größe ist, sondern von Volksstamm, Konstitutionstypus, Alter, persönlichem Lebensschicksal, zudem noch von Jahreszeit, augenblicklicher leiblicher und seelischer Verfassung, innerer Beziehung zum Partner und noch vielen anderen Faktoren abhängt, ebenso gibt es für die Zeitdauer, innerhalb der beim Manne nach erfolgter Immissio penis normalerweise der Samenerguß erfolgt, keine exakt festlegbare Norm. Vielmehr wirken sich die angeführten Faktoren bei ein und demselben Manne variierend als physiologische Schwankungen aus. Ja, es gibt Bedingungen, unter denen auch beim völlig Gesunden ein »vorzeitiger« Samenerguß eintritt – jedenfalls erscheinungsmäßig gewertet. Bekannt ist es vom jugendlichen Liebhaber, der nach langer stürmisch-drängender Werbung endlich am Ziel seiner Wünsche angelangt ist; ebenso beim Mann, der nach langer Abstinenz endlich wieder Gelegenheit zu einer Geschlechtsbeziehung hat. Kriterium dafür, daß in Wirklichkeit nur eine Pseudoform der Ejaculatio praecox vorliegt ist, daß die Störung bei weiteren Geschlechtsbeziehungen schwindet, daß die erektive Potenz ungestört erhalten geblieben ist, daß der Samenerguß in voller Stärke, d. h. »schleudernd« erfolgt und daß dabei subjektiv der Orgasmus in ganzer Intensität erlebt wird, so daß sich – im Gegensatz zur echten Ejaculatio praecox – dann auch hinterher das für den normalen Geschlechtsverkehr charakteristische gesättigte Wohlgefühl einstellt.

Ebenso wie ich es am Symptom der erektiven Potenzstörung schon aufzeigte, kann auch ein und dasselbe Symptom der orgastischen Potenzbeeinträchtigung Ausdruck von verschieden schwer einzuwertenden funktionellen Sexualstörun-

[26] Karl Abraham, »Zur Ejaculatio praecox«, in: *Internat. Zeitschr. f. Psychoanalyse.* Ferner W. Kemper, »Über Ejaculatio praecox«, in: *Med. Klinik* 1943.

gen sein. So können wir auch hinsichtlich des Schweregrades der mit diesem Symptom einhergehenden Deformierung der Persönlichkeitsstruktur eine zunehmende Reihe aufstellen, die – in psychoanalytischer Fachsprache formuliert – vom genitalen über den phallischen, den anal-urethralen, den oralen bis zum narzißtischen Typus reicht. Stehen beim erstgenannten dieser Reihe hinter der Störung vorwiegend unbewußte Ängste und Schuldgefühle, so bei den anderen – in gleicher Reihenfolge – passiv-feminine, aggressive, retentive Tendenzen, dann die Schwierigkeit, sich (hin-)geben zu können, bis schließlich zur autistischen Unfähigkeit einer Beziehung zum Partner überhaupt. Wieder gibt es auch hier niemals »reine«, sondern stets Mischformen, wenngleich eine der genannten Arten in der Regel unverkennbar vorherrscht; öfters sind sie mit Beeinträchtigungen der erektiven Potenz gekoppelt. –

Ihr Gegenstück ist die *Ejaculatio retardata,* die sich bis zur Anorgasmie beim Geschlechtsakt steigern kann; was nicht hindert, daß der Betreffende hinterher per Masturbation oder durch andere Praktiken (und sogar seitens der gleichen Partnerin, mit der es bei normaler Geschlechtsbeziehung nicht möglich war) sehr wohl zum Orgasmus kommt; ebenso auch in nächtlicher Traum-Pollution. Gerade solche Fälle beweisen, daß nicht etwa ein organischer Defekt oder Ausfall vorliegt, sondern daß durch eine psychische Fehlhaltung bzw. Fehlentwicklung die normalen Formen bzw. Arten der Sexual-Abfuhr aus unbewußter Abwehr blockiert sind, so daß dies nur noch in Zerrformen bzw. in sogenannten Perversionen möglich ist. (In einem technischen Vergleich anschaulich gemacht: Das Gerät oder die technische Anlage ist nicht defekt, sie ist nur falsch geschaltet.)

Auch der vielbewunderte und beneidete *Don Juan,* ebenso sein weibliches Gegenstück, die »liebestolle« *Nymphomanin,* sind aus sexual-psychopathologischer Sicht Personen, die in ihrer orgastischen Potenz gestört sind. Wobei wir allerdings über dieser wissenschaftlich korrekten Feststellung nicht vergessen dürfen, daß mit solcher Einstufung das Wesen dieser Charakterstrukturen in allem »Glanz und Elend« ihrer Lebensschicksale nicht bereits hinreichend erfaßt ist. Goethe hat ihr subjektives Lebensgefühl treffend in zwei Verszeilen eingefangen:

»So taumele ich von Begierde nach Genuß,
und im Genuß verschmacht' ich nach Begierde.«

Faust

Was über die Orgasmusstörungen des Mannes und ihre psychotherapeutische Beeinflußbarkeit gesagt wurde, gilt ebenso von den entsprechenden der Frau: der so weitverbreiteten Beeinträchtigung des Orgasmus bis zur völligen Orgasmuslosigkeit[27].

Nachtrag 1972: Noch um die Jahrhundertwende (Viktorianische Epoche) war – und weitgehend selbst in Ärztekreisen – die Meinung verbreitet, daß die Frau physiologischerweise keinen Orgasmus habe; ein anschaulicher Beleg dafür, in welchem Ausmaß die Auswirkungen der für eine bestimmte Epoche gültigen Ideologien einschl. ihrer Sexualmoral im Laufe der Zeit den Eindruck biologischer Gegebenheiten zu erwecken vermögen. Es ist schmerzlich, feststellen zu müssen, daß selbst die Mehrzahl der für jede Epoche repräsentativen Vertreter der Wissenschaft unbemerkt solchem lautlosen Unterwanderungsprozeß unterliegt, indem sie mit ad hoc gebildeten biologischen Thesen die mit den jeweiligen Ideologien übereinstimmenden Sachverhalte nachträglich unterbaut, so daß das, was in Wirklichkeit Auswirkung sozio-kultureller Einflüsse ist, nunmehr als ein für allemal wissenschaftlich abgesichertes naturgegebenes Faktum erscheint. (Vergessen wir nicht: Noch vor rund anderthalb Jahrtausenden wurde ebenfalls ex cathedra verkündet, daß nur der Mann, nicht aber »das Weib« eine Seele besitze!)

Das Bedenkliche an der These der Viktorianischen Epoche von der angeblichen Orgasmusunfähigkeit der Frau ist, daß sie nicht etwa auf England beschränkt blieb, sondern sich in der sogenannten zivilisierten (»gesitteten«!) Welt durchzusetzen vermochte; ja daß diese Auffassung sogar schließlich selbst von weiblichen Repräsentanten vertreten wurde; z. B. bei uns durch M. v. KEMNITZ u. a. – So mußte zwangsläufig eine »anständige« Frau, die dieser These zum Trotz das sexuelle Beisammensein als lustvoll verspürte, sich als laster-

27 Nach dem Fachschrifttum bei 30–70% aller Frauen! (*Nachtrag 1972*. Zahlenangaben von 1941. Vgl. dazu die nachfolgenden Zahlenangaben!)

hafter Lust verfallen oder gar als »entartet« erleben, mit dem Ergebnis, daß sie ihre normalen Empfindungen nicht nur vor anderen verheimlichen zu müssen glaubte, sondern auch instinktiv vor sich selbst abzuwehren suchte, womit sie einen sich allmählich auch physiologisch auswirkenden Verdrängungsprozeß auslöste.

Wie stark hierbei tatsächlich ideologische und nicht biologische Fakten die entscheidende Rolle gespielt haben, geht – gewissermaßen als mathematische Gegenprobe – aus einer soeben erfolgten Veröffentlichung von Sigusch über den Orgasmus hervor (*Sexualmedizin II*, 1, S. 17), die den Einfluß des Wandels der Sexualmoral im Laufe des letzten Jahrhunderts – und zwar für beide Geschlechter! – drastisch veranschaulicht: Von 99 befragten Schülerinnen zwischen sechzehn und siebzehn Jahren, die bereits über Sexualerfahrungen verfügten, haben nur neun mit Sicherheit dabei keinen Orgasmus gehabt, acht waren unsicher, während bei den übrigen der Orgasmus mit mehr oder minder großer Regelmäßigkeit erlebt wurde. Wenn man bei diesen statistischen Angaben berücksichtigt, unter welchen ungünstigen äußeren Umständen bzw. in welcher zwiespältigen inneren Verfassung wohl bei den meisten dieser Mädchen diese frühen sexuellen Erfahrungen gemacht wurden, ist man berechtigt, zu folgern, daß unter normalen und würdigeren Bedingungen, dazu noch bei etwas mehr Erfahrung bzw. Gewöhnung auch die neun der jetzt noch Orgasmusgestörten wohl ebenfalls orgasmusfähig werden. Ein Sachverhalt, der allen »Erfahrungen« vergangener Jahrzehnte widerspricht.

Erinnert sei in diesem Zusammenhang deshalb an das analoge Beispiel der alternden Frau, zumal jenseits des Klimakteriums. Wir sehen: Je patriarchalischer die Gesellschaftsordnung, in der eine Frau lebt, um so fester verwurzelt ist die Überzeugung von ihrem (vermeintlichen) biologisch gegebenen sexuellen Desinteresse, bis zur These ihrer angeblich physiologischen Orgasmuslosigkeit, worüber noch ausführlich zu sprechen sein wird. –

Die Orgasmuslosigkeit der Frau im Geschlechtsverkehr stellt aber nicht nur wegen der genannten oft tiefgreifenden körperlichen und vor allen Dingen seelisch ungünstigen Rückwirkungen auf die Frau selbst (erhöhte Reizbarkeit u. ä.)

eine Belastung, gelegentlich sogar eine Gefährdung mancher Ehe dar. Sie kann nämlich darüber hinaus, wie dies der Volksglaube schon immer annahm und wie jetzt auch von gynäkologischer Seite eindeutig erwiesen ist (AMERSBACH, BELONOSCHKIN[28], STEMMER[29], SEITZ[30] u. a.), eine Beeinträchtigung der Empfängnisfähigkeit bedeuten. Sie kann im einzelnen Falle sogar für die Empfängnis von ausschlaggebender Bedeutung sein[31]. Dann aber ist die Orgasmusstörung der Frau auch noch über die vorher genannten Gründe hinaus nicht mehr die diskrete persönliche Angelegenheit eines einzelnen, sondern stellt den Ausfall einer physiologisch bedeutsamen Funktion dar, dessen Auswirkungen auch die übrige Familie betreffen. – Diese nur orientierenden Bemerkungen müssen hier genügen. Der Interessierte sei auf die Fachliteratur verwiesen.

Es bleibt noch zu klären, welchen Einfluß das *Alter* auf die Potenz – die Orgasmusfähigkeit eingeschlossen – hat. Daß bei der Frau mit dem Klimakterium die Empfängnisfähigkeit, also die generative Potenz, erlischt, wurde bereits gesagt; zugleich wurde aber betont, daß dies für die erektive und orgastische Potenz nicht gleichermaßen gilt. Gewiß lassen sich, und zwar bei beiden Geschlechtern, mit zunehmendem Alter auch objektiv gewisse Rückbildungsprozesse nachweisen (Involution). Das trifft aber genauso für alle anderen Organe bzw. Organsysteme des alternden Menschen zu; und zwar um so früher und stärker, je mehr der Alternde durch unzweckmäßige, um nicht zu sagen naturwidrige Lebensweise selber diese biologische Rückbildungstendenz noch ungewollt gefördert hat. Im Zeitalter der Industrialisierung ist der Mensch, ob nun als Arbeiter, Angestellter, Unternehmer,

[28] *Archiv für Gynäk.* 169 (1931) 151.

[29] *Med. Welt* 1940, 14.

[30] *Biologie u. Pathologie des Weibes*, Urban u. Schwarzenberg, 1941, Bd. 1.

[31] *Anmerkung 1972*: Obwohl heute, gestützt auf die experimentellen Untersuchungen von MASTERS und JOHNSON (1967), auch deutsche Sexualforscher dem Orgasmus der Frau eine befruchtungsbegünstigende Wirkung absprechen, möchte ich unter Berufung auf die eben zitierten Arbeiten die entgegengesetzte Auffassung aufrechterhalten, wie ich sie auch in meiner Monographie sowie in dem in der Fußnote 15 zitierten Beitrag »Der seelische Anteil an der Sterilität« (beide 1942) vertreten habe.

Freiberufler oder was auch immer sonst, bei der Erfüllung seiner beruflichen Aufgaben mehr und mehr dahingehend eingeschränkt worden, daß er nur noch einen stark geschrumpften Anteil der ihm von Natur gegebenen körperlichen und psychischen Möglichkeiten in Anspruch nimmt und betätigt, während ein großer Teil seiner potentiellen Fähigkeiten brachliegend zunehmend verkümmert. Medizinisch spricht man von Inaktivitätsatrophie.

Es mag zunächst befremden, diesen biologischen Grundsatz auch auf das Geschlechtsleben anzuwenden; die Erfahrung lehrt jedoch, daß das Brachliegen sexueller Potenzen zu funktionsbeeinträchtigender Verkümmerung und schließlich zu vorzeitiger Inaktivitätsatrophie führen kann. Nicht nur die klinischen Beobachtungen am Menschen sprechen dafür, sondern auch neuerdings über Jahre ausgedehnte experimentelle Untersuchungen beweisen, daß beide Geschlechter bis ins hohe Alter zu sexueller Betätigung fähig und auch normalerweise geneigt sind; ja, daß darüber hinaus, wie Masters und Johnson gezeigt haben, selbst durch jahrelange Abstinenz bewirkte objektiv bereits nachweisbar gewordene Rückbildungsprozesse nach Wiederaufnahme geregelter Sexualbeziehungen rückgängig gemacht werden können.

Wir dürfen somit zu Recht folgern, daß der geschlechtsreife Mensch, gleich welchen Alters, der von seiner Sexualität keinen Gebrauch, welcher Art auch immer, macht, durch diese Unterlassung zur vorzeitigen und auch objektiv nachweisbaren Verkümmerung der somatischen und funktionellen Voraussetzungen seiner Sexualität beiträgt. Dabei ist es gleich, ob diese Abstinenz durch äußere Umstände aufgenötigt ist, oder ob sie von innen her durch moralische Tabus, durch Neurose, Vorurteile oder sonstwie motiviert wird.

Beim alternden Menschen muß sich solche Abstinenz um so einschränkender auswirken, als bereits physiologischerweise eine Rückbildungsneigung besteht. So macht sich – und zwar bei beiden Geschlechtern – mit zunehmendem Alter natürlicherweise ein Nachlassen der sexuellen Appetenz bemerkbar. Wahrscheinlich wäre es richtiger, zu sagen, daß mit zunehmendem Alter die Sexualität ihren einst sehr hohen Stellenwert im Leben des Menschen mehr und mehr verliert. Jedoch ist die Schwankungsbreite von Mensch zu Mensch hierbei recht groß. Das legt nahe, anzunehmen, daß für dieses Nachlassen nicht nur die allgemeinen biologisch-hormonalen Altersveränderungen (Involution) verantwortlich zu machen sind, sondern auch andere Faktoren, und zwar insbesondere sozio-kulturelle. Diese Vermutung wird dadurch erhärtet, daß die in anderen Kulturen zu beobachtenden Normen sexuellen Verhaltens von den bei uns gültigen zum Teil erheblich abweichen. Das gilt einmal für das männliche Geschlecht, das sich dort entgegen einer scheinbar biologisch gegebenen Grenze bis ins hohe Alter einer noch regen sexuellen Aktivität erfreut. Ich sagte »scheinbar biologisch gegebenen Grenze«, denn in Kulturen mit streng patriarchalischer Gesellschaftsordnung, wo der Frau mehr oder minder die Rolle einer Dienerin für die Lustbefriedigung des Mannes zuerkannt wird, während der Mann nicht nach ihren Wünschen und Bedürfnissen fragt, muß die alternde Frau schon früh das Feld für die vom Manne begehrte junge räumen. Auf diese Weise könnte das in Wirklichkeit durch eine über die Jahrhunderte bestehende Gesellschaftsstruktur bewirkte Verhalten der Frau, nämlich die Tatsache, daß sie, älter geworden, kaum mehr am Sexualleben teil hat, irrigerweise den Eindruck erwecken, es handele sich um eine biologisch gegebene Norm.

Kein Zweifel, daß auch bei uns andere als biologische Faktoren, z. B. die doppelte Sexualmoral, auf das Geschlechtsverhalten der Frau, insbesondere in der Zeit nach dem Klimakterium Auswirkungen gehabt haben und somit auch irrigerweise als biologische Gegebenheiten interpretiert worden sind. Und nicht nur von Laien, sondern auch von vermeintlich objektiv urteilenden Wissenschaftlern. So ist es heute noch schwer abzuschätzen, in welchem Ausmaß dies auch jetzt noch bei uns der Fall ist – aller Emanzipation zum Trotz.

B. Fehlentwicklungscharakter vorwiegend

Die Fragwürdigkeit der aus didaktischen Gründen beibehaltenen Einteilung der funktionellen Sexualstörungen in Formen, bei denen die Hemmung oder die Fehlentwicklung vorwiegt, erweist sich deutlich, wenn wir jetzt unter dem

Oberbegriff vorwiegender Fehlentwicklungen so verschiedenartige Gruppen zusammenzufassen versuchen müssen, wie konträres Geschlechtsempfinden und -verhalten, Homosexualität, Perversionen und schließlich noch phylogenetisch präformierte Sonderformen sexueller Erregungsabfuhr. Das Problematische solcher Einteilung wird vollends deutlich, wenn wir bei der erstgenannten Untergruppe feststellen müssen, daß die Abgrenzung der funktionellen gegenüber den aus dem Rahmen dieser Schrift fallenden eindeutig primär-somatisch bedingten Formen vielfach unmöglich ist; daß ferner bei der einst für angeboren gehaltenen Homosexualität und ähnlich auch bei den Perversionen, deren psycho-soziale Genese sich jedoch in den letzten Jahrzehnten als immer evidenter erwiesen hat, doch gelegentlich wieder Argumente für eine erbbiologische Bedingtheit ins Feld geführt werden.

Vollends verwirrend wird es, wenn wir zur Kenntnis nehmen müssen, daß der Kliniker Fälle kennt, bei denen eine ganz bestimmte Sexualstörung bzw. ein konträres Geschlechtsempfinden oder -verhalten mit einem typischen objektiven Befunde einhergeht, während genau der gleiche Befund auch ohne jede Beeinträchtigung von Geschlechtsfunktion oder -verhalten angetroffen werden kann. Und das sogar bei einem mikroskopisch so eindeutig objektivierbaren Befunde wie dem Geschlechtschromosomensatz. So finden sich z. B. beim Triplex-X-Syndrom, d. h. einem anormalen Zuviel an X-Geschlechtschromosomen bei der Frau, das eine Mal schwerste, das andere Mal – trotz des gleichen Chromosomenbefundes – keinerlei Störungen der Sexualfunktion, einschließlich normaler Schwangerschaft, Geburt und normalem Kind[32]. Also die genaue Umkehr der uns bereits bekannten Situation, daß trotz des Vorliegens einer eindeutigen sexuellen Funktionsstörung kein objektiver Befund erhoben werden kann. Sollen wir nun, wie es die »Somatiker« tun, annehmen, daß ein objektiver Nachweis lediglich bisher noch nicht gelungen ist, aber mit weiterer Verbesserung unserer Untersuchungsmethoden doch eines Tages erhoben wird? Oder bedeutet es umgekehrt, daß jenen Befunden in Wirk-

[32] J. Money, *Körperlich-sexuelle Fehlentwicklungen,* Baltimore 1968; Rowohlt Sexologie 1969.

lichkeit gar nicht die ihnen zugeschriebene pathogenetische Bedeutung zukommt? (Man denke an die einst als pathognomonisch so hoch bewertete Retroflexio uteri u. ä.) Oder sollten solche Befunde, obzwar objektiv nachgewiesen, doch nicht die Ursache, sondern unspezifische Begleiterscheinungen, möglicherweise sogar überhaupt erst die Folge von funktionellen Sexualstörungen oder sonstigen auffälligen sexuellen Verhaltensstörungen sein?

Ich glaube, daß wir nicht um die uns verunsichernde Feststellung herumkommen, daß tatsächlich alle drei genannten Möglichkeiten vorkommen, wie es nach unseren vorausgegangenen mehr allgemeinen Ausführungen auch nicht so überraschend erscheint. So können wir uns diesmal, da diese Störungen zum Teil aus dem Rahmen dieser Schrift herausfallen, unter Verweis auf bereits Dargelegtes kurz fassen.

1. Konträres Geschlechtsempfinden und -verhalten

Im Kern einer jeden Körperzelle von Mann und Frau finden sich 46 Chromosomen (Kernschleifen) als Erbträger; zwei davon sind die Geschlechtschromosomen. Normalerweise hängt das Geschlecht des Menschen davon ab, ob das X-Geschlechtschromosom der weiblichen Eizelle sich bei der Befruchtung mit einem X- oder aber einem Y-Geschlechtschromosom der männlichen Samenzelle verbindet. Die Kombination der X-Chromosomen von beiden Elternteilen führt zu einem Mädchen, diejenige von mütterlichem X mit väterlichem Y zu einem Knaben. Diese genetische, also chromosomenbedingte Geschlechtsbestimmung kann durch ein Zuviel oder ein Zuwenig an Geschlechtschromosomen zu typischen Fehlentwicklungen bis zu groben Mißbildungen führen (TURNER, Klinefelter-Syndrom). Andere Formen von Fehlentwicklungen können trotz normaler Chromosomenzahl durch Defekte der Keimdrüsen bedingt sein; wieder andere durch hormonale Fehlsteuerungen, sei es in den ersten Schwangerschaftsmonaten bei der Geschlechtsausdifferenzierung des Fötus, sei es nach der Geburt, oder erst in der Pubertät.

Die heranwachsende Leibesfrucht ist stets zunächst zwitterig angelegt. Erst ab drittem Schwangerschaftsmonat erfolgt normalerweise die eindeutige Entwicklung zu einem der beiden Geschlechter, unter gleichzeitiger Rückbildung der gegengeschlechtlichen Merkmale, wobei jedoch die inneren Geschlechtsorgane des anderen Geschlechts in rudimentärer Form erhalten bleiben.

Somit scheint die Geschlechtsbestimmung und damit die Identität mit der biologisch vorgegebenen Geschlechtsrolle sowie das geschlechtsspezifische Empfinden und Verhalten eindeutig festgelegt. Wir nahmen jedoch schon vorweg, daß z. B. beim Triplex-X-Syndrom (ein oder mehr X-Chromosomen zuviel) sich das eine Mal schwere, das andere Mal überhaupt keine Funktionsausfälle oder Mißbildungen zeigen. So kann auch die Geschlechtsausdifferenzierung der Leibesfrucht insofern gestört sein, als es nicht nur zu Zwitterbildungen kommt, sei es mit oder sei es ohne Vorwiegen der Merkmale des einen Geschlechts, sondern daß auch eindeutig ausdifferenzierte äußere Geschlechtsmerkmale des einen Geschlechts nicht unbedingt mit den inneren Geschlechtsorganen übereinstimmen müssen. Trotz ausgeprägter männlicher äußerer Geschlechtsmerkmale kann sich z. B. innen eine Gebärmutter vorfinden, oder die Keimdrüse kann weibliches Sexualhormon entwickeln – ebenso aber auch entsprechend umgekehrt.

So werden wir nicht überrascht sein, wenn in solchem Falle das sexuelle Empfinden und Verhalten nicht dem entsprechen, was die äußeren Geschlechtsmerkmale erwarten lassen. Paradoxerweise gibt es jedoch, wenn auch extrem selten, Personen, bei denen, obwohl die äußeren und inneren Geschlechtsorgane sowie die geschlechtsspezifischen Sexualhormone, öfter auch die sekundären Geschlechtsmerkmale (Art der Behaarung, Brust) übereinstimmen, so daß kein Zweifel an ihrer Geschlechtszugehörigkeit aufkommt, dennoch in ihrem Wesen und Empfinden und in ihren Neigungen, nicht selten auch in Lebensstil und Kleidung eindeutig Merkmale hervortreten, die für das andere Geschlecht charakteristisch sind. Wir haben oben (S. 37 f.) die in Frage kommenden Faktoren zusammengestellt, wie sie Voraussetzung für die normale Entwicklung des Menschen sind, wobei wir die psycho-sozialen Faktoren besonders herausgearbeitet haben, insbesondere die der vor- und nachgeburtlichen Kind-Mutter-Beziehung, deren Gestörtheit unter anderem für das Zustandekommen späterer funktioneller Sexualstörungen bedeutungsvoll ist. –

Der Arzt, zumal der Psychotherapeut, wird oftmals von Patienten aufgesucht, die Schwierigkeiten haben, ihre Geschlechtsrolle (Identität) anzunehmen. Zwar können diese Unstimmigkeiten so verdeckt sein, daß sie dem Patienten oder der Patientin gar nicht als solche bewußt werden; sie können aber auch die Symptomatik, ja das Lebensgefühl beherrschen. Das zuletzt angeführte Beispiel hätten wir somit als Extremvariante einer geschlechtlichen Fehlidentifizierung zu verstehen, wie sie in weniger ausgeprägter Form doch häufiger anzutreffen ist, und zwar mit fließenden Übergängen zur Norm. Sofern in solchen Fällen ein korrespondierender objektiver Befund nicht erhoben werden kann, tut sich daher die Frage auf, ob die psycho-sozio-kulturellen Faktoren für sich allein ausreichen, um derart weitreichende Auswirkungen zu begründen. Dazu die folgenden allgemeinen Überlegungen:

Es muß immer wieder überraschen, wie schwer es dem abendländischen Menschen und der abendländischen Wissenschaft wird, eine solche Annahme auch nur als Möglichkeit ernsthaft zu unterstellen. Statt dessen neigen sie dazu, sie von vornherein als unwissenschaftliche Phantastik abzutun. Daß die »Willenskraft«, eine von uns vermeintlich willkürlich dirigierbare bewußte Größe, unter besonderen Umständen einen Menschen zu unwahrscheinlichen Leistungen zu befähigen vermag, ist man bereit, im Grenzfall zuzugeben. Nicht aber, daß es auch der bewußten Beeinflussung mehr oder minder entzogene Sonderzustände geben soll, in denen nicht nur die neuro-vegetativ gesteuerten Funktionen, sondern auch Wahrnehmen, Empfinden und Fühlen nicht mehr den Kausalgesetzen zu gehorchen scheinen. Das aber ist der Fall. Und zwar nicht nur beim östlichen Fakir, der z. B. unter wissenschaftlicher Kontrolle, ohne Schaden zu nehmen, viele Stunden in einem luftdicht abgeschlossenen engen Behälter verbringt, der weniger als 20% des zum Überleben notwendigen Sauerstoffs enthält; oder der, wie ich es in einer von J. H. Schultz veranstalteten internen Sitzung selbst erlebte, in mehrjährigem Training gelernt hatte, die weitgehend neurovegetativ gesteuerte Entleerungsfunktion der Harnröhre willkürlich geradezu auf den Kopf zu stellen, indem er aus einem graduierten wassergefüllten gläsernen Meßzylinder mit seinem Gliede etwa 75 ccm Wasser einzusaugen vermochte.

Wie jeder Mensch vermag auch der Europäer bewußt und erst recht unbewußt tief in den Ablauf seiner normalerweise vom Willen und Bewußtsein unabhängigen Körperfunktionen einzugreifen. Das kann in experimentell überprüfbarer Form geschehen, zeigt sich aber auch spontan beim Zustandekommen und ebenso bei der Behebung abnormer funktioneller Verläufe beim Menschen. So z. B. beim autogenen Training (J. H. Schultz), während dessen der Patient, aber auch jede andere Versuchsperson, sich gemäß den Weisungen des Arztes als befähigt erweist, bei völliger Körperruhe in objektiv meßbarer Weise die Pulsfrequenz zu steigern, die Körpertemperatur zu erhöhen und die Durchblutung bestimmter Körperregionen zu verändern. Erst recht gilt das für die Hypnose, wenn der Hypnotisierte auf eine ihm suggerierte Verbrennung durch eine nur angeblich glühend heiße Münze an der »verbrannten« Körperstelle eine richtige Brandblase bekommt; oder wenn er sich bei hypnotisch suggerierter Anästhesie eine Nadel durch den Handrücken stechen läßt, ohne den geringsten Schmerz zu empfinden; oder wenn er bei entsprechender Suggestion mit Genuß eine rohe Kartoffel als eine köstliche Frucht verzehrt. Derartige Phänomene mögen unwahrscheinlich, um nicht zu sagen übernatürlich erscheinen. Sie sind jedoch die Grundlagen und Voraussetzungen zum Verständnis dessen, um was es »psychosomatisch« bei funktionellen Störungen einschließlich der funktionellen Sexualstörungen geht. Zeigen sie doch, in welchem erstaunlichen Ausmaß der Mensch *normalerweise* fähig ist, sein Verhalten und Empfinden in identifikatorischer Teilhabe mit einem anderen (z. B. dem Versuchsleiter, Hypnotiseur) zu verändern.

Das gilt aber nicht nur unter solchen speziellen Bedingungen, sondern viel allgemeiner und weitergehend, als wir wissen und es uns lieb ist. Und es betrifft nicht nur körperliche Funktionen, die zu beeinflussen wir normalerweise nicht in der Lage sind, sondern auch unser Wahrnehmen und Empfinden und unser Ichgefühl. Man denke nur daran, was vielen Menschen in vergangenen Jahrhunderten in der »Nachfolge Christi« (also in identifikatorischer Teilhabe an seinem Leben) »Wunderbares« geschehen ist! Noch vor wenigen Jahren erschienen bei Therese von Konnersreuth alljährlich am Karfreitag spontan die Wundmale Christi. Und welch eindrucksvolle Persönlichkeitsveränderungen können bei jemandem vor sich gehen, der sich, von einer Idee fasziniert, mit einem religiösen, politischen oder sonstigen Fanatiker identifiziert. Sind wir nicht alle, und zwar auch der Gesunde, uns selbst oftmals befremdende Menschenwesen, nämlich allnächtlich in unseren Träumen, die doch laut NIETZSCHE »unser Eigenstes« sind?

Gerade die letzten Jahre liefern eindrucksvolle Belege dafür, daß solche Identifikation bis zur Selbstaufgabe, ja bis zur eingeplanten Selbstvernichtung gehen kann. Und der mehr oder minder weitgehende Verlust der eigenen Geschlechtsidentität, von der in diesem Kapitel die Rede ist, wäre dann als Folge einer unbewußten Fehlidentifikation mit einer anderen Person anzusehen – letztlich meist mit dem gegengeschlechtlichen Elternteil. Solche doch ubiquitären Phänomene erklären sich weitgehend als Manifestationen eines uralten Erbes unserer stammesgeschichtlichen Vergangenheit. Die hat nicht nur morphologisch im Aufbau unseres Gehirns aus drei Schichten, die Träger sich verschränkender Funktionen sind, einen objektiv nachweisbaren Niederschlag gefunden, sondern tritt auch im subjektiven Erleben eines jeden Menschen noch ständig in Erscheinung. Und zwar ist die Tendenz, auf frühere Funktionen zurückzugreifen, um so größer, je mehr die Möglichkeit, Impulse und Bedürfnisse primitiverer Art noch ausreichend zu verwirklichen, in einer Gesellschaftsordnung durch Moralforderungen, Ideologien und Tabus beschnitten worden ist.

Verhaltens- und Funktionsstörungen auch als wieder durchbrechende präformierte Abläufe aus der stammesgeschichtlichen Frühzeit zu verstehen, in ihnen aber ebenso auch Auswirkungen psycho-sozio-kultureller Faktoren zu sehen, ist einem großen Teil der Ärzteschaft, die weitgehend noch immer darauf wartet, die morphologisch faßbare »Ursache« auch für *die* Art von Leiden, die in dieser Schrift behandelt werden, zu entdecken, bis heute noch nicht geläufig. –

Vor 30 Jahren war ich mit meiner Behauptung auf Unglauben gestoßen, daß bei Sexualstörungen höchstens 10%, wahrscheinlich aber weniger somatisch-organisch bedingt seien. SIGUSCH, jetzt Institut für Sexualforschung an der Universität Frankfurt, also ein gewiß unverdächtiger Zeuge, hat soeben (1973) sogar angegeben, daß von 100 funktionellen Sexualstörungen nur 1–3% nicht psycho-sozial bedingt seien[33]. Haben die anderen mindestens 97 von 100 Kranken nicht den berechtigten Anspruch, daß der Arzt, den sie in ihrer Not aufsuchen, so viel von der Natur ihres Leidens versteht, daß er, wenn er selber sie nicht sachgerecht behandeln kann, sie nicht, wie es heute noch vielfach geschieht, erst mit nur hinhaltender, oftmals nicht unbedenklicher Medikation (Hormone!) »versorgt« oder sie einem nicht angebrachten operativen Eingriff zuführt – alles Maßnahmen, durch die er lediglich zur Chronifizierung ihres Leidens beiträgt –, sondern daß er sie gleich an die dafür zuständige Stelle überweist?

Auch der meist zu den Perversionen gerechnete *Transvestit* gehört zur großen Gruppe der mit ihrem Geschlecht Fehlidentifizierten. Bei Mann und Frau ist die Identifizierung mit dem Gegengeschlecht so intensiv, daß ihr nicht nur in Wesen und Verhalten, sondern auch in der Kleidung Ausdruck verliehen werden muß. Noch kompromißloser ist der *Transsexuelle.* Alles was ihn (sie) an seinem (ihrem) eigenen Körper an das abgelehnte eigene Geschlecht erinnert, z. B. die äußeren Genitalien, die sekundären Geschlechtsmerkmale und was auch immer sonst, wird zum quälenden Ärgernis. Um jeden Preis wird versucht, dieses Ärgernis zu beseitigen – und sei es durch schwierige operative Eingriffe mit dem Ziel, wenigstens äußerlich die erstrebten Geschlechtsmerkmale zu erlangen.

Um solche Entwicklungen zu vermeiden, ist es so wichtig, daß schon die ersten Anzeichen für eine ausgesprochene gegengeschlechtliche Identifizierung rechtzeitig, d. h. bereits in der Kindheit, erkannt und einer fachärztlichen Beurteilung zugeführt werden. Zunächst wäre zu klären, ob eine zuvor übersehene echte Zwitterbildung (Hermaphroditismus) vorliegt, um dem Kinde (gegebenenfalls mit zusätzlicher chirurgischer Nachhilfe) die Möglichkeit zur Neufindung der Geschlechtsidentität zu geben. Falls jedoch keine objektive, also

[33] *Sexual-Medizin* 4 (1973), Heft 4, S. 223.

anatomische, hormonale oder sonstige Begründung für die gegengeschlechtliche Identifizierung gefunden wird, sollte unbedingt die Durchführung einer in solchen Fällen leider meist länger dauernden analytischen Psychotherapie veranlaßt werden. In frühem Alter sind nämlich die Aussichten einer psychotherapeutischen Korrektur solcher Fehlidentifizierungen (Divergenz zwischen somatischer Geschlechtszugehörigkeit und psychisch erlebter sowie bejahter Geschlechtsidentität) noch relativ gut. Vielfache analytische Erfahrung kann dies belegen. Hat sich ein Kind jedoch bis über die Pubertät hinaus bereits derart in die gegengeschlechtliche Rolle eingelebt, daß sie ihm, dem nunmehr geschlechtsreif Gewordenen, und erst recht dem Erwachsenen, zur »zweiten Natur« geworden ist, so sind die Erfolgsaussichten einer Therapie wesentlich geringer. Darüber später noch in anderem Zusammenhang.

2. *Homosexualität* (*Inversion*)

Auch der Homosexualität liegen unbewußte Fehlidentifizierungen zugrunde, vor allem eine in früher Kindheit mit dem gegengeschlechtlichen Elternteil, somit beim (später homosexuellen) Knaben mit der Mutter, beim Mädchen mit dem Vater. Wenn diese gleichen Fehlidentifizierungen, wie sie auch den im vorigen Kapitel besprochenen Störungen eigen sind, trotz vielerlei partieller Übereinstimmungen dennoch zu einer andersartigen Symptomatik, eben zur Homosexualität geführt haben, so deshalb, weil hier – um es einmal grob vereinfacht zu formulieren – beim männlichen Homosexuellen die Angst vorwiegend um die Integrität seines Geschlechtsorganes, beim weiblichen unter anderem die Angst vor und der Neid auf das männliche Glied als Symbol männlicher Stärke und Macht in anderer Weise abgewehrt wird – unbewußte Abwehrformen, auf deren weit größere Komplexität hier nicht eingegangen werden kann.

Es waren im wesentlichen von Psychoanalytikern erarbeitete Einsichten in diese Zusammenhänge, die, wie bereits angedeutet, die früheren Auffassungen zunehmend in Frage gestellt haben, denen zufolge es sich bei der Homosexualität um eine erbbiologische Minusvariante, eine psychopathische

Degeneration, einen Infantilismus (E. Kraepelin), eine intersexuelle Zwischenstufe (M. Hirschfeld) handeln sollte. Die neben anderem regelmäßig nachweisbare Abwehrform solch früher Fehlidentifikation würde die Annahme einer konstitutionellen Bedingtheit der Homosexualität erübrigen, ohne jedoch solche Annahme, die prinzipiell nie zu widerlegen sein dürfte, ausschließen zu können. Gewisse körperliche Stigmata, die wir allerdings nur bei einem kleinen Prozentsatz passiv homosexueller Männer antreffen, könnten z. B. zu ihren Gunsten angeführt werden.

Es sollte jedoch dabei nicht übersehen werden, daß auch die stammesgeschichtliche und damit auch die individuelle Entwicklung des Menschen bereits normalerweise einen Beitrag zum Phänomen der gleichgeschlechtlichen Anziehung liefern. Wir erwähnten, daß die endgültige geschlechtliche Ausdifferenzierung des ursprünglich zweigeschlechtlich angelegten menschlichen Fötus erst im dritten Monat der Schwangerschaft beginnt, wobei die gegengeschlechtlichen Merkmale, wenn auch nur in verkümmerter Form, zeitlebens erhalten bleiben. Körperlich und psychisch verhalten sich auch nachgeburtlich Knabe und Mädchen trotz ihrer unverkennbar verschiedenen geschlechtlichen Merkmale bis zur Vorpubertät noch relativ geschlechtsneutral. Die Zeit der Pubertät kann geradezu als die des Suchens nach der endgültigen Geschlechtsidentität gekennzeichnet werden, nachdem man in der Kindheitsphase als Spielgefährten dem eigenen Geschlecht den Vorzug gegeben hat.

So führt der mit der pubertalen Geschlechtsreife erwachte Eros vielfach zunächst zu einer vordem unbekannten gefühlshaften Vertiefung bisheriger Spielkameradschaften, oder auch zu neuen Freundschaften, wobei es nicht selten auch zum Austausch von Zärtlichkeiten bis zu sexuellen Kontakten unter Gleichgeschlechtlichen kommt. Sie werden aber im Regelfalle nach kürzerer oder längerer Zeit wieder aufgegeben, wenn ein(e) Vertreter(in) des anderen Geschlechts in das Leben des (oder der) nunmehr Herangewachsenen eingetreten ist. Wie stark jedoch alle diese Verläufe auch von sozio-kulturellen Faktoren beeinflußt sind, beweisen kulturgeschichtliche Vergleiche. Heute wie schon vor Jahrtausenden gab und gibt es Kulturen, in denen die gleichgeschlechtliche Liebe erlaubt, ja kultisch sogar geboten ist, neben solchen, die sie stillschweigend dulden, und wieder anderen, in denen sie bestraft wird (bis zur Todesstrafe!).

Eine besondere, kulturell hoch eingeschätzte Rolle spielte dabei schon vor Jahrtausenden die Liebe des reifen Mannes zum Jüngling. Das älteste erhalten gebliebene Dokument hierüber ist ein viereinhalbtausend Jahre alter ägyptischer Papyrus[34]. Der Raub des troischen Jünglings Ganymed durch Zeus, den obersten Gott der Griechen, beweist die hohe Einwertung gerade dieser Art von Beziehungen in der Antike, ebenso wie dies die Schriften eines PLATO, SOKRATES, SOPHOKLES u. a. tun. Galten doch zur Zeit der Hochblüte des klassischen Altertums die Körperformen des Jünglings und nicht die der Frau als Inbegriff der Schönheit. Und wenn wir auch von anderen Hochkulturen mit einer ähnlichen Einwertung der gleichgeschlechtlichen Liebe hören, so fällt es schwer, anzunehmen, daß alledem nur erbbiologische Minusvarianten oder degenerative Psychopathien und ähnlich Negatives zugrunde liegen solle. Zumal die Homosexualität nicht klassengebunden war und ist, sondern sich gleichermaßen anderswo wie bei uns, und einstmals wie jetzt, in allen Volksschichten vorfand und vorfindet, wenn auch bestimmte Berufsgruppen eine besondere Beteiligung aufweisen.

In Übereinstimmung mit den Zeiten des klassischen Altertums findet sich bei uns z. B. auch heute noch die geschilderte Liebesbindung zwischen Mann und Jüngling besonders in Künstlerkreisen. Beide Partner sowie ein etwa zu ihnen gehöriger Kreis Gleichfühlender erleben ihre Art zu lieben weder als Laster noch als Schande, eher schon als Bestätigung eines bei ihnen oft anzutreffenden elitären Selbstwertgefühls, und zwar unabhängig von der in ihrem Lande üblichen moralischen oder juristischen Einwertung der gleichgeschlechtlichen Liebe.

Ächtung und Bestrafung der Homosexualität hat sie noch nie zu beseitigen vermocht, wohl aber in den Untergrund verbannt, mit all den dann sich auch sonst zwangsläufig ergebenden unerfreulichen Nebenerscheinungen wie Prostitu-

[34] M. MARCUSE, *Handwörterbuch der Sexualwissenschaft*, Bonn 1926, S. 535.

tion, Erpressung und Verbrechen. Wobei die »Strichjungen« sich keineswegs nur aus Homosexuellen-Kreisen rekrutieren, sondern oft auch geschäftstüchtig-skrupellose Heterosexuelle sind. Wie überhaupt homosexuelle Einstellung und Empfindung, gleich ob sie nun auch geschlechtlich praktiziert wird oder nicht, in der Regel nicht die Möglichkeit zu heterosexuellen Beziehungen ausschließt.

Am ehesten ist dies bei den passiv Homosexuellen der Fall, also denen, die nur bei Übernahme der weiblichen Rolle zum Genuß zu kommen vermögen. Es liegt nahe, bei ihnen partielle Fixierungen auf einer von jedem Menschen in seiner frühen Kindheit durchlaufenen Entwicklungsstufe anzunehmen, der von der Psychoanalyse so genannten analen Phase. Die weit verbreitete Meinung, daß die übliche Form des Geschlechtsverkehrs Homosexueller der anale Koitus sei, ist jedoch unzutreffend. Dieser wird von Homosexuellen selber zum Teil sogar abgelehnt, und der dabei die passive Rolle übernehmende Partner wird vielfach als unmännlich verachtet. Wechselseitige Masturbation, oft mit Beteiligung des Mundes, ist die häufigere Form sexuellen Kontaktes.

Es gibt aber auch ihrem Charakter nach zweifellos homosexuelle Beziehungen, die über den Austausch von Zärtlichkeiten nicht hinausgehen. Die Psychoanalyse hat aufzeigen können, daß es auch eine *latente* Form von Homosexualität gibt. So z. B. wenn ein Mann, ohne sich dessen bewußt zu sein, seine geheimen eigenen Wünsche nach zärtlicher Annäherung und Hingabe an einen gleichgeschlechtlichen Partner durch forciert männliches Imponiergehabe oder sonstiges reaktives Abwehrverhalten niederhält. Dem Kundigen verraten sie sich trotzdem durch gelegentliche Fehlhandlungen, durch charakteristische, ihm selbst völlig unverständliche Träume u. ä.

Das Bedürfnis des Menschen nach persönlicher Nähe, nach zärtlichem und nach sexuellem Kontakt ist so groß, daß es sich, wenn für längere Zeit kein gegengeschlechtlicher Partner erreichbar ist, trotz Masturbation mit noch so blühenden heterosexuellen Phantasien schließlich in Form der Aufnahme homosexueller Kontakte durchsetzen kann. Bekannte Beispiele solcher sogenannter *gelegentlicher* Homosexualität sind die für Wochen und Monate von der Frau getrennten Schiffsbesatzungen oder die Insassen von Strafanstalten, Lagern

u. ä. Die einstige bisexuelle Anlage des Menschen kommt solchen Notlösungen entgegen. – In diesem Zusammenhang ist aufschlußreich, daß Freud darauf aufmerksam machen konnte, daß sich selbst beim hartnäckigsten männlichen Homosexuellen, dem schon der Gedanke einer Annäherung an eine Frau ein Greuel ist, regelmäßig in seiner frühen Kindheit eine Phase starker Mutterbindung nachweisen läßt, die dann aber auf Grund einer schweren Enttäuschung an ihr zur völligen Abwendung führte.

In engem Zusammenhang mit dieser Enttäuschung an der Person seiner ersten (mehr introjektiven) Identifizierung mit der Mutter steht auch die besonders für den erwachsenen männlichen Homosexuellen charakteristische zweite Identifizierung (diesmal mehr projektiver Art): die identifikatorische Teilhabe am Erleben des von ihm geliebten gleichgeschlechtlichen Partners. Man kann sie auf die Formel bringen: jemanden so zu lieben und an dieser seiner Liebe selber wieder so teilzuhaben, wie man es einst in seiner Beziehung zur Mutter erfahren haben möchte. Somit ist diese Art zu lieben, ähnlich wie es die Träume sind, eine nachträgliche »phantastische« Korrektur des Schicksals und eine magische Wiedergutmachung zugleich. Gerade aus solcher nicht erwarteten Quelle gespeiste Gefühlsregungen verleihen der homosexuellen Liebesbindung jene besondere, schwer beschreibbare Tönung besorgter Empfindsamkeit, machen aber wegen ihres irrationalen Charakters zugleich auch ihre leichte Verletzbarkeit verständlich.

Die bisherigen Ausführungen zur Homosexualität beziehen sich auf beide Geschlechter, wenn auch zur Illustrierung des Gesagten häufiger Beispiele aus der Welt der Männer gewählt wurden. Die weniger gut erforschte gleichgeschlechtliche Liebe zwischen Frauen (sogenannten Lesbierinnen) scheint hinsichtlich ihrer Entstehung der männlichen Form in spiegelbildlicher Umkehrung weitgehend zu entsprechen. Allerdings mit dem wesentlichen Unterschied, daß, wie wir oben aufgezeigt haben, der erste Lebens- und Liebespartner für Knabe und Mädchen die Mutter ist. Und zwar schon während der Zeit der Schwangerschaft, erst recht aber im ersten Lebensjahr, wie oben ausgeführt. Somit kommt der Homosexualität der Frau im geschlechtsreifen Alter, die für immer an eine weibliche Partnerin gebunden ist, oder die, am Manne enttäuscht, sich einem weiblichen Partner zugewandt hat, eine stärker regressive und archaischere Bedeutung zu als der beim Manne. – Wenn die weibliche Homosexualität trotzdem bisher im öffentlichen Leben so wenig in Erscheinung tritt, so bestimmt nicht deshalb, weil sie so viel seltener wäre oder in ihren Äußerungen so viel gedämpfter verliefe als die männliche. Vielmehr sind wieder sozio-kulturelle Faktoren die Ursache dafür, daß ihrem Vorkommen in der patriarchalisch orientierten Gesellschaft nur wenig Aufmerksamkeit geschenkt wird.

Über die Art und die Aussichten einer Therapie der Homosexualität jetzt nur so viel: Ihre charakterlich unterbaute Chronifizierung, die Abwehrfunktion der Umkehr der Geschlechtsrolle mit dem sich daraus ergebenden sekundären Krankheitsgewinn (Bannung unbewußter Ängste ohne Notwendigkeit des Verzichts auf Befriedigung) lassen – sofern ein Homosexueller seiner Neigung wegen überhaupt einen Arzt aufsucht – die Prognose nur mit gewissem Vorbehalt stellen (s. u.).

3. Perversionen (Sadismus – Masochismus; Exhibitionismus – Voyeurtum; Fetischismus u. a.)

Perverse sind nicht, wie immer wieder angenommen wird, Degenerierte oder Psychopathen, sondern Opfer einer sexuellen Fehlentwicklung. Sie sind auch nicht der zur Unterwelt gehörige Abschaum der Menschheit, finden sich sogar in der sozialen und kulturellen Oberschicht eher häufiger, wie so manche Persönlichkeit, die als Größe in die Kulturgeschichte der Menschheit eingegangen ist, belegt. Gewiß kann auch ein Psychopath, ein Imbeziller oder sonstwie Abartiger Perversionen aufweisen. Aber im Durchschnitt ist das moralische und sogar das ästhetische Empfinden Perverser intakt, öfter sogar besonders hoch entwickelt. Das sollte gleich zu Anfang angesichts der erschreckenden Untaten gewisser Perverser ausdrücklich festgestellt werden, um bei der Beurteilung dieser besonders auffälligen Gruppe von Sexualstörungen die Akzente richtig zu setzen. Eine andere Sache ist, daß die Gesellschaft selbstverständlich einen Anspruch darauf hat, vor solchen Untaten geschützt zu werden, wie man sie ja auch vor den wenigen wirklich gemeingefährlichen Geisteskranken schützt. Mit solcher Grundeinstellung steht auch im Einklang die Äußerung von FREUD, daß »die Allgewalt der Liebe (sich) vielleicht nirgends stärker« zeigt als »bei den scheußlichsten Perversionen«. ... »Das Höchste und das Niedrigste hängen in der Sexualität überall am innigsten aneinander« (»vom Himmel durch die Welt zur Hölle«).

Der Gesunde weiß, daß auch beim normalen Geschlechtsvollzug gewisse Bedingungen oder Umstände sich stimulierend oder lähmend auswirken können. Meist sind sie an bestimmte Merkmale des Partners gebunden: seine körperliche Erscheinung, sein Wesen (»Typ«), sein Verhalten; oder den Klang seiner Stimme, seine Haarfarbe, seinen Körpergeruch u. ä. Die Stimulierung kann aber auch an bestimmte Umstände gebunden sein, unter denen die Beziehung stattfindet: abgedunkelter Raum, nur teilweise Entkleidung, die Atmosphäre von Heimlichkeit oder gar von verbotenem Tun. Und selbst wenn solche »Liebesbedingungen« schon manchmal etwas sonderbarer Art sind, wenn etwa eine gewisse Handbewegung des Partners, die Konfiguration des Ohrläppchens, oder gar ein körperlicher Defekt (z. B. Hinken) vorliegen muß, so bleibt ihnen gemeinsam, daß ihr stimulierender Effekt ein Höchstmaß an lustvoller sexueller Erregungsabfuhr bewirken soll.

Zwar kennen wir auch aus dem Tierreich solche sexuellen Stimulanzien: bestimmte Duftstoffe, das Hochzeitskleid zur Paarungszeit, die Balzbewegungen u. ä. Aber dort sind sie artspezifisch generalisiert, haben nicht solche individuelle Note wie etwa das eben genannte Beispiel, in dem die Beziehung den Charakter von verbotenem Tun haben muß oder gar an das Vorliegen eines körperlichen Defektes des Partners gebunden ist. Wir spüren, die letztgenannten Beispiele fallen aus dem Bereich genereller Gültigkeit heraus, müssen einen persönlichen Bezug haben. Sie nötigen uns die Frage auf, gegen welches Hindernis bei der Erreichung seines doch lockenden und lustvollen Zieles, einer körperlichen Vereinigung, wohl ein solcher Mensch anzukämpfen habe, um es mit Hilfe so auffälliger zusätzlicher Anstöße doch noch zu erreichen?

In der Tat können wir den Perversen treffend dahingehend charakterisieren, daß er ein Mensch auf der Suche nach Liebe und Liebeslust ist, der zugleich aber – wenn auch ohne sich dessen bewußt zu sein – gerade vor der Verwirklichung dieses Wunsches in der sexuellen Vereinigung Angst hat, so daß er – im Bilde gesprochen – sein davor scheuendes »Pferd«, konkret gesprochen: sich selber bei seiner sexuellen Gehemmtheit gewissermaßen mit zusätzlichem Geben der Sporen doch noch durchs Ziel zu zwingen sucht. Hatten wir schon normalerweise beim Geschlechtsverkehr den Höhepunkt der Lust, das Erleben des Orgasmus, als eine Art »Wehe-Lust« charakterisiert, so ist für das entsprechende Erleben des Perversen die Bezeichnung »Qual-Lust« zutreffend. Denn zum Wesen der voll entwickelten Perversion gehört, daß im Kampf zwischen lustvoller Suche nach dem Ziel, der geschlechtlichen Vereinigung, und gleichzeitiger Angst vor ihr, die Abwehr im Dienste der Angst Sieger geblieben ist. Trotz Verstärkung durch »Sporengeben«, also durch bestimmte perverse Praktiken (oder auch nur Phantasien), kann das natürliche Ziel nicht mehr erreicht werden: Der genitale Geschlechtsvollzug ist wegen der mit seiner Verwirklichung verknüpften unbewußten Befürchtungen (»Kastrationskomplex«) mittels Verdrängung teilweise oder total blockiert (d. h. sensibel-sensorisch, ebenso wie motorisch beeinträchtigt oder lahmgelegt). Er kann seine physiologische Funktion, die sich ständig steigernde Erregungsspannung auf das Genitale zu zentrieren und sie dann dort im Orgasmus abzuführen, nicht mehr erfüllen. Extragenitale Aktionen und Sinnesreize sowie Phantasien, eben jene Stimulanzien, müssen zusätzlich in Anspruch genommen werden, bis sie, je nachdem, um welche Perversion es sich handelt, sich unter Aufgeben ihrer bisherigen Hilfsfunktion mehr und mehr an Stelle der üblichen Geschlechtsbeziehungen gesetzt haben.

Konkret gesprochen: Die einst zur Erreichung des normalen Sexualzieles (Geschlechtsverkehr) zusätzlich angewandten Stimulanzien sind jetzt selber zum lustvollen Selbstzweck geworden. Sie haben sich an die Stelle des ursprünglichen Sexualzieles gesetzt, haben es mit Erfolg und in des Wortes doppelter Bedeutung »verdrängt«. Statt wahrer wechselseitiger Partnerschaft kommt dem Sexualpartner nur noch die

Rolle eines Werkzeuges im neuen Arrangement der Lust zu. Mittels narzißtischer Regression ist man nun wieder autark und damit weitgehend partnerunabhängig geworden. Das zeigt sich bei manchen Perversionen so ausgesprochen, daß bei ihnen nicht einmal mehr die zu einem Zueinanderkommen erforderliche räumliche Annäherung notwendig ist, wie dies z. B. beim Exhibitionisten oder seinem Gegenstück, dem Voyeur der Fall ist.

Der Exhibitionist, der halb versteckt und jederzeit fluchtbereit einem sich nahenden weiblichen Wesen sein erigiertes Glied zeigen muß, entweicht, wenn sie, statt ihrerseits zu fliehen, sich ihm weiter nähert. Der Voyeur beobachtet heimlich aus seinem Versteck Frauen bei ihren intimen Verrichtungen und erlebt dabei die lustvolle Abfuhr seiner Sexualerregung. Eine Sonderform des Voyeurs ist der »Spanner«; er sucht heimlich Liebespaare in ihrem intimen Beisammensein zu belauschen, um auf diese Weise durch das, was Auge und Ohr wahrnehmen, in Identifikation mit dem weiblichen Teil des Paares selber auch zum Orgasmus zu kommen. Bei ihm liegen halb oder ganz vergessene (verdrängte) frühkindliche Erinnerungen an erregend-beunruhigende Wahrnehmungen im elterlichen Schlafzimmer zugrunde (»Urszene«), an die er in seiner Möglichkeit, sexuelle Lust zu erleben, zeitlebens mehr oder minder stark fixiert bleibt.

Noch einen Schritt weiter weg vom Partner ist der Fetischist gegangen: Des Partners Anwesenheit erübrigt sich sogar, wenn er, durch den Fetisch autark geworden, sich allein auf seine Weise sexuelle Lust verschafft. Nach dem Prinzip des Pars pro toto genügt statt seiner »ein Stück von ihm«, z. B. ein Kleidungsstück, möglichst ein intimes, das von seinem Körperduft erfüllt ist: »Schaff mir ein Halstuch von ihrer Brust, ein Strumpfband meiner Liebeslust!« (*Faust zu Mephisto*)

Auch der Mann oder die Frau, die mittels Selbstbefriedigung (Onanie, Masturbation) ihren sexuellen Drang abzuführen versuchen, bedürfen in ihrer Unabhängigkeit von der Gegenwart eines Partners nicht einmal mehr des Hilfsmittels eines Fetisches: In ihrer Vorstellung können sie dabei jede Person und jede Situation einschließlich derer, die in Wirklichkeit für sie völlig unerreichbar sind, zum Partner bzw.

zum Schauplatz ihrer noch so phantastischen Lüste machen, bis es zur Abfuhr der Sexualerregung gekommen ist. –

Angesichts der beeindruckenden Verschiedenheit, die bereits diese wenigen Beispiele sexueller Perversionen erkennen lassen, drängt sich die Frage auf, ob es für sie ein übergeordnetes Einteilungsprinzip gibt. Ein erster Hinweis hierfür ergibt sich aus der auffallend starken Beteiligung der sogenannten niederen Sinne bei den verschiedenartigen Perversionen, ein zweiter daraus, daß offensichtlich Elemente aus ontogenetisch, wohl auch stammesgeschichtlich weit zurückliegenden Erlebens- und Verhaltensweisen in ihnen wieder aufgetaucht sind.

zu 1): Ein Vergleich der Lebensweise des heutigen Menschen mit der der Vorzeit zeigt, wie es im Verlauf von Jahrhunderttausenden zu einem immer einseitigeren Gebrauch der *höheren* Sinne (Auge und Ohr) gekommen ist zu Lasten der *niederen*. Am deutlichsten zeigt dies wohl der Geruchssinn: In Auswirkung des aufrechten Ganges wurde die Nase dem Erdboden mit seinen vielerlei Duftspuren anderer Lebewesen entfremdet. Zudem befand sich das Riechorgan – wie auch heute noch beim Vierbeiner und erst recht bei den niedrigeren Lebewesen – beim Laufen und Liegen stets in Höhe der Genitalien des Partners. Weniger stark, aber immer noch deutlich beeinträchtigt, zeigen sich im Laufe der Menschheitsgeschichte auch fast alle anderen niederen Sinne; insbesondere die Tiefensensibilität (Muskulatur), die mannigfache Sensibilität der Haut (Berührung, Wärme, Schmerz), auch der Geschmackssinn, das Gleichgewichtsorgan (rhythmische Bewegungen!) u. a.

In diesem Zusammenhang hat FREUD darauf aufmerksam gemacht, wie wichtig beim Werben um den Partner, zumal wenn man ihn zum Geschlechtsverkehr geneigt machen will, zunächst gerade das Ansprechen der von den niederen Sinnen vermittelten lustvollen Empfindungen ist. Deutlich zeigt dies auch das normalerweise dem eigentlichen Geschlechtsakt vorausgehende Liebesspiel, für das allerdings der vom Leistungsdruck gehetzte Zivilisierte sich kaum noch Zeit nimmt, geschweige denn die Muße hat. Die bei der Werbung und im vorausgehenden Liebesspiel zunehmend lustvollere Annäherung an den Partner ist tatsächlich dadurch gekennzeichnet, daß sie anfangs gerade *nicht* genital zentriert ist, daß vielmehr im Handgeben, Küssen, Umarmen, Streicheln zunächst andere Körperpartien lustsuchend und zugleich -spendend den Vorrang haben (wenn wir einmal von den oftmals bereits zur Pflichtübung abgestumpften Routinebeziehungen sowie von Sonderfällen wie Vergewaltigung u. ä. absehen).

So gesehen, kann man die Mehrzahl der eben genannten Perversionen geradezu als passageres Verweilen oder als endgültiges Verbleiben bei einzelnen Akten des »Vorspiels« verstehen. Dabei werden sie als angenehm und wechselseitig zunehmend lustbereitend erlebt. Sie sind aber im Hinblick auf das eigentliche Ziel nur als Zwischenstationen vorgesehen, indem sie das Verlangen nach immer mehr auf dem Wege zum Gipfel sexueller Lust beim Orgasmus der Partner im Geschlechtsverkehr wecken sollten (über prägenitale Vorlust zur genitalen Endlust; Freud). – Eine solche Auffassung perverser sexueller Betätigung als ursprünglicher Verweilstation im Liebesvorspiel, die sich dann jedoch als Teilstück aus dem Gesamtvollzug der zielstrebig zur geschlechtlichen Vereinigung drängenden Abläufe herausgelöst und sich weitgehend selbständig gemacht hat, sich sogar endgültig an die Stelle des Endzieles setzen und dieses völlig verdrängen kann, würde zudem genau zu unserer oben geäußerten Vermutung passen, daß der Perverse in seinem Sexualverhalten trotz aller Sehnsucht nach liebender Vereinigung zugleich aus unbewußter Abwehr alles tut, um gerade dieses Ziel zu meiden.

zu 2): Was besagt die oben gebrachte Formulierung »prägenitale Vorlust«? Bekanntlich hat die Psychoanalyse die Entwicklung des Neugeborenen in den ersten paar Lebensjahren in aufeinanderfolgende wohlcharakterisierbare, wenn auch sich überschneidende Phasen eingeteilt. Die sich auf diese Weise ergebenden oralen, analen, urethralen und phallischen Merkmale hat sie als prägenitale Triebregungen der erst nach Verarbeitung der ödipalen Problematik erlangten reifen Genitalität gegenübergestellt. In sie münden normalerweise jene einzelnen »prägenitalen Partialtriebe« aus den prägenitalen Phasen ein und verschmelzen zu einer nunmehr unteilbaren Einheit.

Nach analytischer Konzeption erklärt sich das auffällige Verhalten des Perversen, gleich welcher Art, aus dem Mißlingen dieser im Interesse seiner weiteren psychischen und sexuellen Reife notwendigen Auseinandersetzung mit der ödipalen Problematik. Statt durch sie den Weg *nach vorn* sich freigekämpft zu haben, weicht der Perverse vor diesen und entsprechend auch vor verwandten Problemen im späteren Leben *regressiv* zu einstigen Verhaltensweisen aus, wie sie für jene frühen Phasen charakteristisch sind, wie sie im Leben des Erwachsenen normalerweise jedoch nur dann, wenn sie ins Gesamt seines sexuellen und auch sonstigen Verhaltens eingeschmolzen sind, ihren richtigen Stellenwert bekommen. – Tatsächlich ist, was hier aber nicht mehr ausgeführt werden kann, die Entsprechung zwischen den Charakteristika der einzelnen prägenitalen Phasen mit ihren unverwechselbaren Verhaltensweisen einerseits und denen der jeweils korrespondierenden Perversionen andererseits so unübersehbar, daß oftmals schon bislang nicht durchsichtige Details des einen aus der Vergleichsmöglichkeit mit dem anderen ihre Aufklärung haben finden können, wofür später noch Beispiele gebracht werden sollen.

Ein weiteres auffälliges Merkmal der meisten (wenn auch nicht aller) Perversionen ist ihr Auftreten in Gegensatzpaaren (aktive – passive Form), wie dies besonders deutlich ist beim Exhibitionismus – Voyeurismus oder Sadismus – Masochismus. Wenn das letztgenannte Gegensatzpaar in der wissenschaftlichen Literatur meist unter dem Namen Sado-Masochismus zusammengefaßt wird, so nicht nur deshalb, weil beide sich tatsächlich spiegelbildlich entsprechen, bei richtiger Partnerwahl mithin sich bestens ergänzen. Sondern mehr noch, weil beim Sadisten seine eigenen masochistischen Tendenzen durch den praktizierten Sadismus in der Verdrängung gehalten werden, jedoch auch, wie alles Verdrängte, unerwartet einmal aus der Latenz zum Durchbruch kommen können – und umgekehrt genauso beim Masochisten. Es vermögen somit beide Partner in ihrer Perversion doppelte Lust zu erleben: einmal indem sie sich manifest im gemeinsamen Liebesspiel verhalten, zugleich aber in geheimer identifikatorischer Teilhabe an der Lust des Partners (was jedem dank der entsprechenden eigenen, wenn auch in ihm verdrängten

Regung möglich ist). – Auch hierzu liefert die einstige bisexuelle Anlage die biologische Grundlage.

Um auch einige Beispiele von glücklicherweise seltenen, für unser Empfinden besonders abstoßenden Perversionsformen zu bringen, sei der Triebverbrecher, insbesondere der Lustmörder angeführt. Es sind Kranke, deren komplizierte Psychopathologie und -genese hier jedoch ebensowenig dargelegt werden kann, wie die jener Menschen, die sich in zwanghafter Qual-Lust mit den Körperausscheidungen ihres Partners befassen müssen (»befassen« auch in des Wortes ursprünglicher Bedeutung), im Extremfall diese sogar sich einverleiben müssen (*Koprophagie* etc.). Ihnen strukturell verwandt sind die *Nekrophilen,* die den menschlichen Leichnam zum Partner ihrer geheimen Lüste suchen (Ringelnatz: »Seemannsbraut«). Ihnen entsprechen – gewissermaßen als deren sublimere Variante – Perverse, die nur beim Anblick der Körperformen von Statuen oder beim Betasten ihrer alabasternen oder marmornen Kühle, z. B. nächtlich auf dem Friedhof oder im Park, zur sexuellen Befriedigung gelangen können. – Hier nur so viel, daß auch sie alle nur als tiefe Regressionsformen verstanden werden können, womit sie zwanglos zum folgenden Kapitel überleiten[35].

4. Stammesgeschichtliche Sonderformen sexueller Erregungsabfuhr[36]

Schließlich sei noch eine relativ kleine, aber wissenschaftlich aufschlußreiche Sonderform funktioneller Sexualstörungen erwähnt. Sie ist in unserem Schema am ehesten an dieser Stelle einzuordnen, da sie letztlich auf Regressionen stammesgeschichtlicher Art beruht. In der ersten Auflage dieser Schrift war ich auf sie wegen des mir nur begrenzt zur Verfügung

[35] Auf die engen Beziehungen des Inzest (Sexualbeziehung mit Blutsverwandten) und insbesondere der Sodomie (mit Tieren) zum Totemismus hat nachdrücklich Alexander Ding hingewiesen (mündliche Mitteilungen sowie im Selbstverlag – Berlin 62, Eisenacherstr. 80 – erschienene Veröffentlichungen).

[36] Der Originalausgabe von 1950 hinzugefügtes Kapitel, ebenso auch das nachfolgende über »Mischformen«.

stehenden Raumes nicht mehr eingegangen, hatte sie jedoch wegen ihres wissenschaftlichen Interesses in der bereits einige Jahre zuvor erschienenen ausführlichen Monographie (*Die Störungen der Liebesfähigkeit* . . .[37]) im theoretischen Teil unter dem Titel »Zerrformen geschlechtlicher Erregungsabläufe« ausführlich dargestellt und im folgenden praktisch-klinischen Teil an Falldarstellungen gynäkologischer Autoren sowie an einer Reihe eigener einschlägiger Beobachtungen anschaulich zu belegen versucht (s. dort Seite 62 ff. bzw. 162 ff.).

Hier dazu jetzt nur kurz soviel: Bekanntlich münden bis zu einer bestimmten Stufe in der stammesgeschichtlichen Entwicklung die Ausführungsgänge bzw. die Endöffnungen des Magen-Darm-Traktes, des Harnsystems und des Geschlechtsapparates noch gemeinsam in der sogenannten Kloake aus (ein Entwicklungsstadium, das wir z. B. heute noch bei den Vögeln antreffen). Der Ausscheidungsvorgang selbst ist bei allen drei Organsystemen mit einer noch weitgehend unspezifischen kloakalen Lustempfindung (Entspannungslust) verbunden, und zwar für beide Geschlechter gleichermaßen. Erst auf phylogenetisch späterer Reifungsstufe kommt es zu einer zunehmenden Differenzierung: Aus der Kloake heraus stülpt sich der Damm vor, so daß zunächst der Intestinaltrakt einen vom Harn- und Geschlechtsapparat getrennten Ausführungsgang erhält.

Erst in einem weiteren Differenzierungsschritt erfolgt dann eine partielle Unterteilung der distalen Ausführungsgänge für die Harn- und für die Geschlechtsprodukte; und zwar wieder für beide Geschlechter, wenn auch diesmal in geschlechtsspezifisch verschiedener Art. Das gilt nicht nur in anatomischer und physiologischer Hinsicht, sondern auch hinsichtlich der mit ihrer Funktion verbundenen subjektiven Erlebnisqualität. Entsprach diese, wie gesagt, anfänglich einer mehr allgemeinen und diffusen Entspannungslust, so bekommt sie mit der genannten phylogenetischen Ausdifferenzierung zusätzlich eine jeweils spezifisch anale, urethrale, phallische bzw. genitale Tönung – wobei diese psychoanalytischen Fachausdrücke nicht nur anatomisch-physiologisch gemeint sind, sondern in erster Linie spezifische Kategorien des

[37] s. Fußnote 1.

subjektiven Erlebens und objektiven, insbesondere charakterlichen Verhaltens kennzeichnen sollen.

Ihre Herausdifferenzierung aus einer allen gemeinsamen kloakalen Vorstufe, wie sie auch von jedem höher entwickelten Lebewesen (einschließlich dem Menschen) in seiner frühen vorgeburtlichen Zeit erneut von Anfang an durchlaufen wird, ist nach meiner Auffassung die Erklärung für das Zustandekommen dieser Sonderform funktioneller Sexualstörungen im Sinne einer phylogenetisch-regressiven Fehlentwicklung.

Wenn es nämlich in den ersten nachgeburtlichen Lebensjahren zu einem ungenügenden oder falschen Ineinandergreifen (»Verzahnung«) der im Kinde in ihrer Art und zeitlichen Abfolge biologisch festgelegten Entwicklungsphasen einschließlich seiner prägenitalen und genitalen Sexualität einerseits, und einem dem nicht entsprechenden (»ange-messenen«) Umweltverhalten (insbesondere Mutter, Familie etc.) andererseits kommt[38], sind Fehlverzahnungen die Folge. Bestimmte Funktionen und die an sie gekoppelten Körperempfindungen mit den ihnen entsprechenden Erfahrungen, wie sie sich später in Charakterzügen und Verhaltensweisen niederzuschlagen pflegen, kommen durch Blockierung oder fehlende Stimulierung nicht zur richtigen Entfaltung. Statt sich normalerweise altersmäßig langsam aber ständig expansiv-progressiv zu entfalten, wird per automatischer Selbstregulierung von den für solche Behinderungssituationen biologisch bereitliegenden Notlösungen Gebrauch gemacht, um das auf normalem Wege nicht Erreichbare auf regressivem Wege doch noch zu erzielen. Scheint dann die derart betroffene Funktion auch ihre *biologische* Aufgabe noch leidlich ausreichend zu erfüllen (wenngleich sich bei genauerer Beobachtung doch charakteristische Veränderungen auch in ihrem physiologischen Ablauf zeigen), so ist für einen solchen Menschen auf jeden Fall der an diese Funktion gekoppelte Erlebnischarakter beeinträchtigt bzw. mehr oder minder grob verändert.

So hat, um es einmal an einem sinnfälligen Beispiel zu veranschaulichen, der genitale Geschlechtsvollzug des an einer Spermatorrhö (Samenfluß) leidenden Mannes deutlich ure-

[38] Vgl. die Zusammenstellung S. 37 f.

thrale Züge bekommen: der Samen wird nicht mehr stoßartig entleert, sondern fließt, ähnlich dem Urin, ab. Und die damit einhergehende Veränderung des subjektiven Erlebens kann sich meist auch objektiv nachweisbar in einer entsprechenden bis ins Verhalten des Betreffenden hineinreichenden charakterlichen Veränderung auswirken. Das heißt aber, daß in der ontogenetischen Entwicklung eigentlich fällige (oder vielleicht sogar bereits mehr oder minder erreichte) reifere Formen einer normalen Sexualfunktion, die jedoch in ihrer Entfaltung behindert wurden (wieder) aufgegeben wurden, wobei bei *dieser* Art regressiver Zerrformen – gewissermaßen analog dem Prinzip der kommunizierenden Röhren – eine der anderen Formen aus der einst allen gemeinsamen kloakalen Vorstufe stellvertretend eingesprungen ist, im eben zitierten Beispiel die urethrale Funktion. An dieser wird dann die blockierte genitale Spannung regressiv in objektiv und subjektiv charakteristisch veränderter («pervertierter«) Art abgeführt, man könnte auch sagen: stellvertretend exekutiert.

Das alles mag zunächst kompliziert, wenn nicht sogar spekulativ erscheinen. Einige charakteristische Kurzkrankengeschichten werden das Gemeinte im Teil Kasuistik dieser Schrift (S. 149) anschaulich machen. Auch die im anschließenden Kapitel »Mischformen« ausführlicher gebrachte Falldarstellung zeigt dies bereits andeutungsweise.

C. Mischformen (mit Fallbeispiel)

Wir haben versucht, die mannigfachen Formen funktioneller Sexualstörungen aufzugliedern in solche, bei denen die Hemmung, und solche, bei denen die Fehlentwicklungen überwiegen, und haben dann beide mit ihren wichtigsten Untergruppen dargestellt. Wir waren uns dabei angesichts der klinischen Wirklichkeit von Anfang an der Künstlichkeit einer solchen aus didaktischen Gründen zweckmäßigen Trennung und Gegenüberstellung bewußt. Diese Künstlichkeit zeigt sich noch deutlicher, wenn wir uns klarmachen, daß auch eine andere, seit Freud aus didaktischen Gründen üblich gewordene Gegenüberstellung, nämlich die der Neurose und der Perversion (derzufolge die Neurose das verdrängte – besser: latente, d. h. nicht ausgelebte – Negativ der manifest getätigten Perversion sei), zwar prinzipiell richtig ist, jedoch angesichts der fließenden Grenzen, wie sie die klinische Wirklichkeit im einzelnen Falle aufweist, als strenge Alternative kaum aufrechterhalten werden kann. Was wir bei den Sexualstörungen konkret antreffen, sind letztlich doch immer Mischformen, und zwar, wie wir jetzt erkennen, in doppelter, ja sogar – wie wir noch sehen werden – in dreifacher Hinsicht gemeint.

So steht der Praktiker bei den funktionellen Sexualstörungen vor einer besonderen Schwierigkeit. Bekanntlich kann ein Arzt nur das diagnostizieren, von dem er weiß, daß es als Störung bzw. Krankheitseinheit vorkommt. Somit muß er im Interesse seiner Patienten die vorhin einzeln beschriebenen Formen gestörter Sexualfunktion zum mindesten soweit in sein diagnostisches Repertoire aufgenommen haben, daß er ihre charakteristischen Merkmale selbst dann, wenn sie sich nur andeutungsweise zeigen, nicht übersieht, sondern als Symptom einer bestimmten Form solcher Störung zu erkennen vermag. Und genauso, wie ein Patient mit Recht von seinem Arzt erwartet, daß er einen fleckenartigen Hautausschlag nicht nur nicht übersieht, sondern auch unterscheiden kann, ob es sich um ein allergisches Exanthem, um Masern, um Typhus oder um Fleckfieber handelt, und daß er für jede dieser verschiedenen Diagnosen die angemessenen Maßnahmen zu treffen weiß (einschl. Überweisung an die jeweils zuständige Stelle, sofern er selbst die Behandlung nicht durchführen kann) – genauso hat der Patient mit funktionellen Sexualstörungen ein Anrecht darauf, daß sein Arzt über die therapeutischen Grundkenntnisse auch auf diesem Gebiet verfügt. Er muß in der Lage sein zu entscheiden, ob er selber zuständig ist oder ob er solchen Patienten, sei es zur weiteren diagnostischen Klärung, sei es zur endgültigen Behandlung, an die richtige Stelle weiterleiten muß.

Das ist das mindeste. Wenn es sich aber, wie oben aufgezeigt, fast stets um Mischformen handelt, also Mischtypen zwischen Hemmungsformen und Entwicklungsstörungen sowie zwischen Neurosen und Perversionen, so liegt die eigentliche diagnostische Schwierigkeit darin, den richtigen

Stellenwert zu erfassen, der im einzelnen Fall der Symptomatik zukommt. Ein Beispiel möge das Gemeinte veranschaulichen:

40jähriger vaterlos aufgewachsener technischer Zeichner; uneheliches Kind eines die Vaterschaft verleugnenden katholischen Geistlichen. Seine Mutter bereits uneheliches Kind. Patient verbrachte die beiden ersten Lebensjahrzehnte mit ihr und mit mehrfach wechselnden »Onkels« im Hause der ständig mit ihr streitenden autoritären Großmutter (gemeinsamer Schlafraum mit seiner Mutter!). – Er ist von schizoider Struktur mit depressiver Tönung, ist überdurchschnittlich begabt, aber schon von Kind an schwer kontaktgestört, insbesondere Mädchen und später auch Frauen gegenüber bis zur völligen Hilflosigkeit gehemmt. Aus Schüchternheit erst mit 25 Jahren Versuche zur Aufnahme von Sexualbeziehungen, die zu seiner Bestürzung an seiner kompletten Impotenz scheiterten. Eine von der energischen Großmutter arrangierte Ehe scheiterte, was sein sowieso geringes Selbstwertgefühl weiter beeinträchtigt und, als auch die zweite, wieder von der Großmutter arrangierte Ehe zerbrach, vollends zerstört. In beiden Ehen war es erst nach größeren Schwierigkeiten und auch dann beide Male nur für kurze Zeit zu sexuellen Beziehungen gekommen. – Trotz gewisser eigenbrötlerischer, fast skurriler Merkmale ist er beruflich wegen seiner manuellen Geschicklichkeit und seines Reichtums an originellen Einfällen recht geschätzt, fast unentbehrlich.

Somatisch: Untermittelgroßer, asthenisch schlaffer Typus mit unharmonischen Körperbewegungen und mannigfachen neurovegetativen Störungen einschließlich orthostatischer Hypotonie sowie einer seit über einem Jahrzehnt bestehenden chronischen Migräne, die sich etwa einmal wöchentlich (und zwar meist zum Wochenende!) zu einem »großen« Anfall steigert, der ihn für ein bis zwei Tage praktisch lahmlegt und nun auch in seiner Berufsfähigkeit ernsthaft bedroht. Dies um so mehr, als ihm beruflich zunehmend gezielte Fehlhandlungen unterlaufen, die ihn um die Frucht von mehrstündiger, wenn nicht tagelanger Vorarbeit bringen; also eine Art unbewußt sich vollziehende systematische Selbstzerstörung. Entsprechende Fehlhandlungen haben ihn auch vorher schon im privaten Lebensbereich zu seiner Verzweiflung immer mehr um den Genuß seiner Bemühungen gebracht, indem sie ihn z. B. durch immer neue »Zwischenfälle« nicht zum Abschluß einer großangelegten Erfindung kommen lassen, die ihm nach nun schon jahrelanger Vorbereitung einen Namen machen würde. Diese autodestruktiven Tendenzen sowie die ihn beruflich ebenfalls gefährdende Migräne sind es auch gewesen, die ihn veranlaßten, mich aufzusuchen.

Zum Behandlungsverlauf hier nur folgendes: Zunächst Durcharbeiten der sich aus seinem ungewöhnlichen Lebensschicksal ergebenden Tendenz zur Selbstaufgabe; mit ihm läßt die Migräne »spontan« zunehmend nach, so daß Patient ohne irgendwelche medikamentöse oder sonstige zusätzliche Therapie für ein halbes Jahr völlig von seinen großen und kleinen Anfällen frei wird. Danach längere aus äußeren Gründen notwendige Behandlungsunterbrechung, während der nur gelegentlich noch in objektiv besonders schwierigen Situationen (Scheidung der zweiten Ehe) oder auch bei Föhn leichtere und medikamentös schnell kupierbare migräneartige Zustände auftreten. Erster wieder wirklich schwerer Anfall (»wohl mein schwerster«) in einer weder vom Patienten noch von mir erwarteten Situation: Trotz seiner beiden bösen Eheerfahrungen sehnt er sich nach einem Zuhause. Bevor er aber mit einer – diesmal von ihm selbst gewählten – Partnerin eine dritte Ehe eingehe, wollte er, der sich wegen des Zerwürfnisses mit seiner zweiten Frau lange Zeit damit begnügt hat, sein sexuelles Bedürfnis per Masturbation zu befriedigen, erst seine Potenz in lockeren Beziehungen mit »liebeserfahrenen«, leicht zugänglichen Frauen erproben. Nach anfänglich mehrfachem völligem Scheitern wegen kompletter erektiver Impotenz gelang ihm schließlich bei einer bestimmten, ihm zusagenden »sanften, gefälligen und rücksichtsvollen« Partnerin zunehmend auch die zur Immissio notwendige Erektion, wenn sie auch, noch ehe die Ejakulation erfolgt wäre, wieder nachließ, wobei er meist die ganze Zeit das Gefühl hatte, am Glied anästhesiert gewesen zu sein (sein eigener Ausdruck). Erst nach weiteren auch hinsichtlich der »Anästhesie« stetig besser verlaufenden Versuchen spürte er eines Tages bei dieser ihm vertraut gewordenen Partnerin, daß diesmal im Verkehr bei noch anhaltender Erektion die Ejakulation unmittelbar bevorstehe. Aber noch ehe es zur tonischen oder gar klonischen

Phase des Orgasmus mit Ausstoßung des Sperma gekommen wäre, setzte »wie ein Blitz aus heiterem Himmel« ein so »brutaler« Migräneanfall ein, daß er wie »gefällt« völlig benommen abrupt unterbrechen und dem gebieterischen Impuls nachgeben mußte, fluchtartig wegzulaufen. –

Ähnliches war, wenn auch in weit schwächerer Form, schon einmal geschehen, wie er sich später wieder erinnerte; wobei ihm die damalige Partnerin zu seiner Verwunderung aufzeigte, daß es trotz seiner Empfindungslosigkeit doch zu einem von ihm nicht bemerkten Samenabgang gekommen war. Diese Art zu ejakulieren sei ihm, wenn auch ohne Migräne, in seiner ersten Ehe beim Verkehr schon mehrfach widerfahren, d. h. statt schleudernder Samenausstoßung im Orgasmus ein fast oder völlig unmerklicher Samenabfluß (Spermatorrhö).

Frigidität oder sexuelle Anästhesie, die sogenannte Geschlechtskälte, ein Fachausdruck, der die Gefühls- bzw. Empfindungslosigkeit beim Geschlechtsverkehr kennzeichnen soll, ist somit ein Symptom, das wir nicht, wie allgemein angenommen wird, allein bei Frauen antreffen, wenngleich sie beim weiblichen Geschlecht unvergleichlich häufiger vorkommt. Aber welchen Stellenwert hat die ausdrucksvolle Symptomatik für unseren Patienten? Rein klinisch gesehen läge bei ihm bei intakt gebliebener *generativer* Potenz (ein gesundes Mädchen aus erster Ehe) hinsichtlich seiner *erektiven* Potenz außer einer passageren Anästhesie oder Frigidität auch eine erektive Potenzschwäche im eigentlichen Sinne vor, dazu aber noch eine ungewöhnlich ausgeprägte Störung der *orgastischen* Potenz, die sich einmal als Ejaculatio retardata, zweitens als Spermatorrhö äußert und die drittens – als Auffälligstes – sich bereits zweimal in der Ersetzung des Orgasmus durch einen unerklärlich schweren Anfall von Migräne bemerkbar macht, eine meines Wissens bisher in der Fachliteratur noch nicht beschriebene Beobachtung (Migräne als Orgasmus-Äquivalent?).

Versuchen wir nach dieser biosomatischen Charakterisierung und Einordnung seiner komplexen Sexualstörung nun eine mehr psycho-sozio-funktionale, so beeindruckt uns am meisten, wie seine Symptomatik ein einziges Ausweichen vor jedweder Art von Äußerung der Sexualität zum Inhalt hat, wobei sie offensichtlich insbesondere den Orgasmus aus seinem bewußten Erleben zu verdrängen, quasi auszustanzen versucht; eine Art reflektorischer Abwehr, wie wir sie ähnlich schon bei anderen Formen funktioneller Sexualstörungen (Homosexualität, Perversionen u. a.) kennengelernt hatten. Auch das fehlende Erleben seiner Geschlechtsidentität (»Männlichkeit«) ist bei ihm, dem ohne Vater Aufgewachsenen, mit dem er sich zu identifizieren hätte lernen können, unverkennbar.

Statt dessen haben vom ersten Lebenstage bis zur Scheidung seiner zweiten Ehe stets Frauen sein Schicksal bestimmt. Mit Stolz berichtet z. B. die Großmutter, die faktisch von Anfang an anstelle der Mutter seine Erziehung »fest in die Hand genommen« hat, vom Erfolg ihrer pädagogischen Bemühungen: Mit drakonischer Strenge war ihr bei ihm bereits mit sieben bis acht Monaten die völlige Sauberkeitsgewöhnung gelungen!). Sie ahnt nicht, daß sie ihm mit diesem zwar gutgemeinten, aber widernatürlich vorzeitigen Dressurakt zugleich seinen »Willen gebrochen« und seine Spontaneität und Initiative, zumal Frauen gegenüber, lahmgelegt hat – und zwar für nicht absehbare Jahre hinaus. So hat er die Frau, das Weibliche, nie als ihn mütterlich behütend, nie als zärtlich, als weich-hingebend, sondern nur als ihn dirigierend und beherrschend, als ständig fordernd, ja geradezu als ihn in seiner Vitalität gefährlich bedrohend erlebt. Später, als mannbar Werdender hat er den zunehmend verspürten Drang zur Frau mit Alpträumen (verschlungen oder ausgehöhlt und ausgesaugt werden) und mit panischer Angst, sich ihr zu nähern, geschweige denn sich ihr vertrauensvoll hinzugeben, beantwortet.

Bekanntlich stellen in allen Kulturen seit altersher die äußeren Geschlechtsmerkmale, insbesondere die markant unterschiedlichen äußeren Genitalien, repräsentative Symbole für beide Geschlechter dar. Entsprechend war für ihn, per Körpersprache ausgedrückt, das weibliche Genitale kein bergender und erst recht kein einladender Schoß, von dem der Mann nach vorausgegangenen Zärtlichkeiten dann auch im Selbstverständnis seiner Geschlechts-Identität zur natürlichen Freude beider Beteiligten Besitz ergreift, um sich gemeinsam einem biologisch vorgegebenen Rhythmus anzuvertrauen und schließlich einander hinzugeben – und sei es bis zum Schwinden der Sinne (»Vergehen«).

Statt dessen erlebt er auf Grund seiner bisherigen Lebenserfahrung, die sein gesamtes Weltbild einschließlich seines Verhaltens und Empfindens geprägt hat, den Liebesakt als gefürchteten Wettkampf der Geschlechter; und zwar als einen Kampf auf Leben und Tod, in dem er von vornherein auf verlorenem Posten steht. Er fühlt sich dabei derart in seiner Männlichkeit bedroht, daß er sich – was auch wiederum per Körpersprache zum Ausdruck kommt –, statt propulsiv einzudringen (Erektion und Immission), bereits vor Beginn des »Wettkampfes« ängstlich zurückzieht (erektive Impotenz). Und als er im Laufe der Behandlung langsam lernt, dieses Sich-in-sich-Verkriechen zu überwinden (wobei das Verhalten seiner Partnerin sicherlich eine wesentliche Hilfe bedeutete), so daß die Einführung des Gliedes möglich wird, setzt als nächste unbewußte Abwehr (»Fluchtreflex«) eine Anästhesie ein, die trotz Friktionsversuchen bereits kurz nach gelungener Einführung zum erneuten völligen Erektionsverlust führt. Als dank des unverändert verständnisvollen Verhaltens der Partnerin auch diese Abwehr überwunden ist, setzt automatisch der nächste Fluchtreflex gegen den Vollzug der ersehnten, aber noch mehr gefürchteten sexuellen Vereinigung ein: trotz einer zwar immer noch nicht vollen erektiven Potenz, die aber immerhin zu einer längeren Friktionsphase ausreicht, will es nun, trotz aller Bemühungen seinerseits, nicht zum Samenerguß bzw. zum Orgasmus kommen (Anorgasmie bzw. Ejaculatio retardata). Wieder körpersprachlich ausgedrückt: Angst vor Hergeben, vor Hingabe, und zwar aus seiner Unfähigkeit zu einer vertrauenden Partnerschaft, wie sie nicht in einem mißtrauisch-ängstlich abwägenden, sondern im spontanen wechselseitigen Geben- und Nehmen-Können besteht. Psychoanalytisch würde man von regressiven anal-retentiven Tendenzen sprechen.

Gemäß unserer Aufgliederung der sexuellen Potenz in ihre generative, erektive und orgastische Funktion ist nach Überwindung der zunächst im Vordergrund stehenden erektiven Potenzstörung als nunmehrige Abwehrposition die dahinter stehende Störung des Orgasmusreflexes in Erscheinung getreten. Auch sie kann nur schrittweise überwunden werden;

zunächst wieder mit der schon bekannten Abwehrform des »nicht zur Kenntnis nehmen«, also der Wahrnehmungsverweigerung, der sogenannten »Verleugnung«, nämlich körperlich per Anästhesie, psychisch per Verdrängung. Bei einer der nächsten Begegnungen kann ihm seine Partnerin jedoch objektiv aufzeigen, daß es doch zu einer Samenentleerung gekommen ist, die er selber aber weder physisch wahrgenommen, noch psychisch als Orgasmus erlebt hat. Und erst später, als er schon wieder einen Schritt weiter gekommen ist, geht ihm auf, daß es vorher bei ihm statt des Orgasmuserlebnisses nur zu einem kaum merklichen Samenabfluß (Spermatorrhö), vielleicht auch nur zu einem Samenabträufeln gekommen war.

Solch zunächst totales Ausgestanztsein des Samenabgangs aus der psycho-physischen Wahrnehmung ist ungewöhnlich, ist aber doch häufiger, als allgemein bekannt. Wieder handelt es sich auch bei dieser Abwehr, psychoanalytisch gesprochen, um eine Form der Regression, diesmal auf die urethrale Stufe, dem unbemerkten Harnabgang des Bettnässers vergleichbar. (In der Vorgeschichte von Patienten mit Spermatorrhö finden wir in der Tat einen hohen Prozentsatz früherer Bettnässer.) – Als schließlich auch diese Abwehr gegen das Erleben des Höhepunktes sexueller Erregungsabfuhr – anders ausgedrückt: das Ergriffenwerden durch den vollen Orgasmus – überwunden ist und er sich erstmals »getraut«, wenigstens die Vorzeichen des in der Dammgegend (im Utriculus der Prostata?) einsetzenden Ejakulationsbeginnes zu verspüren, er somit dabei ist, auch die letzte sexuelle Abwehrposition, die orgastische, zu überwinden, stellt sich, quasi als verzweifelter allerletzter Versuch eine nun nicht mehr genitale, sondern generalisiert-vegetative Abwehr ein: »Wie ein Blitz aus heiterem Himmel« bricht ein ganz ungewöhnlich schwerer Anfall seiner längst überwunden geglaubten Migräne aus, der ihn im allerletzten Moment dann doch wieder zum abrupten Abbruch der sexuellen Beziehung zwingt. – Erst nach einem ähnlichen Rückfall wird schließlich auch dieser extragenitale Abwehrreflex überwunden, so daß der Patient, wenn auch nur allmählich, zu einer für ihn zunehmend angstfreien Beziehung fähig wird. –

Offensichtlich ist in diesem Falle das zentrale Problem die (aus der fehlenden Identität mit seiner Geschlechtsrolle geborene) Angst, sich zu sehr in die Nähe und damit in die Gewalt der als Bedrohung erlebten Frau zu begeben, eine Angst, die im Sexualverkehr folgerichtig ihren psychologischen Niederschlag findet in einer unbewußten funktionellen Abwehr des Sexualvollzuges, insbesondere des als Inbegriff der Gefährdung erlebten Zustandes der Wehrlosigkeit in der Akme des Orgasmus.

Letztes Bollwerk der instinktiven Abwehr wäre somit auch hier wieder die Meidung des Orgasmus im genitalen Sexualakt, wie wir dies bereits beim Homosexuellen und bei fast allen Perversionen antrafen; noch ein Grund mehr, die orgastische Potenz von der erektiven als besondere Potenzqualität abzugrenzen. Und wenn ich aufgrund der Tatsache, daß der Patient aus seiner ersten Ehe eine Tochter hat, seine *generative* Potenz als normal unterstellt habe, so kann ich im Hinblick auf die inzwischen vervollkommneten Untersuchungsmethoden der modernen Andrologie nachträglich die Möglichkeit nicht ausschließen, daß in Anbetracht der Schwere seiner erektiven wie auch orgastischen Potenzstörung bei ihm ebenfalls Phasen passagerer funktioneller generativer Potenzbeeinträchtigung vorgelegen haben, auch wenn sie damals nicht spürbar in Erscheinung getreten sind – eine Möglichkeit, die zu klären bei dem nun schon lange Jahre zurückliegenden Fall damals die technischen Voraussetzungen noch nicht gegeben waren.

Aber nicht nur deswegen ist unser Patient ein anschauliches Beispiel für die in der Regel im konkreten Einzelfall angetroffenen Mischformen, sondern auch deshalb, weil bei ihm mit dieser funktionellen Sexualstörung zweifellos auch eine schwere Persönlichkeitsveränderung im Sinne einer Charakterneurose einhergeht, und weil zudem trotz aller aus seiner ungewöhnlichen Lebensgeschichte zwanglos sich ergebenden psycho-sozialen Motivierbarkeit seiner Symptomatik das Vorliegen konstitutioneller Gegebenheiten niemals grundsätzlich ausgeschlossen werden kann, wenn auch die damals in dieser Hinsicht unternommenen Untersuchungen keinen dahingehenden greifbaren Anhalt ergeben haben.

Demgemäß war auch – und damit greife ich die Frage

des Stellenwertes der Symptomatik im einzelnen Falle wieder auf – der Akzent für den Ansatz der Behandlung zu setzen: Trotz seiner vordergründigen Sexualstörung und trotz der ungewöhnlich schweren Migräne wurden seine mannigfaltigen Manifestationen »nur« als Symptom im engeren Sinne, d. h. als Ausdruck einer sehr früh erworbenen Grundstörung (Patient war bereits mit acht Monaten sauber!) mit ihrem im Dienste der Triebabwehr und einer sekundären Pseudoanpassung stehenden charakterlichen Fehlverhaltensweisen verstanden und auch in diesem Sinne gemäß den Grundsätzen einer Charakteranalyse durchgearbeitet. Es wurde auch ohne Medikation von Hormonen und Psychopharmaka u. ä. seine Sexualstörung trotz ihrer Schwere, Eindringlichkeit und Mannigfaltigkeit nicht in den Mittelpunkt (Fokus) der Behandlung gerückt und auch nicht als Krankheit im eigentlichen Sinne des Wortes bewertet, sondern als sichtbare Äußerung einer Charakterdeformierung (Ich-Spaltung) mit sich daraus ständig ergebenden »naturwidrigen« Fehlverhaltensweisen. Durch sie sucht er selber, ohne es zu wissen, geschweige denn zu wollen, genau die Lebenssituation – letztlich die des Säuglings in der Mutter-Dyade – aufrechtzuerhalten, sie gewissermaßen zu verewigen, auf die er dann als Abwehr sekundär mit seiner »Krankheit«, nämlich mit seinen genitalen und extragenitalen vegetativen Funktionsstörungen reagiert.

Wenn auch erst im nächsten Kapitel ausführlich auf die Therapie der funktionellen Sexualstörungen eingegangen wird, sei vorweggenommen, daß trotz der Einschränkungen, die wir hier unter dem Stichwort »Mischformen« vorgebracht haben, die Psychotherapie doch eindeutig die Methode der Wahl für diese Krankheitsgruppe bleibt. Und zwar nicht nur bei den (vorwiegenden) Hemmungsformen, sondern auch den (vorwiegenden) Fehlentwicklungen. So sehr auch die im zweiten Teil dieser Schrift gebrachten ausführlichen Behandlungsberichte aufzeigen, mit wie relativ einfachen Mitteln in kurzer Zeit psychotherapeutisch geholfen werden kann, so wird bei dem soeben geschilderten Fall niemand erwarten, daß hier in kurzer Zeit Wesentliches erreicht werden könnte. Und zwar nicht wegen der eindrucksvollen »dramatischen« Symptomatik, sondern wegen der Schwere der bei ihm vorliegenden Grundstörung. Es muß klar ausgesprochen werden, daß es, wie in der übrigen Medizin so auch hier, therapieresistente Fälle gibt – obwohl kein Zweifel an ihrer psychosozialen Bedingtheit besteht, und trotz Anwendung der richtigen Therapie. Je früher im Kindesalter die Störung erfolgte, deren charakterliche Fehlverarbeitung (beeinträchtigte Ich-Synthese) schon von früh an einsetzte und bald zur zweiten Natur geworden ist, um so schwieriger und langwieriger die Wiederherstellung – soweit bzw. sofern sie überhaupt möglich ist. Wobei nochmals betont sei, daß nicht, wie immer noch weitgehend angenommen wird, einmalige, gewissermaßen schockartige Traumen solchen Frühdeformierungen zugrunde liegen, sondern vielmehr von außen kaum wahrgenommene, jedoch in ihrer tagtäglich gleichmäßigen Einwirkung nach dem Prinzip: »Steter Tropfen höhlt den Stein« sich dann um so verhängnisvoller auswirkende »Mikro-Traumen« innerhalb der Primärgruppe (vgl. S. 38 II, 2). Insbesondere also durch Fehlhaltungen der Mutter, die sie als solche selber gar nicht einmal erfaßt (hervorgegangen aus einer beim Kinde als angebracht unterstellten Bravheits-Ideologie oder einer vorzeitigen Sauberkeitsdressur) u. ä.

Hinzu kommt bei den Perversionen, den Homosexuellen und weitgehend auch bei den sich geschlechtskonträr Verhaltenden und Empfindenden noch ein besonderes Problem. Freud hat schon früh darauf aufmerksam gemacht, daß der beste Helfer des Psychotherapeuten in seiner Arbeit mit dem Patienten dessen Not sei, das Leiden an seiner Symptomatik. Ein diesen drei ebengenannten Gruppen Zugehöriger erlebt aber trotz seiner (angeblichen) Krankheit gerade in ihrer Abartigkeit eine für ihn ganz besondere Art von Lust, und zwar in der Regel eine Lust von so hoher Intensität, wie er sie sich bei der Ausübung sogenannter normaler Geschlechtsbeziehungen niemals vorstellen könnte. Warum sollte er also die (angebliche) Norm anstreben? Dazu noch unter Preisgabe seiner bewährten spezifisch auf ihn zugeschnittenen (quasi maßgeschneiderten) intensiven und einmaligen Lustmöglichkeit?! Hinzu kommt ferner, daß sich diese Gruppen gerade wegen ihres »Andersseins«, durch das sie sich von der breiten Masse abheben, vielfach einem elitären Kreise zugehörig fühlen.

Aber selbst in den Fällen, bei denen solche sekundäre Idealisierung ihres Andersseins keine größere Rolle spielt oder wo sie gänzlich fehlt, stehen hinter dem Entschluß zu einer Behandlung vielfach nur äußere Schwierigkeiten, »vernünftige« Einsichten oder gar gerichtliche Auflagen und nicht die für das Gelingen einer Psychotherapie so wichtige Not eines an seiner Symptomatik echt Leidenden. Das verschlechtert die Aussichten der grundsätzlich bei diesen Krankheitsbildern als Methode der Wahl anzuwendenden analytischen Behandlung erheblich. Wenn Zugehörige zu diesen Gruppen überhaupt einen Arzt aufsuchen, so brechen sie erfahrungsgemäß die Behandlung oft schon nach den allerersten kleinen Besserungen wieder ab.

Nachtrag bei der Korrektur: Ich kann mir nicht versagen, einige der soeben (Juni 1973) auf dem Berliner Kongreß für ärztliche Fortbildung vorgetragenen neuesten Forschungsergebnisse, die unmittelbare Beziehung zu dem von mir in diesem Kapitel Dargelegten haben, noch stichwortartig an dieser Stelle zu bringen. Zeigen sie doch übereinstimmend, in welchem Ausmaße heutzutage nichtbeachtete Umweltschäden, aber auch ärztliche Verordnungen und Eingriffe die generative, die erektive und die orgastische Potenz ungewollt zu beeinträchtigen vermögen. So ist schon sechs Wochen nach Einstellen des Rauchens beim Manne das Spermiogramm eindeutig verbessert, während bei der Frau der spermienfeindliche Rhodangehalt im Cervicalschleim von 5 mg% auf die Norm (0,2 – max. 1 mg%) absinkt. – Das infolge der Pflanzenschutzmittel zunehmend mit der Nahrung aufgenommene Phosphor setzt die Erregbarkeit des Reflexbogens für die Erektion herab. – Die chirurgische Grenzstrangresektion wegen peripherer Durchblutungsstörungen kann zu einer paradoxen retrograden Samenentleerung führen (also statt in die Urethra in die Harnblase). – Ein besonderes Kapitel sind Medikamentenschäden. So können Anabolica (Leistungssportler!) die Gonadotropinsekretion beeinträchtigen. Die beim präpubertären nephrotischen Syndrom oder bei der Psoriasis verordneten Zystostatika können zu einer irreversiblen Azoospermie führen oder künftige Chromosomenschäden bewirken.

Um so aufschlußreicher will es mir scheinen, wenn abschließend gerade dieser doch vorwiegend »organizistisch« orientierte Kongreß darin übereinstimmte, daß hinsichtlich der Hormontherapie bei Potenzstörungen das Placebo (also das Leer-Medikament) wirksamer und vor allem ungefährlicher sei als die Hormonpräparate(!).

IV. Behandlungsmethoden und ihre Indikation

Mit unseren bisherigen Ausführungen dürfte die erste der eingangs Seite 28 gestellten vier Fragen nach der Geeignetheit der in der Tabelle Seite 31 f. aufgeführten Krankheitsbilder von funktionellen Sexualstörungen für eine Psychotherapie beantwortet sein, soweit dies im Rahmen einer allgemeinen ersten Orientierung möglich ist.

Unsere *zweite Frage* lautete, *welche Methoden der Psychotherapie bei Geeignetheit eines Falles jeweils in Anwendung zu bringen seien.* Die psychotherapeutischen Behandlungsmethoden sind bekanntlich sehr verschieden. Sie müssen, abgesehen von den rein äußeren Gegebenheiten eines jeden Falles, Rücksicht nehmen auf die inneren Voraussetzungen des Patienten, müssen der Art und Schwere der Erkrankung angepaßt sein und müssen schließlich in einem sinnvollen Verhältnis zur wirklichen Behandlungsbedürftigkeit und zu dem zu erwartenden Ergebnis stehen. So wird die Verschiedenheit der Methodik und der erhebliche Unterschied im Zeitaufwand für den einzelnen Patienten verständlich, wie er in einer nur einmaligen Beratung bzw. in einer sich über ein Jahr und oft sogar Jahre erstreckenden analytischen Behandlung zum Ausdruck kommt. Neben den eigentlich analytischen werden Verfahren der sogenannten Persuasion, der kathartischen Erlebnisverarbeitung, der Suggestion (im Sinne von Wachsuggestion, larvierter Suggestion und Hypnose) angewandt, außerdem autogenes Training, Entspannungs- und Versenkungsübungen, Katathymes Bilderleben u. a.

Zusatz 1972: Das gilt auch für die in den letzten Jahren immer mehr aufkommende sogenannte Verhaltenstherapie. Da sie oftmals ein störendes oder quälendes Symptom ebenso einfach wie schnell zu beseitigen vermag, erfreut sie sich begreiflicherweise beim breiten Publikum (und ebenso begreiflich bei den Krankenversicherungsträgern!) zunehmender Beliebtheit. Es wäre nicht berechtigt, ihre Behandlungsergebnisse in Frage zu stellen. Ähnliche, ja sogar noch schnellere und oftmals direkt frappante Erfolge wurden aber mit bestimmten Methoden der klassischen Psychotherapie, insbesondere der Hypnose, bereits vor einem halben Jahrhundert erzielt. Die Frage ist nur, ob mit dem einem Patienten durch einfache Hypnose, durch Verhaltenstherapie oder ähnliche Methoden »abgenötigten« Aufgeben seines Symptoms auch das hinter ihm stehende eigentliche Grundleiden ausreichend erfaßt und behoben wurde, so daß frühere oder spätere Wiederkehr des gleichen oder Auftreten eines Ersatzsymptoms mit hinreichender Wahrscheinlichkeit ausgeschlossen werden kann. – Hinzu kommt folgendes: Auch in den nachfolgenden Krankengeschichten dieser Schrift wird bei bestimmten Patienten von Erfolgen in nur wenigen Behandlungsstunden berichtet werden, wobei ebenfalls nichtanalytische Methoden mitverwendet wurden – wenn auch letztlich wieder in ein analytisches Konzept eingebaut. Aber gerade bei den von mir unter dem Begriff »Fehlentwicklungen« zusammengestellten Sexualstörungen hat sich gezeigt, daß nur in einer längeren analytischen Behandlung der notwendige charakterliche Umbau eines Patienten erzielt werden kann, wie er die Voraussetzung für eine Dauerheilung solcher Symptomatik ist; denn wenn auch, wie gesagt, solches Symptom gewiß sichtbarster Ausdruck einer »Grundstörung« ist, so ist es doch zugleich die vielleicht einzige Exekutive, die solchem Patienten noch zur Verfügung steht und die man ihm nur nach entsprechender umstrukturierender Vorarbeit »nehmen« sollte, will man ihn nicht durch die Behandlung gefährden.

So wird das Paradoxon verständlich, das all diesen »klassischen«, aber auch heute noch durchaus wirksamen voranalytischen psychotherapeutischen Methoden eigen ist, daß sie, ob isoliert oder ob kombiniert angewandt, eigentlich zu ihrer Indikationsstellung und erfolgversprechenden Anwendung die Beherrschung der grundlegenden tiefenpsychologisch-analytischen Kenntnisse voraussetzen. Und wenn man in Analogie zur Chirurgie eine sogenannte »kleine« Psychotherapie von der »großen« unterschieden hat, wobei unter der großen

Therapie die analytischen Behandlungsmethoden zu verstehen sind, so gilt für die Psychotherapie im Gegensatz zur Chirurgie, daß nur *der* die Möglichkeiten der »kleinen« Psychotherapie sinnvoll ausschöpfen kann, der auch mit der »großen« vertraut ist. Damit soll keineswegs der breiten Ärzteschaft die Anwendung der »kleinen« Psychotherapie beschnitten werden – im Gegenteil: Wir haben keinen dringenderen Wunsch, als daß diese Methoden künftig im Behandlungsarsenal der Ärzteschaft ihren festen Platz bekommen. Aber sie muß nicht nur deren Möglichkeiten, sondern auch ihre Grenzen und Gefahren kennen. Und erst recht sei mit allem Nachdruck darauf hingewiesen, daß die große tiefenpsychologische Arbeit, also die eigentliche Analyse, nur den jahrelang speziell psychotherapeutisch ausgebildeten Kollegen vorbehalten bleiben muß, soll dieses wirksame, aber auch nicht ungefährliche Instrument nicht Unheil anrichten. Böse Erfahrungen, die in der ersten stürmischen Entwicklungsphase der Psychoanalyse gemacht werden mußten, beweisen dies ebenso eindringlich wie die heute noch bei sogenannten »wilden« Analytikern mit ihrer unzureichenden Ausbildung und Schulung vorkommenden Zwischenfälle, die dann – zu Unrecht – der Methode als solcher zur Last gelegt werden. Auch die bisherige Ausbildung des Nervenarztes und Psychiaters ersetzt nicht diese notwendige zusätzliche Ausbildung.

Der Orientierte weiß am besten, wie fruchtbar die analytischen Heilverfahren sind. Im psychotherapeutischen Rüstzeug haben sie mit Abstand die größte Wirkungstiefe. Leider steht ihrer notwendigen und wünschenswerten breiten Anwendung ihre unverhältnismäßig lange Dauer entgegen: hundert bis zweihundert Behandlungsstunden, wenn nicht noch erheblich mehr, und alles dazu Einzelbehandlungen von rund einer Stunde Dauer. Also ein Aufwand, wie er in der Medizin keine Parallele hat.

Zusatz 1972: Im Laufe des letzten Vierteljahrhunderts hat sich hier mit der Einführung der Gruppentherapie und mit der Anerkennung auch der »großen« Psychotherapie als kassenpflichtige Leistung durch die Krankenversicherungsträger vieles erfreulich gebessert. Schon nach dem Zweiten Weltkrieg hatten Schultz-Hencke und ich in der von uns 1946 beim

Berliner Sozialversicherungsträger gegründeten psychotherapeutischen Poliklinik[39] aus rein arbeitsrationalen Gründen – eine Unzahl dringend behandlungsbedürftiger Patienten und nur eine Handvoll Psychotherapeuten – erste tastende Versuche einer Gruppenbehandlung gemacht. Daß gleiche Ansätze in England, in den USA und dann auch in Südamerika unternommen worden waren und sich bereits zu einer differenzierteren Gruppentherapie zu entwickeln begonnen hatten, wußten wir im damals noch weitgehend isolierten Deutschland und insbesondere wir in dem durch die Russenblockade von der Welt abgeschnittenen Berlin nicht.

Inzwischen hat sich die Gruppentherapie zu einem so hochwertigen Behandlungsverfahren entwickelt, daß sie bei richtiger Durchführung den bewährten anderen psychotherapeutischen Methoden einschließlich den analytischen gleichgestellt werden kann. Allerdings wiederum nur bei richtiger Indikationsstellung und in der Hand eines mit analytischen und gruppendynamischen Prinzipien vertrauten Psychotherapeuten. Eine derartig durchgeführte Gruppentherapie ist also keineswegs ein Massenabfertigungsmittel für Minderbemittelte!

Aber auch Gruppentherapie braucht ihre Zeit: 25 bis 50 Sitzungen bei einfacheren, 100 bis 200 (evtl. sogar noch mehr) bei den mit stärkeren Strukturveränderungen einhergehenden Störungen, wobei in der Regel einmal (seltener zweimal) pro Woche eine Doppelstunde stattfindet bei einer Teilnehmerzahl von optimal acht Patienten. Immer ist es eindrucksvoll, wie bei richtigem Verhalten des Gruppenleiters die begreifliche anfängliche Scheu aufgegeben wird, auch in größerem Kreis freimütig über persönliche Probleme einschließlich etwaiger sexueller Schwierigkeiten zu sprechen, selbst wenn die Gruppe sich, wie meist üblich, aus Vertretern beider Geschlechter zusammensetzt. Solche Gruppentherapie kann als alleiniges Behandlungsverfahren durchgeführt, kann aber auch noch mit gelegentlichen oder regelmäßigen analytischen Einzelbehandlungen einzelner oder aller Gruppenteilnehmer kombiniert werden (dann aber möglichst bei einem anderen Psychotherapeuten). –

[39] Zentralinstitut für psychogene Erkrankungen der Versicherungsanstalt Berlin, damaliger zentraler Versicherungsträger; heute AOK.

Noch bedeutsamer erscheint mir der andere Fortschritt: die Anerkennung der Psychotherapie einschließlich der Psychoanalyse durch den Sozialversicherungsträger (also die Orts-, Betriebs- und Ersatzkrankenkassen sowie die Bundes- und Landesversicherungsanstalten) als kostenpflichtige Leistung. Damit ist die Psychotherapie einschließlich der »großen« Einzel- bzw. Gruppenanalyse nicht mehr, wie bisher, Privileg der bemittelten Kreise, sondern es wurde eine Verpflichtung gegenüber der gesamten Gesellschaft eingelöst, wie sie FREUD bereits ein halbes Jahrhundert zuvor als erstrebenswertes, wenn auch als noch in weiter Ferne liegendes Ziel anläßlich der Eröffnung des ersten psychoanalytischen Institutes der Welt in Berlin 1920 mit seiner ebenfalls ersten psychoanalytischen Poliklinik aufgezeigt hat. Und es ist mir auch heute noch (1972) eine große Genugtuung, daß ich als Mitbegründer und erster Leiter des vorhin genannten Zentralinstituts und seiner psychotherapeutischen Poliklinik damals gemeinsam mit SCHULTZ-HENCKE in den vorausgegangenen Gründungsverhandlungen mit der Versicherungsanstalt bereits 1946, also ein Vierteljahrhundert nach FREUDS Mahnung erreicht habe, daß meines Wissens dort erstmals in der ganzen Welt auch dem Unbemittelten offiziell der Anspruch auf kassenpflichtige Behandlung seiner psychischen Störungen ebenso zuerkannt wurde wie für körperliche Erkrankungen. Weder SCHULTZ-HENCKE noch ich waren uns damals der Tragweite dieses Schrittes recht bewußt. Und es hat ja auch bis zum heute (1972) endlich erreichten generellen Durchbruch unseres damaligen allerersten Vorstoßes noch abermals eines weiteren Vierteljahrhunderts unermüdlicher Verhandlungsarbeit bedurft, die vorwiegend von der uns nachfolgenden Generation geleistet wurde[40].

Trotz dieser erfreulichen Ergebnisse ist begreiflich, daß auch heute noch – wie von Anfang an – nach Mitteln und Wegen gesucht wird, um die für den Patienten, die Angehörigen, den Kostenträger und auch den Psychotherapeuten unerwünscht lange Dauer der dringend benötigten psychoanalyti-

[40] A. DÜHRSSEN: »Das Institut für psychogene Erkrankungen der AOK Berlin« (im Geschäftsbericht der AOK Berlin 1969); insbesondere R. HAARSTRICK.

schen Behandlungen abzukürzen. Teils durch Modifikation der Analyse selbst, teils durch Kombination von Analyse mit Hypnose und anderen Verfahren. FREUD selbst war anfangs von einer mit Hypnose kombinierten Methode ausgegangen, hatte sie aber als unbefriedigend wieder aufgegeben. Auch frühere Bemühungen anderer um ein »analytisches Kurzverfahren« hielten zunächst einer kritischen Nachprüfung nicht stand. –

Hierbei ergibt sich heute[41], d. h. nach jahrzehntelanger tiefenpsychologischer Breitenerfahrung, immerhin ein gewisser neuer Tatbestand: An Fällen, die mit »großer«, sehr lange dauernder tiefenpsychologischer Arbeit behandelt wurden, ließen sich für die verschiedenen Neurosenformen, wie auch für die verschiedenen funktionellen Sexualstörungen, jeweils mehr und mehr typische Gesetzmäßigkeiten pathogenetischer und struktureller Art nachweisen, so daß diese heute auch im praktischen Einzelfall als wahrscheinlich vorliegend vermutet werden dürfen. Deshalb kann in geeigneten Fällen die bisher stets notwendige Breitenarbeit dann z. T. eingespart werden, wenn der Nachweis eines charakteristischen Teilmerkmales einer solchen Gesetzmäßigkeit eindeutig möglich ist. Dessen sichere Erkennung bedarf allerdings ausgiebiger analytischer Erfahrung, da derartige Teilmerkmale dem tiefenpsychologisch nicht Ausgebildeten ebenso belanglos und unauffällig erscheinen wie etwa dem Laien bestimmte unauffällige Bodenfunde, die der Archäologe dank seiner Sachkenntnis sofort als spezifische Fundstücke (»Teilmerkmale«) erkennt und auf Grund derer er nun präzise Angaben, z. B. über Alter und Art vorzeitlicher Besiedlung, zu machen in der Lage ist. Derartige Rückschlüsse dürfen mit um so größerer Sicherheit gemacht werden, je typischer die vorliegenden Krankheitsbilder sind. Und dies ist bei den hier zu besprechenden Störungen der Liebesfähigkeit in besonderem Maße der Fall.

[41] *Anmerkung 1972*: Gemeint ist 1943, das Jahr der Niederschrift dieser Zeilen. – Siehe hierzu auch die inzwischen erschienene umfassende Studie von D. H. MALAN aus der Londoner Tavistok-Clinic von 1962: *Psychoanalytische Kurztherapie*; *eine kritische Studie*. Sie gibt zudem einen Überblick über das anglo-amerikanische Schrifttum zu diesem Thema und ist (1972) auch als Taschenbuch in der Reihe rororo-Studien erschienen.

Jedoch ist mit dieser Feststellung die eigentliche Schwierigkeit, die einer Abkürzung der großen Analyse im Wege steht, noch nicht behoben. Die bessere und schnellere Orientierungsmöglichkeit des heutigen Analytikers ändert nichts daran, daß die analytische Aufnahme- und Verarbeitungsfähigkeit des Patienten ihre biologisch gegebenen Grenzen hat. Die menschliche Persönlichkeit als Behandlungs»objekt« gleicht nicht einer Maschine, deren Tourenzahl man durch technische Fortschritte immer weiter erhöhen kann, sondern ist ein lebendiger Organismus mit seinen biologisch gegebenen Grenzen für Wachstums-, Entwicklungs- und Wandlungsgeschwindigkeiten. Diese ehernen Gesetze gelten nicht nur für die somatischen Abläufe, sondern ebenso im seelischen Bereich. An sie ist der Psychotherapeut gebunden. Wer gegen sie verstößt, erzielt nicht nur keine wirkliche, dauerhafte Entwicklung, sondern gefährdet Lebendiges. Hierüber zum Schluß unserer Schrift noch einige Worte mehr.

Die Entscheidung über das im Einzelfall einzuschlagende psychotherapeutische Verfahren darf also nicht etwa von der Vorliebe des Psychotherapeuten für die eine oder andere Behandlungsart abhängen, sondern hat sich allein nach Art und Stärke der Strukturdeformierung und damit nach der Schwere des Falles zu richten. Welcher Psychotherapeut sollte auch (überflüssigerweise) eine große Analyse dort anwenden, wo er mit kleiner Psychotherapie einfacher oder gar schneller zum Ziele käme. Die große Schwierigkeit liegt allerdings darin, daß auch hier wieder nur der, der die große analytische Methode beherrscht, in der Lage ist, die einzelnen feinen, für den anderen unmerklichen Kriterien zu erkennen, die ihm ein Urteil über die Strukturbeeinträchtigung bzw. die Schwere des Einzelfalles ermöglichen. Denn, weitgehend im Gegensatz zur sonstigen Medizin, erlaubt Art und lärmende Aufdringlichkeit der Symptomatik allein keineswegs eine Schlußfolgerung in bezug auf die wirkliche Schwere einer derartigen Erkrankung. Ja, ein und dasselbe Symptom, z. B. eine erektive Impotenz des Mannes kann, wie dies in der nachfolgenden Zusammenstellung anschaulich gezeigt wird, sich als einziger überhaupt sichtbarer Befund sowohl bei leichtesten wie auch bei schwersten Formen einer Persönlichkeitsveränderung finden. Dieses Symptom kann also in einem Falle mit Erfolg in einer einzigen Behandlung für dauernd behoben werden, im andern Falle eine mehrjährige Behandlung des Patienten erfordern (und zwar in letzterem Falle paradoxerweise auch dann noch, wenn das Symptom der Impotenz selbst schon nach einer gewissen Zeit geschwunden sein sollte!).

Die nun folgende Zusammenstellung soll vor allem dem Nicht-Fachtherapeuten, also in erster Linie dem Allgemeinpraktiker, aber auch dem Neurologen, Psychiater, Internisten, Gynäkologen und ebenso den Vertretern anderer Fachgebiete einen Überblick über die Gruppierung der verschiedenen Formen funktioneller Sexualstörungen geben, damit er weiß, was ihn in seiner Praxis an Fällen dieser Art erwartet und wo seine Möglichkeiten, aber auch seine Grenzen liegen, so daß er gegebenenfalls rechtzeitig einen Fachpsychotherapeuten hinzuzieht. Fragen wir uns dazu zunächst einmal:

1. Wie ist die prozentuale Zusammensetzung seiner Patienten hinsichtlich derartiger sexueller Störungen?
2. Wie ist sie hinsichtlich des Schweregrades ihrer Erkrankung?
3. Nachdem unsere Schrift den Kollegen bisher nur mit Nachdruck auf die Bedeutung und Häufigkeit derartiger Störungen aufmerksam gemacht hat: wie soll er im Interesse der Patienten, aber auch seiner selbst in solchen Fällen nun konkret vorgehen?

Kurz erst zur 3. Frage: Zunächst muß er stets darauf achten, wieweit bei seinen Patienten derartige Störungen hintergründig mit im Spiel sein könnten, auch wenn sie begreiflicherweise vielfach nicht spontan mitgeteilt werden. Das gilt auch für die Patienten mit diagnostisch scheinbar bereits völlig geklärten Krankheitsbildern, erst recht natürlich für die undurchsichtig gebliebenen. – Ferner: Gewiß gibt es auch den »geborenen Therapeuten«, der auch ohne spezielle Vorbildung diagnostisch und therapeutisch oftmals das richtige Gespür hat. Aber das ist ebensooft auch nicht ungefährlich, und gerade diejenigen, die am meisten davon überzeugt sind, solche »Begnadeten« zu sein, richten meist das größte Unheil an. Deshalb sollte, solange noch die psychosomatische Medizin (und mit ihr auch die Gruppe der funktionellen Sexualstörungen) dem werdenden Kollegen an der Universität nicht als selbstverständliches Grundkonzept gelehrt wird – das wird gewiß leider noch lange Jahre so sein – jeder Kollege, der nicht in wenigen Konsultationen zu einem befriedigenden Behandlungsergebnis kommt, solche Patienten zwecks Klärung zum Fachkollegen, besser Fachpsychotherapeuten schikken. Nicht nur, um so die etwa vorliegende Möglichkeit einer doch organischen Bedingtheit mit Sicherheit ausschließen zu lassen, sondern mehr noch, um sich zu vergewissern, wieweit sein eigenes Können diesem Fall gewachsen ist, damit er nicht vermeidbarerweise seinen Patienten vielleicht kostbare Zeit verlieren läßt, wodurch es möglicherweise bereits zur Chronifizierung der Symptomatik kommt. – Wird einmal eine psychosomatische Grundausbildung zum normalen Studiumprogramm des heranwachsenden Arztes gehören, so wird nach meiner Überzeugung ein Teil solcher Fälle dann vom Facharzt dem zuweisenden Kollegen selbst wieder zur Behandlung überwiesen werden können – vorausgesetzt natürlich, daß jener an der Behandlung solcher Fälle interessiert ist[42].

Nach diesen mehr grundsätzlichen Klarstellungen nun zurück zu den beiden ersten Fragen hinsichtlich der prozentualen Verteilung und des Schweregrades innerhalb dieser Patientengruppe. In schematisierter Vereinfachung läßt sich heute sagen:

I. Bei gut einem Viertel (vielleicht sogar einem Drittel) aller Krankheitsfälle wird auch heute noch die »große«, also die bis zu mindestens einem Jahr, oftmals sogar bedeutend länger sich erstreckende analytische Behandlung erforderlich bleiben (Beispiel: Erektive Impotenz auf dem Boden einer schweren masochistischen Persönlichkeitsdeformierung, wie sie auch die wenige Seiten zuvor gebrachte Falldarstellung – Migräneanfall statt Orgasmus – aufwies).

[42] *Nachtrag 1972*: Endlich ist, wenn auch mit fast drei Jahrzehnten Verspätung, die psychosomatische Grundausbildung in diesem Jahr als Pflicht- und Prüfungsfach in die ärztliche Studienordnung aufgenommen worden. So besteht die Hoffnung, daß die jetzt heranwachsende Ärztegeneration der eben genannten Aufgabe gewachsen sein wird.

II. Etwa ein weiteres Viertel (eher etwas weniger) aller Fälle (das früher nur mittels solcher »großen« Psychotherapie angehbar war) ist heute dank der weitgehenden Erforschung ihrer typischen pathogenetischen und strukturellen Faktoren für den tiefenpsychologisch gründlich Geschulten mittels einer abgekürzten, wenn auch »echten« tiefenpsychologischen Behandlung – gegebenenfalls in Kombination mit den unter III. genannten Methoden – angehbar (Beispiel: Erektive Impotenz auf dem Boden einer generalisierten asketischen Triebabwehr[43] von Jugend an).

III. Die übrige Hälfte, einfacher strukturierte Fälle, kann je nach Lage des Falles schon vielfach ausreichend behandelt werden mittels »kleiner« Psychotherapie
  a) durch Erkennung und Beseitigung mehr äußerer Störungsfaktoren (Beispiel: Allmählich sich entwickelnde erektive Impotenz auf Grund der immer wieder erneuerten Erfahrung eines Versagens infolge völliger Unkenntnis der einfachsten anatomisch-physiologischen Gegebenheiten)
  b) mittels analytisch orientierter psychotherapeutischer Kurzverfahren
    1. durch Abstellung von ursprünglichen Abwehr- bzw. Ausweichreaktionen, die zu automatisierten Fehlhaltungen bzw. Fehlinnervierungen geworden sind (Beispiel: Erektive Potenzstörungen auf dem Boden einer immer noch unbewußt nachwirkenden Ansteckungsangst nach erfolgter Infektion beim ersten Geschlechtsverkehr)

[43] Wenn, wie gesagt, hier – und auch im folgenden – als Beispiel jedesmal wieder die erektive Impotenz gewählt wird, so soll damit anschaulich zum Ausdruck gebracht werden, wie wenig das äußere Erscheinungsbild einer Geschlechtsstörung (in unseren Fällen also die Beeinträchtigung der Erektionsfähigkeit) auf die Art der jeweils zugrundeliegenden pathologischen Mechanismen und damit auf die Struktur und Schwere des einzelnen Krankheitsfalles Rückschlüsse zuläßt. Eine Tatsache, die uns wegen ihrer prinzipiellen Bedeutung später noch kurz beschäftigen muß. Anders ausgedrückt: das manifeste Erscheinungsbild der funktionellen Geschlechtsstörungen darf nicht im Sinne eines diagnostisch damit bereits genau umrissenen Krankheitsbildes mißverstanden werden; es hat lediglich den Wert eines Symptomes von grundverschiedenem Gewicht, womit zugleich die ebenso verschiedene jeweilige prognostische Bewertung und auch die verschiedene Art der Behandlung gegeben ist.

2. durch Aufdeckung und Bereinigung der zugrundeliegenden inneren Konfliktsituation (Beispiel: Erektive Potenzstörungen von der Art wie in Krankengeschichte 2 geschildert; s. u.)

c) mittels mehr pragmatischer Verfahren, wobei je nach Fall und Situation eine klärende Aussprache, Suggestion, Hypnose, Verhaltenstherapie, autogenes Training, Bewegungstherapie u.ä. herangezogen werden

1. bei nicht wesentlich in der Persönlichkeitsstruktur verankerten Störungen (Beispiel: Erektive Potenzstörung auf dem Boden schuldhafter Bindung an eine frühere, vermeintlich längst vergessene und abgetane Partnerin)
2. wenn die Anwendung differenzierterer psychotherapeutischer Verfahren nicht möglich ist, z. B. Unmöglichkeit einer ausgiebigeren Konfliktaufhellung aus äußeren Gründen (Ort, Zeit, Unkosten u. ä.)
   Kontraindikation aus inneren Gründen (z. B. um eine aus bestimmtem Anlaß unbedingt zu erhaltende Ehe nicht durch eine wirklich tiefgreifende Behandlung in Frage zu stellen)
   Nichtgeeignetheit des Patienten (fehlende psychologische Differenziertheit, fehlendes Mindestmaß an Intelligenz, an charakterlicher Stabilität und Verläßlichkeit etc.).

Solche Einteilung mit ihren scharfen Grenzziehungen hat selbstverständlich etwas Gewaltsames. Der einzelne Fall zeigt mehr oder minder Überschneidungen und Kombinationen, indem sich fast regelmäßig ein und dasselbe Symptom als mehrschichtig determiniert erweist. Dabei können die einzelnen determinierenden Faktoren gemäß dem Gesagten von sehr verschieden großem pathogenetischem Gewicht sein (vgl. hierzu Krankengeschichte 3 und 4); ein häufiger Tatbestand, dessen Kenntnis vor der Gefahr bewahrt, sich mit *einer* ursächlichen Motivierung der Symptomatik, wie sie etwa gleich zu Beginn ins Auge springt, allzu schnell zufriedenzugeben, was dann zu bösen prognostischen Irrtümern führt. Wir erinnern daran, wie ein und dasselbe Symptom, eine erektive

Potenzstörung des Mannes (das gleiche würde z. B. auch für die Frigidität der Frau gelten können) Ausdruck einer sehr verschieden tiefen Persönlichkeitsveränderung war. Es bedarf also oftmals schon großer tiefenpsychologischer Erfahrung, um »das Gewicht« eines Symptomes und damit die Wahl der Methode und die Dauer der Behandlung zu Anfang richtig beurteilen zu können. Gelegentlich wird sogar für den Erfahrenen der Weg der sein müssen, daß eine versuchsweise zunächst kurztherapeutisch orientierte Behandlung beim Auftauchen größerer Schwierigkeiten doch in eine »große« analytische Arbeit übergeführt wird. Weit seltener ergibt sich das Umgekehrte: daß eine auf Grund des ersten Eindruckes auf lange Sicht eingestellte Arbeit sich erfreulicherweise bereits weit schneller bewältigen läßt.

Hinsichtlich der Behandlung der organisch bedingten Sexualstörungen muß auf die gynäkologische, andrologische, internistisch-neurologische und chirurgische Fachliteratur verwiesen werden. Sofern und wieweit auch bei diesen, sowie insbesondere bei den Formen, die diagnostisch nicht sicher gegen die rein funktionellen Sexualstörungen abgrenzbar sind, eine Psychotherapie – sei es primär, sei es sekundär – indiziert ist, wurde bereits im Kapitel »Mischformen« diskutiert und wird uns noch weiter zu beschäftigen haben.

V. Möglichkeiten, spezifische Schwierigkeiten und Grenzen der Psychotherapie

Überblicken wir nochmals unseren bisher zurückgelegten Weg, so hatten wir von den eingangs (Seite 28) gestellten vier Fragen zunächst die erste nach der Indikationsstellung psychotherapeutischer Behandlung beantwortet (kritische Besprechung der in der Tabelle Seite 31 zusammengefaßten Krankheitsbilder) und uns dann ausführlich mit der zweiten Frage nach der Art der jeweils einzuschlagenden Behandlungsmethode befaßt. Unmerklich sind wir bei der Besprechung dieser Frage auch schon auf die dritte eingegangen: die Frage nach dem voraussichtlichen Zeitaufwand, so daß nur noch die letzte Frage: *ob und wieweit der erzielte Erfolg von Dauer* sein wird, offensteht. Auch sie wurde bereits weitgehend insofern beantwortet, als wir durch unsere Auffassung dieser ganzen verschiedenartigen Funktionsstörungen als Ausdruck einer hinter ihnen stehenden Konfliktsituation schon zu verstehen gaben, daß die Bereinigung dieses äußeren bzw. inneren Konfliktes und möglichst auch eine Revision der Persönlichkeitsstruktur (und nicht die bloße Symptombeseitigung) Ziel unserer ärztlichen Bemühungen sein müsse, wollen wir als Arzt wirklich eine kausale und nicht nur eine symptomatische Therapie treiben. Deswegen sagten wir auch schon an anderer Stelle, daß bei Vorliegen bestimmter schwerer Strukturveränderungen bei unseren Patienten wir selbst dann, wenn das Symptom bereits geschwunden ist, oft unsere analytische Arbeit fortsetzen müßten. Grund zu einer derartigen, dem ärztlichen Denken ungewohnten Forderung ist die erwähnte Erfahrung, daß ein gewisses Mindestmaß an Persönlichkeitsumbau (Struktur) bei unseren Patienten erreicht sein muß, wenn wir einen Rückfall bzw. einen bloßen Symptomwandel vermeiden wollen.

Um konkret zu sprechen: Man kann zwar in einer einzigen hypnotischen Sitzung eine oft schon lange bestehende und schwer störende Symptomatik, z. B. eine erektive Impotenz, einen Vaginismus, einen Pruritus beseitigen (s. Krankengeschichten 1). Es hängt aber von der Verankerung dieses Symptomes in der Persönlichkeitsstruktur ab (s. die eben in der Zusammenstellung aufgezeigte grundverschiedene Valenz ein und desselben Symptomes: einer erektiven Impotenz), ob dieser Heilerfolg voraussichtlich dauerhaft sein wird oder ob die Symptomatik mit Wahrscheinlichkeit in gleicher oder abgewandelter Form wieder erscheinen wird. Mit anderen Worten: *Die Schwere der Strukturdeformierung einer Persönlichkeit ist entscheidend – nicht die Art der Symptomatik.* Und unsere ärztliche Aufgabe besteht darin, diesen Schweregrad baldigst zu ermitteln. Die moderne Psychotherapie hat hierfür verläßliche Kriterien entwickelt, deren genaue Kenntnis allerdings ein mehrjähriges Sonderstudium erfordert. Immerhin benötigen wir dieses Wissen, wollen wir gleich zu Anfang, also noch vor Beginn der eigentlichen Behandlung, ein Urteil darüber gewinnen können, ob im einzelnen Fall ein Versuch mit den Mitteln der kleinen Psychotherapie (unter Umständen also nur einer einzigen klärenden Aussprache oder Hypnose!) gerechtfertigt ist oder ob von vornherein nur eine große Analyse eine wirkliche Dauerheilung verspricht. Nur so ersparen wir allen Beteiligten Zeit und schwere Enttäuschung. Immer wieder mußten wir in der Poliklinik, aber auch in der eigenen Praxis feststellen, wie Patienten ein, zwei, fünf, zehn Jahre und länger ergebnislos mit unzulänglichen Methoden angegangen wurden, bei denen der Erfahrene schon nach einer ersten, allerdings mindestens einstündigen Anamnesenerhebung mit Sicherheit die Erfolglosigkeit einer solchen Bemühung hätte voraussagen können. Kommen solche Patienten dann schließlich doch einmal zum Fachpsychotherapeuten, sind nicht nur kostbare Jahre sinnlos vertan. Das Vertrauen zum Arzt ist erschüttert, unter Umständen sind (vermeidbarerweise!) Ehen in die Brüche gegangen. Zudem sind in der Regel bereits derartige (vermeidbare!) Chronifizierungen eingetreten, daß die Arbeit nun doppelt schwer und ihr Gelingen auch mit großer Analyse fraglich geworden sein kann. Damit soll nicht behauptet werden, daß der Psychotherapeut, wäre er *sofort* konsultiert worden, nun in jedem solchen Falle mit Sicherheit eine Heilung hätte bewirken können. Psychotherapie, auch die große Analyse, teilt mit allen sonstigen medizinischen Heilverfahren das Schicksal, daß auch sie ihre Grenzen hat. Immerhin sind ihre Erfolgsmöglichkeiten, verglichen mit denen jener, keineswegs geringer – im Gegenteil[44].

Bei dieser Gelegenheit sei kurz auf zwei naheliegende Einwände eingegangen, die der ärztliche Leser hier erheben mag: erstens, daß unsere Akzentuierung des Psychosozialen bezüglich Pathogenese und Therapie den konstitutionellen Faktor nicht genügend berücksichtige, und daß zweitens die außerhalb der Psychotherapie liegenden Behandlungsmethoden zu sehr vernachlässigt worden seien.

Dazu sei unsererseits zunächst daran erinnert, daß es in dieser Schrift laut Buchtitel um die funktionellen Sexualstörungen geht, mithin die in Fußnote 7 zur Tabelle S. 31 f. zusammengefaßte Gruppe der somatisch bedingten Sexualstörungen ausgenommen ist, für die, unabhängig von etwaiger Psychotherapie, in erster Linie der Allgemeinpraktiker, Gynäkologe, Endokrinologe oder Chirurg zuständig ist.

Wenn wir auch eingangs einräumten, daß es von den rein funktionellen Sexualstörungen fließende Übergänge zu konstitutionell-somatischen Abartigkeiten und Fehlentwicklungen gebe – dies auch in der Zusammenstellung S. 31 ausdrücklich berücksichtigten –, so muß doch nochmals mit Nachdruck festgestellt werden, daß die weit überwiegende Mehrzahl der Kranken, die an den von uns in dieser Schrift behandelten Störungen leidet, nicht zu den konstitutionell oder endogen Abartigen gehört. Dieses unselige Vorurteil schleppt leider die heutige Ärzteschaft als Erbe der inzwischen längst überholten wissenschaftlichen Auffassung über die Natur dieser Krankheitsbilder aus der Zeit der Jahrhundertwende noch mit sich. Vergessen wir nicht, daß sogar ein so ausgesprochener Konstitutionsforscher wie KRETSCHMER ausdrücklich betont, daß konstitutionell-endogene Bedingtheit einer Sympto-

[44] *Anmerkung 1972*: Statistiken aus psychotherapeutischen bzw. psychoanalytischen Polikliniken mit Katamnesen über fünf, zehn und mehr Jahre haben dies inzwischen auch objektiv belegen können.

matik als solche kein Gegenargument gegen ihre psychotherapeutische Angehbarkeit darstellt[45].

Was den zweiten möglichen Einwand, den der Nichtberücksichtigung der außerpsychotherapeutischen Methoden anbelangt, so leugnen wir nicht die Notwendigkeit von Hormonbehandlung bei bestimmten Formen generativer Impotenz, auch nicht, daß bei Frauen Badekuren mit Moorpackungen u. ä. sich günstig auswirken und daß chirurgische Eingriffe unbedingt indiziert sein können. Wir leugnen auch nicht den gelegentlichen günstigen Effekt von Hormonen und Aphrodisiacis bei erektiver Impotenz, ja nicht einmal den gelegentlichen Erfolg allgemeiner und örtlicher Maßnahmen bei orgastischer Impotenz. (Für letztere sei jedoch als vielleicht extremstes und zugleich bedenklichstes Beispiel die von Orlowski eingeführte Ätzung des Colliculus seminalis bei der Ejaculatio praecox genannt!) Trotzdem gehen all diese Maßnahmen am Wesen der Sache vorbei und haben lediglich den Stellenwert einer unterstützenden Therapie. Die wirklich kausale Therapie funktioneller Sexualstörungen ist die Psychotherapie. Das hindert nicht, daß sie im Einzelfall mit den eben genannten unterstützenden Maßnahmen gekoppelt werden kann. Das aber sollte dem Patienten dann auch mitgeteilt werden. Andernfalls bringen sie möglicherweise mehr Schaden als Nutzen, da sie ihm unbewußt als Beweis für die doch somatische Basis seines Leidens dienen und ihm damit die für seine Heilung unerläßliche Einsicht in die wirklichen Hintergründe seiner Erkrankung erschweren. Vielleicht sind die nachfolgenden Krankengeschichten, in denen ausschließlich psychotherapeutisch (also ohne jede sonstige medikamentöse, allgemeine oder örtliche zusätzliche Maßnahme) gearbeitet wurde, der anschauliche Beleg für die Richtigkeit unserer Behauptung von der Psychotherapie als der kausalen Therapie funktioneller Sexualstörungen.

[45] *Psychotherapeutische Studien,* Thieme Verlag, 1950.

Kasuistik

Wiedergabe von Behandlungsverläufen aus der psychotherapeutischen Praxis

Zunächst kurz einige Bemerkungen zur Auswahl und Darstellung unserer Krankengeschichten. Wir standen vor der Alternative, entweder im Interesse der Vollständigkeit möglichst zu jedem praktisch vorkommenden Krankheitsbild auch illustrierende Kasuistik zu bringen. Dann mußten die angeführten Krankengeschichten mit Rücksicht auf den begrenzten Umfang unserer Schrift so knapp gefaßt werden, daß sie bei der Komplexheit der bedingenden Faktoren und der Differenziertheit des therapeutischen Vorgehens über Andeutungen und summarische Hinweise nicht hätten hinausgehen können. Die an sich wünschenswerte Vollständigkeit des kasuistischen Teiles wäre also für den Leser praktisch nur auf Kosten der zum Verständnis unerläßlichen Gründlichkeit der Darstellung zu erzielen gewesen. Da aber der Leser bei der Fremdartigkeit des ganzen Gebietes in bezug auf die pathogenetischen Zusammenhänge und auf das therapeutische Vorgehen nur dann einen ausreichenden Eindruck erhält, der ihm eine eigene Urteilsbildung ermöglicht, wenn er die Möglichkeit hat, unsere Auffassung und unser Vorgehen bis in die notwendigen Einzelheiten zu verfolgen, entschlossen wir uns zu der anderen Lösung: wir verzichteten auf eine dem Leser doch nichts nützende Vollständigkeit und beschränkten uns auf einige wenige besonders ausgewählte Krankengeschichten, die dafür aber auch wirklichen Einblick in all die von uns betonten Zusammenhänge erlauben. Aus dem gleichen Grunde scheuten wir auch nicht davor zurück, selbst etwas ungewohnte Krankheitsbilder, wie z. B. (außer dem Pruritus genitalis) auch noch einen Patienten mit priapistischer Symptomatik und eine Patientin mit Vaginismus zu bringen, da deren Krankengeschichten uns besonders geeignet erscheinen, *das* transparent werden zu lassen, was wir mit dieser Schrift aufzuzeigen und darzustellen versucht haben.

Die bei unseren Krankengeschichten angewandte Psychotherapie ist, da es »Kurzfälle« sind, keine typische Psychoanalyse im strengen Sinne. Immerhin ist das ärztliche Vorgehen so stark von den in der großen Psychoanalyse erworbenen Erfahrungen beeinflußt, daß die analytische Denkweise unser therapeutisches Vorgehen auch da bestimmte, wo wir zusätzlich oder vorwiegend voranalytische Verfahren anwandten.

Nachtrag 1972: Zudem muß der heutige Leser, zumal der jüngere, bedenken, daß die Patienten, in deren Intimbereich wir in den nun folgenden ausführlichen Behandlungsberichten eindringen, einer Generation angehören, die noch im Geiste der von der weltlichen und kirchlichen Obrigkeit vertretenen bzw. verkündeten Moral der zu Ende gehenden Viktorianischen Epoche aufgewachsen sind und erzogen wurden. In langen Jahrzehnten hatte diese maßgeblich das sittliche Bewußtsein geprägt und insbesondere im Bereich des Sexuellen die Normen für Erlaubtes und Verbotenes gesetzt. Sie bestimmte, was als recht und »natürlich« oder was als sündig, abnorm oder »krankhaft« zu gelten habe; und zwar, was meist übersehen wird, auch für die breite Schicht des Bürgertums und der Arbeiterschaft – trotz aller bewußten Aufgeklärtheit und trotz aller vermeintlichen Fortschrittlichkeit.

Zwar gab es auch damals bereits eine wissenschaftliche Sexualliteratur. Erinnert sei an (inzwischen zum Teil schon fast vergessene) Namen wie: Iwan Bloch, Havelock Ellis, Magnus Hirschfeld, R. v. Krafft-Ebing, O. Lippmann, Max Marcuse (»Handwörterbuch der Sexualwissenschaft«), Albert Moll (»Handbuch der Sexualwissenschaft«), Ploss-Bartels, F. Freiherr v. Reitzenstein, H. Rohleder u. a. Auch Freud hatte seine berühmt gewordenen »Drei Abhandlungen zur Sexualtheorie« bereits veröffentlicht. Aber diese Art wissenschaftlicher Literatur blieb infolge des generellen sexuellen Tabus nur einem engen Kreise von Forschern vorbehalten, die zudem noch nahezu ausschließlich außerhalb der an den Universitäten vertretenen offiziellen Wissenschaft standen. Mit »Derartigem« beschäftigte sich der Ordinarius einer Universität nicht, zum mindesten nicht ex cathedra – und somit erfuhren in der Regel auch die Studenten nichts über diese Literatur; ebensowenig der praktizierende Arzt oder Pädagoge oder Psychologe. Trotz Georg GRODDECK, Friedrich v. WEIZSÄCKER, Franz ALEXANDER u. a. war in der Heilkunde das psychosomatische Konzept noch so gut wie unbekannt; und trotz der sozio-kulturellen Sexualschriften von Wilhelm REICH hatte eine Sexualrevolution noch nicht stattgefunden – am allerwenigsten in Mitteleuropa. KINSEY-Reporte oder sexualwissenschaftliche Publikationen, wie sie heute jedermann in wohlfeilen Taschenbuchausgaben zugänglich sind, geschweige denn Sex-Illustrierte und Sex-Filme wären damals einfach undenkbar gewesen – und ebenso Konzepte wie die von Großfamilien oder gar Gruppensex.

In der Tat ist es infolge des seitdem vollzogenen radikalen Wandels im sexuellen Verhalten der heutigen jüngeren Generation kaum noch vorstellbar – richtiger gesagt: empfindungsmäßig kaum noch einfühlbar –, in welchem Ausmaß damals gewisse Handlungen und Verhaltensweisen schwerste Schuldgefühle auslösen konnten, die heute stillschweigend geduldet, wenn nicht gar als selbstverständliche Freiheit dem einzelnen offiziell zugestanden werden, die aber eine Generation zuvor noch unter dem Druck der damals herrschenden Moral als unsittlich, als anormal und krankhaft, auf jeden Fall aber als sündig erlebt hat und die entsprechend auch von der Umwelt verurteilt wurden.

Da jedoch im Menschen die biologisch auch auf sexuellem Gebiet laufend hormonal gespeisten triebhaften Bedürfnisse sich auf die Dauer doch immer noch stärker erwiesen haben als alle unnatürlichen Triebeinschränkungen, mögen diese ihr auch von den maßgeblichen Instanzen als angebliche Norm noch so sehr aufoktroyiert worden sein, geriet jene Generation gerade wegen solcher Überforderungen schon von früh an in mit schweren Ängsten und Schuldgefühlen belastete Konflikte. Gerade die, die den geforderten Kampf um die sittliche »Reinheit« am ernstesten genommen hatten, wurden am schwersten betroffen: charakterliche Fehlentwicklungen,

Neurosen, funktionelle Störungen der vegetativen (einschl. sexuellen) Abläufe, psychosomatische Organkrankheiten und gar nicht so selten sogar Selbstmorde waren typische Folgen.

Um das heute noch voll nachfühlen zu können, muß daran erinnert werden, daß nach damaliger Auffassung die Sexualität nur im Dienste der Fortpflanzung stehend gesehen wurde. Und zwar nicht nur seitens der Kirche, insbesondere der katholischen, für die jede sexuelle Betätigung nur dann nicht verwerflich war, wenn sie mit dem ausdrücklichen Wunsch nach einem Kinde ausgeübt wurde. Auch die damalige Wissenschaft betrachtete das Sexualleben wie selbstverständlich und ohne es selber zu bemerken nahezu ausschließlich unter diesem Aspekt. So ist es nicht verwunderlich, daß damals sexuelle Lust nur als gewissermaßen zufälliges Nebenprodukt angesehen und charakteristischerweise eigentlich nur dem Manne konzediert wurde. Einer ehrsamen Frau stand sie jedoch schlecht an, war zum mindesten unschicklich, wenn nicht gar sündhaft. Entsprechend hatten »anständige« Eltern nach damaliger Auffassung dann auch ihre »gefallene« Tochter zu verstoßen usw. Gleichermaßen verwerflich galt die Masturbation, sowohl für das männliche und erst recht für das weibliche Geschlecht. Als verwerflich galt auch der voreheliche und besonders der außereheliche Geschlechtsverkehr. Als abscheulich verpönt waren all die sexuellen Betätigungen und Praktiken, die von der nach damaliger Auffassung allein »natürlichen« strikt genitalen Norm abwichen.

Alles das wurde aber nicht nur als unmoralisch (»sündig«) geächtet, es wurde nach damals herrschender wissenschaftlicher Auffassung weitgehend auch als letztlich doch krankhaft, zum mindesten als Zeichen einer degenerativen Persönlichkeitsentartung gewertet; sei es, daß Krankheit bzw. Degeneration als die Ursache solcher »Anomalien« angesehen wurde, sei es als Folge solch verwerflichen Tuns – was für die Betroffenen subjektiv noch schlimmer war, weil es Ängste und Schuldgefühle mit all den eben genannten Folgen auslöste. Daß Nervenleiden, z. B. die »Rückenmarksschwindsucht« (Tabes), Neurasthenie etc., ja selbst Geisteskrankheiten Folge »ausschweifenden Lebenswandels«, insbesondere der Onanie seien – diese Auffassung konnte man damals auch in Lehrbüchern für die Studierenden und sogar noch bis vor kurzem in den üblichen Lexika schwarz auf weiß nachlesen. Selbst heute wirken diese Irrlehren in weiten Kreisen immer noch spürbar nach, selbst bei jenen, die sie bewußt längst überwunden zu haben glauben. –

Alle diese für die damalige Epoche charakteristischen Details sind zugleich ein eindrucksvoller Beleg dafür, in welchem Maße nicht nur die Vertreter der weltlichen und kirchlichen Obrigkeit, sondern auch die Repräsentanten der Wissenschaft, ohne es zu wissen, geschweige denn zu wollen, in Abhängigkeit von der zu ihrer Zeit gültigen Gesellschaftsideologie und -moral standen. Dessen sollten auch wir heute stets eingedenk sein, wenn wir nach dem eben gegebenen Einblick in das, was bei uns vor ein bis zwei Generationen galt, befriedigt feststellen zu können glauben, daß das alles sich inzwischen ja gründlich und endgültig geändert habe! Es war gewiß kein Zufall, daß gerade in den sogenannten Kulturstaaten die Sexwelle am heftigsten hereinbrechen konnte, und daß die rebellierende Jugend gerade das Brechen aller bisherigen Sexualtabus als sichtbarsten Ausdruck ihrer endlich gewonnenen Freiheit ansah, ja dies geradezu zum Gradmesser ihrer sozio-kulturellen Aufgeklärtheit und Progressivität gemacht hatte und weitgehend auch immer noch macht.

Daß trotz Sexualrevolution mit der durch sie ausgelösten, wenn auch inzwischen schon wieder abebbenden Sexwelle und trotz Brechens der Sexualtabus die davon erhoffte Befreiung nicht erfolgt ist, haben wir inzwischen erfahren. Die Verbreitung der funktionellen Sexualstörungen gerade unter der heutigen »progressiven« Generation zeigt dies wohl am deutlichsten; wir haben auch oben bereits unter den Stichworten »biologisches Gewissen« (S. 47) und »Tabu« (S. 51) die für dieses Versagen verantwortlichen Hintergründe darzulegen versucht. Aus ihnen müssen wir entnehmen, daß heute wie damals letztlich die gleichen Kräfte hemmend am Werke sind. Mögen sie sich auch, äußerlich gesehen, in ein zeitgemäßeres Gewand gekleidet haben, ihr Wirken ist dem Bewußtsein des heutigen Menschen genauso verborgen wie es in der uns heute altmodisch anmutenden Verkleidung den vergangenen Generationen war. Wenn auch unsere diagnostischen und therapeutischen Möglichkeiten inzwischen wesentlich differenzierter geworden sind – am Grundkonzept der

Pathogenese und auch der Therapie der funktionellen Sexualstörungen hat sich im Prinzip nichts geändert.

Soviel vorweg über den ständig unausgesprochen atmosphärisch wirksamen Hintergrund in den nun folgenden Falldarstellungen.

a) **Pruritus genitalis**
(*Qualvoller Juckreiz in der Genitalgegend*)

Wir wählen als erste Krankengeschichte eine Patientin mit einem Pruritus genitalis, einen in seiner Psychopathogenese zunächst besonders durchsichtig erscheinenden Fall von funktioneller Sexualstörung. Deshalb begnügten wir uns auch zunächst mit den Mitteln der voranalytischen »kleinen Psychotherapie«, und zwar vorwiegend in Form einer larvierten Suggestionstherapie, wenngleich diese Methode von Anfang an in analytisch unterbauter Form angewandt wurde. Dieses Beispiel mag die Problematik der Diagnostik und Therapie der funktionellen Sexualstörungen, wie wir sie eingangs in unseren vier Fragen zusammengestellt und zu beantworten versucht haben, lebendig veranschaulichen.

Krankengeschichte 1

Frau X., 33 Jahre alt, große, kräftig entwickelte, vital-gesund wirkende Frau, die von einer Berliner Universitätsklinik unserer psychotherapeutischen Poliklinik auf Grund einer wissenschaftlichen Diskussionsbemerkung von mir über Pathogenese und Psychotherapie des *Pruritus genitalis* zur Behandlung überwiesen wird. – 1936 Heirat, bis dahin nie ernstlich krank gewesen. Auch nie »nervöse« Symptomatik. 1937 erste Schwangerschaft störungsfrei. 1940 zweite Schwangerschaft; im 6. bis 8. Monat schwerer Pruritus genitalis, der ein Jahr später (Febr./März 1941) außerhalb einer Schwangerschaft in leichter Form wiederum für vier Wochen auftrat.

Anfang Juni 1942, acht Tage vor erster Konsultation bei uns, erneuter Rückfall, diesmal mit starkem Schwellungsgefühl in der Vagina beginnend und besonders qualvollem, unerträglichem Jucken. Gleichzeitig im Gesicht akneartiger Ausschlag. Der Befund gibt der Patientin durchaus recht, daß es sich diesmal um einen besonders schweren Pruritusschub handelt, so daß ihre Angst und Unruhe begreiflich ist. Die Eruierung etwaiger schädlicher äußerer Faktoren blieb, wie vorher in der Universitätsklinik, ohne Ergebnis, ebenso die bisherige Behandlung mit den üblichen Medikamenten und Salben.

In knapp halbstündiger Besprechung ergibt sich trotz begreiflicher anfänglicher Scheu der Patientin folgende innere Situation: Gebeten, auch über ihr Verhältnis zu ihrem Manne zu sprechen, gibt sie die Ehe als besonders gut und harmonisch an. Konflikte und Schwierigkeiten bestünden nicht. Dabei fällt die etwas zu betonte Art dieser Antwort auf, sowie ein leichtes Erröten, das nicht aus der Peinlichkeit der Fragesituation seine volle Erklärung findet, so daß ich die Frage nochmals freundlich und anteilnehmend wiederhole. Darauf zunächst Ausweichen, dann heftiges Erröten und schließlich folgender Bericht: Patientin hat einen besonders gutmütigen, aber etwas primitiven Mann; beiderseits Wunsch nach einem dritten Kind. Wegen seiner mangelnden Fähigkeit zu jedweder Zärtlichkeit und der damit zusammenhängenden nur kurzen Dauer des quasi mechanisch ablaufenden sexuellen Beisammenseins (leichte Ejaculatio praecox?) kommt es bei ihr nie zum inneren Mitgehen und damit auch nicht mehr zum Orgasmus. Seit 1937 kennt Patientin nun einen guten Freund ihres Mannes, dessen Sekretärin sie seitdem jährlich während deren Ferien vertritt. 1938 kam es mit diesem ihr menschlich und freundschaftlich bald zugetanen Mann, der zudem von besonderer Behutsamkeit und Zärtlichkeit war, ebenfalls zu körperlichen Beziehungen. Sie wurden bis heute vor dem Ehemann verheimlicht. Dadurch schwere Konfliktsituationen, da sie ihren Mann wirklich gern hat.

Vor zehn Tagen mit ihrem Mann gemeinsamer Wochenendbesuch im Hause dieses Bekannten. Als ihr Mann dann am Montagmorgen früh von dort zum Geschäft fort mußte, fragte sie ihn, ob sie auch schon mit ihm aufstehen und fortgehen solle oder ob sie sich noch in Ruhe ausschlafen könne. Bei dem guten Verhältnis der beiden Männer zueinander konnte diese Frage, ohne Verdacht zu erwecken, gestellt werden. Als ihr Mann dann in seiner naiv-vertrauenden Art vorschlug, doch ruhig noch zu bleiben, empfand sie das Unaufrichtig-Hinterhältige ihrer scheinbar harmlosen Anfrage doppelt stark, so daß sie längere Zeit überlegte, doch noch mitzugehen, schließlich aber blieb, worauf es trotz aller guten Vorsätze von ihr doch wieder zu einer Sexualbeziehung mit jenem anderen kam. Sie fühlte sich gemein und schmutzig in ihrer Handlungsweise, und ging, entgegen den inzwischen mit jenem bereits für diesen Tag getroffenen gemeinsamen Dispositionen, anschließend mit ausgesprochenem Schuldgefühl sofort nach Hause. Am folgenden Tage leicht brennendes Gefühl in der Vagina, das dann innerhalb weniger Tage zum voll ausgebildeten Pruritus sich entwickelte.

Daß dieses Erlebnis für die Auslösung ihres jetzigen Pruritusschubes von entscheidender Bedeutung gewesen ist, kann unbeschadet aller dabei ablaufenden physiologischen Vorgänge kaum einem Zweifel unterliegen[46]. Bei der erst kurzen Dauer dieses Schubes schien trotz der Schwere des Krankheitsbildes der Versuch einer Umstellung der noch nicht fest eingefahrenen Dysfunktion durch seelische Entlastung gerechtfertigt.

Bereits das erstmalige Schuldbekenntnis in ihrem Leben – sie hatte bisher noch zu keinem Menschen, auch nicht zu ihrer »besten Freundin«, davon gesprochen – mußte eine gewisse innere Befreiung darstellen. Deshalb von mir Hinweis auf den eindeutigen Zusammenhang zwischen ihrer Doppelbeziehung und ihrer Erkrankung sowie auf die unerläßliche Notwendigkeit einer inneren Klärung, da sie einem solchen Doppelspiel dank ihrer empfindlichen Gewissensinstanz offensichtlich nicht gewachsen sei. In dieser scheinbar rein sachlichen Feststellung liegt in Wirklichkeit indirekt zugleich eine bedeutsame seelische Entlastung in ihrer Schuldsituation: denn, wäre sie nicht durch eine so fein registrierende Gewissensinstanz ausgezeichnet, würde sie ja, wie so viele andere Frauen, skrupel- und symptomlos ein derartiges Doppelspiel treiben können. Deshalb muß die Bemerkung doppelt wirken: Einmal fühlt sie sich nach ihrem »Sündenbekenntnis« von ihrem »Beichtiger« nicht verstoßen, sondern unausgesprochen

46 Vgl. hierzu die von J. H. Schultz veröffentlichte Pruritus-Krankengeschichte (*Die seelische Krankenbehandlung*, Fischer-Jena, S. 155).

innerlich sogar bejaht. Zum andern bekommt ihr Symptom damit einen für sie ganz bestimmten Charakter – den einer geheimen Sühne. Sie büßt gewissermaßen mit ihrem Symptom ihre Schuld, ein tiefenpsychologisch erfahrungsgemäß wesentliches Moment. Alle diese komplizierten Hinter- und Untergründe werden von mir zwar nicht ausdrücklich formuliert, sie sind aber doch unausgesprochen im lebendigen Hin und Her unserer Aussprache atmosphärisch spürbar.

Patientin, die in der Erwartung gekommen war, von mir als Fachmann für dieses Gebiet nun das Allerneueste an Heilmitteln gegen Pruritus verordnet zu bekommen, ist über den so völlig unerwarteten Verlauf der Konsultation noch sichtlich fassungslos. Andererseits kann sie sich aber nicht der Bedeutung der in unserer Besprechung aufgedeckten Zusammenhänge entziehen, was für sie um so wirksamer sein muß, weil die Betonung der Wichtigkeit derartiger seelischer Hintergründe aus dem Munde eines klinischen Arztes erfolgte. Deshalb fasse ich abschließend zusammen: Jetzt, wo die Zusammenhänge weitgehend geklärt seien, wäre damit auch der Weg zur Heilung angezeigt. Denn wenn der zugrundeliegende Konflikt bereinigt wäre, wäre damit auch dem Symptom des Pruritus der Boden entzogen, das hieße aber praktisch: Gesundung. – Gerade die lapidare Form und Selbstverständlichkeit, in der die Heilung nun abschließend ganz nüchtern, quasi mit der Unwiderlegbarkeit eines mathematischen Lehrsatzes als zwangsläufig sich ergebende Folge hingestellt wird, nachdem unmittelbar zuvor noch allerstärkste Gefühlserregtheit durch unsere Aussprache mobilisiert war, muß zweifellos zusätzlich von besonderer suggestiver Wirkung sein. Aus diesem Grunde wird Patientin nun freundlich aber schnell verabschiedet und ihr gewissermaßen beiläufig mitgeteilt, daß sie in etwa acht Tagen einmal telefonisch von sich hören lassen möge.

Acht Tage später Anruf von ihr, daß bereits zwei Tage nach der Aussprache eine gewisse Besserung eingetreten sei. Nach drei weiteren Tagen wäre sie symptomfrei gewesen. Wird weitere acht Tage später zur nochmaligen persönlichen Schlußvorstellung gebeten: Genitale völlig unauffällig, auch Gesichtshaut glatt, subjektiv völlig beschwerdefrei.

Eine frappante »Heilung«, wie jeder Leser einräumen muß[47]. Und begreiflicherweise war auch die Reaktion in der Universitätsklinik, die bisher äußerst skeptisch einer Psychotherapie des Pruritus gegenüberstand, groß. Um so mehr, als die dortigen Kollegen von den beiden früheren Schüben her wußten, wie hartnäckig sich beim zweiten Schub trotz monatelanger Behandlung ihr Pruritus erwiesen hatte.

Aber wir wählten diesen Fall nicht deshalb aus, um die möglichen Effekte selbst einer einzigen Aussprache zu demonstrieren, sondern vor allem, um die Problematik solcher »Zauber«-Heilungen aufzuweisen. Hören wir also weiter:

Ein volles Jahr später, am 16. 6. 1943, sucht mich Patientin erneut auf. Die damalige Heilung hat bis vor sechs Tagen angehalten. Ihr Mann ist inzwischen eingezogen, im Westen. Der lang gehegte Wunsch nach einer dritten Schwangerschaft konnte vorher noch verwirklicht werden. Zur Zeit beginnender dritter oder vierter Monat (eine fragliche Schwangerschaftsregel). Meine Frage nach etwaigen Auslösungsmöglichkeiten ihres jetzigen Pruritusschubes, den sie wegen der begleitenden Schwangerschaft besonders fürchtet, ist zunächst wieder ergebnislos. Dann aber, sich ein Herz fassend, beichtet sie folgendes: Vor sechs Tagen meldete sich unerwartet ein guter Freund des Mannes von der Ostfront zur Durchreise in Berlin an. Mit diesem hatte Patientin in früheren Jahren mit Wissen ihres Mannes zweimal eine sie besonders befriedigende Sexualbeziehung (wobei alle drei stark unter Alkohol gestanden hatten). So hatte Patientin auch vor sechs Tagen infolge der monatelangen Abwesenheit ihres Mannes den angesagten abendlichen Besuch dieses Urlaubers mit recht gemischten Gefühlen begrüßt: Treueverpflichtungen dem im Westen stehenden Ehemann gegenüber, zumal jetzt in der Schwangerschaft, triebhafter Wunsch nach einem wirklich befriedigenden sexuellen Erleben andererseits. Sie faßte jedoch

[47] Selbstverständlich kann im einzelnen Falle die prinzipielle Möglichkeit niemals ausgeschlossen werden, daß es sich – unabhängig oder meinetwegen sogar trotz dieser psychischen Behandlung – um eine Spontanheilung gehandelt hat, die zeitlich zufällig mit unserer psychotherapeutischen Besprechung zusammenfiel. Dagegen spricht jedoch die wiederholt gemachte gleiche Erfahrung in ähnlichen Fällen, wie sie auch in vielfachen entsprechenden Beobachtungen von Kollegenseite bestätigt werden kann.

den festen Vorsatz, es nicht bis zum Letzten kommen zu lassen. Im Widerspruch dazu hatte sie jedoch dem Wunsch des Hausmädchens, an dem Abend fortzugehen, nur allzugern nachgegeben und alles reizend zum Empfang zurechtgemacht – einschließlich Alkohol[48] (!). Trotz ihres festen Vorsatzes war sie dann doch recht enttäuscht, als der Freund erklärte, diesmal nur für eine flüchtige Stunde Zeit zu haben, da sein Zug gehe, allerdings den Wunsch und die Möglichkeit nach einem anderen baldigen intimen Zusammensein äußerte. So kam es zum Schluß nur zu sie stark erregenden Umarmungen und Berührungen; dann, so plötzlich wieder allein, bekam sie einen regelrechten Kater, den sie in Alkohol ertränkte.

Am nächsten Morgen ganz leichtes Spannen und Jucken in der Vaginalgegend. Ausgerechnet an diesem Tag meldet sich ebenfalls der andere Freund, und aus der noch nachklingenden unbefriedigenden Erregung des Vorabends sowie aus dem Gefühl, nun ist doch alles gleich, kam es mit ihm zur Sexualbeziehung. Noch in der Nacht deutliche Pruritussymptomatik, die binnen fünf Tagen sich bis heute zu voller Stärke entwickelte.

Diesmal nach kurzer klärender und das Prinzipielle aufdeckender Aussprache anschließende längere Hypnose mit suggestiven Entspannungs- und Lockerungsempfindungen in der Genitalgegend.

[An dieser Stelle eine »behandlungstechnische« Bemerkung: Die Hypnose weiblicher Patienten ohne (die doch störende) Gegenwart einer dritten Person führt, besonders bei einem bestimmten Patiententypus, trotz völlig korrektem Verhalten des Arztes erfahrungsgemäß gelegentlich zu Mißdeutungen seitens der Patientin. Diese Gefahr ist bei Frauen mit Sexualstörungen natürlich besonders gegeben. Deshalb vermeide ich grundsätzlich jede körperliche Untersuchung der Patientin in derselben Konsultation, in der eine Hypnose vorgenommen wird. Auch in der Hypnose selbst vermeide ich bei etwaigen hypnotischen Streichbewegungen (»Passes«) eine direkte Berührung der Patientin mit meiner Hand. Wenn nun gewisse Sexualstörungen (wie z. B. Pruritus, Vaginismus, un-

[48] Ein in der damaligen Kriegsphase nur schwer aufzutreibendes und deshalb ebenso ungewohntes wie kostbares Angebinde.

ter Umständen auch Orgasmusstörungen) zwecks Entspannung oder Erzielung bestimmter Durchblutungsänderungen ein spezielles Einbeziehen der Sexualgegend erforderlich machen, vermeide ich auch dann eine Berührung dieser Körperpartien mit meiner Hand (obwohl die Patientin selbstverständlich bekleidet ist). Ich fordere vielmehr grundsätzlich die Patientin auf, ihre eigene Hand auf diese Partie zu legen, und lege dann bei der hypnotisch suggerierten Entspannung jener Partien meine Hand auf die Hand der Patientin. Das hat folgenden Vorteil: Einmal ist durch ihre eigene Hand eine »Isolierschicht« mehr hergestellt, die Mißdeutungen ausschließt. Zweitens schaffe ich so von vornherein für die Patientin die Möglichkeit, gegebenenfalls therapeutische Entspannungs- (bzw. Wärme-)Erlebnisse ihrer Genitalgegend sich in entsprechenden eigenen Übungen zu Hause auch unabhängig von der Gegenwart des Hypnotiseurs verschaffen zu können. Nachdem nämlich in mehreren Hypnosen beim Arzt jene Erlebnisqualität genügend prompt und eindeutig hergestellt und erlebt worden ist, kann ich die Patientin auffordern, dies nun auch zu Hause, und zwar allein, dadurch zu bewirken, daß sie sich genauso in einem stillen Raum niederlegt, genauso ihre Hand auflegt und sich in die entsprechende Situation wie hier bei mir versetzt. Dann werde sie selbst jenen Strom von Entspannung oder Wärme spüren, der von ihrer eigenen Hand auf die darunter liegenden Genitalorgane ausgeht. Bei der nächsten Konsultation wird dann genauer Bericht hierüber angefordert, etwaige Fehler oder Mängel abgestellt, so daß insgesamt hiermit eine wesentliche Verdichtung und Vertiefung der hypnotischen Heilbehandlung ermöglicht wird.]

Drei Tage später: die subjektiven Beschwerden ließen schon am Abend der Hypnose nach, waren gestern nur noch gering und sind heute völlig geschwunden. Auch der diesmal besonders starke und das ganze Gesicht weitgehend entstellende akneartige Ausschlag ist, ebenso wie der Genitalpruritus, fast ganz geschwunden. – Nochmalige Hypnose mit Aufforderung, sich in einigen Wochen wieder vorzustellen.

Wiedervorstellung nach einigen Wochen: völlig beschwerdefrei, aber in Unruhe wegen ihres Mannes draußen. Schwangerschaftsverlauf glatt, Patientin ist besonders dankbar, daß der in der Schwangerschaft so gefürchtete Pruritus wieder so prompt geschwunden ist.

Einige Wochen später sucht sie unsere Poliklinik erneut auf: große Sehnsucht nach ihrem Mann, dessen Urlaub immer wieder auf unbestimmte Zeit verschoben wurde. Vor einigen Tagen endlich Urlaub angekündigt mit Aussicht auf dreiwöchige Reise in einen von ihnen besonders geliebten Ort, an den sich sehr viele gemeinsame Erinnerungen knüpfen. Große Reisevorbereitungen etc. Zwei Tage vor Urlaubstermin telegrafische Absage: Urlaubssperre bis auf weiteres. Am gleichen Tage statt dessen Urlaubsbesuch eines Bruders ihres Mannes, der bei ihr zu Abend bleibt und tausend gemeinsame Erinnerungen an den von ihr so schmerzlich entbehrten Mann weckt. Patientin geht todunglücklich ins Bett. Am nächsten Tag leichte Pruritußerscheinungen, die diesmal objektiv nur gering, aber subjektiv doch schon sehr unangenehm sind. Zugleich auch wieder leichte Gesichtsakne.

Sie sind wiederum durch eine Hypnose zu beseitigen. – Da jedoch der Pruritus im Laufe der Beobachtungszeit aus einer ursprünglich spezifischen Symptomatik offensichtlich zu einer immer unspezifischer werdenden Allgemeinreaktion sich zu entwickeln droht, wird der Patientin vorgeschlagen, im Falle eines nochmaligen Wiederauftretens sich einer ausgiebigeren tiefenpsychologischen Behandlung zu unterziehen. –

Aus dieser instruktiven Krankengeschichte soll nun nicht etwa der Schluß gezogen werden, daß hinter jedem Pruritus ein geplanter, geschweige denn ein realisierter Ehebruch stehe. Weit weniger greifbare und nicht nur für den Patienten, sondern selbst für den Fachkollegen lange Zeit nicht durchschaubare Konflikte können das gleiche oder ein verwandtes Symptom auslösen.

Wichtiger noch ist, daß diese Krankengeschichte auch insofern instruktiv ist, als sie uns rückblickend zu einer kritischen Überprüfung meines Verhaltens und ärztlichen Vorgehens gleich in der allerersten Stunde zwingt. Habe ich nicht die so eindrucksvolle »Zauberheilung« in Wirklichkeit durch eine geheime Nötigung der Patientin erzielt, indem ich ihr sagte, sie sei dank ihrer empfindlichen Gewissensinstanz offensichtlich solchem Doppelspiel moralisch nicht gewachsen? Wobei die negative Charakterisierung dieses Doppelspieles, wenn auch von mir nicht ausdrücklich ausgesprochen, so doch unmißverständlich war – ich sie also zugleich indirekt zwang, den von mir in sie gesetzten moralischen Erwartungen zu entsprechen. Gewiß tat solch positive Einwertung durch mich ihrem Schuldgefühl im Augenblick der Not gut und hat auch objektiv ihre Wirkung prompt getan (schlagartiger Symptomschwund). Aber habe ich ihr damit nicht die Möglichkeit einer Austragung und damit wirklichen Verarbeitung des hinter ihrer Symptomatik stehenden Konfliktes unterbunden? Jedenfalls legen ihre Rückfälle diese Vermutung so nahe, daß ich persönlich von diesem Zusammenhang überzeugt bin. Womit an einem zunächst für Arzt und Patienten gleichermaßen beglückenden Fall von prompter Behebung eines besonders quälenden Symptoms sich »Glanz und Elend« – sachlicher formuliert: die wahre Problematik bloßer Symptomheilung erweist, sei diese nun mittels Hypnose, Suggestionsverfahren, Verhaltenstherapie oder sonstwie erzielt worden.

Krankengeschichte 1 a

So beobachtete ich eine jungverheiratete Patientin, die seit der Aufnahme ihrer ehelichen Beziehungen mit Pruritus reagierte. Die Analyse ergab folgenden Tatbestand: Patientin war vor der Ehe stark an einen anderen Mann, einen Künstler, gebunden, der ihren eigenen künstlerischen Möglichkeiten sehr entsprach, der aber wegen seiner ganzen Lebensauffassung als Lebenspartner nach dem Urteil ihrer Eltern und nach ihrer eigenen »vernünftigen« Einsicht nicht in Frage kam. Es war zwischen ihnen niemals zu Zärtlichkeiten, geschweige denn zu Intimitäten gekommen. Mit einer gewissen Gewaltsamkeit entschloß sich die Patientin dann, um endlich diesen auf die Dauer für sie unerträglichen Schwebezustand zu beenden, zu einer Ehe mit einem menschlich zwar sehr anständigen, »soliden«, aber nüchternen Kaufmann, einem jüngeren Geschäftsfreunde ihres Vaters. Trotz äußerlich glücklicher Ehe mit ihm wurde sie doch im Zusammensein mit ihrem Mann ein Gefühl nicht los, ihre eigentliche »große« Liebe verraten zu haben; dies um so mehr, als sich, trotz aller Abwehr, beim ehelichen Verkehr zunehmend das Bild des andern

Mannes in ihrer Phantasie aufdrängte, so daß sie nun auch das Gefühl, ihren eigenen Mann zu betrügen, schuldhaft erlebte. Seine nüchtern-primitive Art machte es ihr aber – trotz der »guten Beziehung« zu ihm – unmöglich, mit ihm auch nur andeutungsweise von diesem sie schwer bedrückenden Konflikt zu sprechen. Sie war sicher, dabei auf völliges Unverständnis zu stoßen und ihn nur zu schockieren.

Die »Symptomwahl« des Pruritus ist, wie viele Krankengeschichten zeigen, keineswegs zufällig, sondern sinnvoll determiniert. Zunächst im Sinne einer »ins Körperliche verschobenen« Sexualabwehr; wenngleich das einmal etablierte Symptom dann mehr und mehr zum pervertierten Ausdrucksmittel (Spannung, Schwellung) eines nicht zugelassenen sexuellen Erregungszustandes wird, der trotz der Abwehr noch gebieterisch nach Abfuhrlust drängt (lustvoll-schmerzendes Blutig-Kratzen); mithin verbotener Genuß und zugleich selbstzerstörerische Buße in einem verbunden, ohne daß der Patient von diesen hintergründigen Zusammenhängen auch nur die geringste Ahnung hätte, wie dies sich besonders bei unserer ersten Krankengeschichte anschaulich aufzeigen ließ.

So können wir – nunmehr verallgemeinernd – das Krankheitsbild des Pruritus genitalis geradezu als Ausdruck einer inneren Zwiespältigkeit dem Sexuellen gegenüber verstehen; eine von den inneren Geschlechtsorganen auf die Haut und Schleimhaut der Geschlechtspartien verschobene Dauererregung im Sinne sexueller Bereitschaft, wie sie sich in der Hyperämie und Schwellung der betreffenden Haut- und Schleimhautpartien sowie in vermehrter Sekretion zeigt; zugleich aber auch die (innere) Dauerabwehr gegen die natürliche genitale Entspannungsmöglichkeit. So kommt ein Zerrbild zustande von geradezu unerträglich erregender Spannung (Jukken, Kribbeln usw.), dem auch der Lust-Schmerz des Blutig-Kratzens keine wahre Entlastung zu verschaffen vermag. Der Versuch nach sexueller Lustabfuhr kann selbst in einer derart pervertierten Form nur bei gleichzeitiger selbstzerstörerischer Bestrafung (sich »kaputt« kratzen) zugelassen werden[49].

[49] *Nachtrag 1972*: Siehe hierzu auch W. Kemper: »Organwahl und psychosomatische Medizin«, in: *Ztschr. Psychother. u. med. Psychol.* 4, H. 3, 101–123, 1954; sowie ders.: »Persönlichkeitsstruktur, Konfliktart,

Unser erster Behandlungsbericht zeigt neben der frappierenden suggestiven Beeinflußbarkeit des Pruritus (die – um Mißverständnissen vorzubeugen – nur selten mit solcher Leichtigkeit erfolgt) anschaulich die großen Möglichkeiten, aber auch die Grenzen einer weitgehend suggestiv orientierten Kurztherapie: einerseits nahezu schlagartige Beseitigung quälendster Symptomatik, andererseits aber die Wahrscheinlichkeit, daß trotz völligem Schwinden des Symptoms die es determinierenden Faktoren psychotherapeutisch nicht ausreichend angegangen und bereinigt werden. Läßt dann mit der Einschränkung oder Beendigung der Behandlung der suggestive Einfluß des Arztes nach, so ist bei Anhalten oder Wiederkehr der gleichen (oder einer ähnlichen) Konfliktsituation die Rezidivgefahr um so größer, je weniger es in der Kurztherapie gelang (bzw. es zunächst nicht erforderlich schien), die strukturelle Basis der jeweiligen Symptomatik eines Patienten zu modifizieren.

b) **Erektive Impotenz**
(*Beeinträchtigung der Gliedsteifung*)

Und nun die Krankengeschichte einer *erektiven Impotenz*, die dank ihrer besonders durchsichtigen Genese und einfachen Struktur den erfolgreichen Abschluß einer analytisch orientierten Kurzbehandlung von wenigen Stunden ermöglichte – trotz einer zunächst als relativ schwer imponierenden Symptomatik.

Krankengeschichte 2

H. K., 32jähriger Stabsarzt, ein Hüne von Gestalt[50], männlich wirkend, gesund aussehend; allerdings leichte Vasolabilität und Spur von Verlegenheit. Kommt wegen völliger erek-

Organwahl und psychosomatische Medizin«, in: *Ztschr. Psychosom. Med.* 4, H. 3, 186–192, 1958.

[50] Es ist ein weitverbreiteter Irrtum, daß erektive Potenzstörungen des Mannes sich vorwiegend bei schwächlich aussehenden Menschen fänden. Überraschenderweise stellen in ihrem Wesen besonders männlich wirkende oder in der äußeren Erscheinung als stattlich auffallende Männer das größere Kontingent der Potenzgestörten.

tiver Impotenz. Sie besteht seit einem vor zwei Jahren durchgemachten Fleckfieber. Patient ist unverheiratet. Geschlechtskrankheiten oder sonstige ursächlich in Betracht kommende Faktoren werden verneint. Ist sehr bedrückt, da er, bisher wegen seiner ärztlichen und dienstlichen Leistungen sehr geschätzt, seit einem Jahr zunehmend abfällt, seinen Dienst immer schlechter versieht, unsicher vor seinem Kommandeur wird, Schnitzer in seiner Arbeit macht und kürzlich bei einer Inspektion erstmalig »schwer aufgefallen ist«. Mehr noch aber bedrückt ihn folgendes: Er ist seit zwei Jahren verlobt. Er liebt seine Braut sehr – ebenso sie ihn. Sie ist die Tochter eines dem verstorbenen Vater eng befreundeten Kollegen. Sie möchten gern heiraten. Aber er kann ja doch nicht – wegen seiner Impotenz. Zumal er als Arzt die ganzen Konsequenzen übersieht.

Soweit seine spontanen Angaben. Im folgenden soll nun weniger Wert auf die Schilderung des therapeutischen Vorgehens gelegt werden; dazu ist später die Krankengeschichte 4 besonders geeignet und wird dies in detaillierter Form tun. Vielmehr soll ein, wenn auch etwas summarischer Überblick über die Pathogenese und damit die Struktur der Impotenz in diesem besonderen Falle zu geben versucht werden. Im Laufe von insgesamt sieben Sitzungen – und selbst diese noch z. T. durch längere Pausen unterbrochen, da seine Dienststelle in Thüringen war – ergab sich folgendes Bild:

Väterliche und mütterliche Familien beider stammen aus Westfalen. Vater, ebenfalls Arzt, bereits mit 44 Jahren plötzlich an Herzschlag, der einzige, fünf Jahre ältere Bruder mit 18 Jahren an Sepsis nach Fußverletzung gestorben, so daß Patient seit seinem 13. Lebensjahr mit der Mutter allein aufgewachsen ist. – Mit 26 Jahren, anschließend an eine Lungenentzündung, schon erstmalig eine zwei Jahre anhaltende Impotenz, die sich dann mit wachsendem Allgemeinkräftezustand wieder verlor, allerdings zunächst noch ein gewisses Gefühl der Unsicherheit hinterließ. Bereits damals hatte sich wegen seines sexuellen Versagens eine Heirat zerschlagen, und zwar mehr auf sein Drängen, da er auch damals schon unter diesen Umständen eine Ehe nicht verantworten zu können glaubte, obwohl er, wie glaubhaft versichert wird, ganz besonders an seiner Braut hing. Auch sie war enttäuscht, würde aber trotz allem zu ihm gehalten haben. Anzuvertrauen wagten sie sich niemandem, so daß ein sehr fadenscheiniger und für ihn sogar etwas ehrenrühriger Vorwand als Grund zur Trennung gegenüber den in ihrer Kleinstadt sehr geachteten beiderseitigen Familien erfunden werden mußte.

Diese Beziehung zu seiner damaligen Braut (Tochter einer ebenfalls dem Elternhaus gut befreundeten Familie), in der er sich als impotent erwies, war seine zweite Erfahrung mit Frauen überhaupt gewesen. Etwa ein Jahr zuvor, als 25jähriger, hatte er erstmalig in seinem Leben eine kurze, von seiner Seite trotz anfänglicher etwas täppischer Unerfahrenheit völlig ungestörte Beziehung zu einem einfachen Dorfmädchen während eines Ferienaufenthaltes auf dem Lande.

Eineinhalb Jahre nach Lösung seiner ersten Verlobung ging er als Assistent an ein Krankenhaus in einer schlesischen Großstadt. Hatte dort bald eine Reihe von körperlichen Beziehungen, die nur von kürzerer Dauer waren, von seiner Seite auch wieder ungestört verliefen, so daß er seine »Krankheit« als ausgeheilt ansah. Um so größer war sein Erschrekken, als sie nun vor zwei Jahren erneut auftrat und sich bis heute hartnäckig hielt. Seine frühere Braut hat inzwischen geheiratet. –

Auffallen muß an der bisherigen Anamnese neben der Tatsache des relativ späten Findens zur Frau (25 Jahre[51]), daß die Potenzstörung zwar beidemal nach schweren körperlichen Krankheiten (Lungenentzündung, Fleckfieber) auftrat, zugleich aber auch beidemal dann, wenn es sich um die ernsthafte Bindung im Sinne einer Ehe handelte, während in den von vornherein nur als flüchtig gedachten Beziehungen vorher und zwischendurch zu einfacheren Mädchen die Potenz sich als ungestört erwies. Ein hier möglicherweise vorliegender (und aus vielfacher Erfahrung als typisch bekannter) Zusammenhang bestätigte sich mehr und mehr. Schon in den ersten zwei Behandlungsstunden, als Patient in Ruhelage gelöst auf dem Liegesofa von seiner inneren Beziehung zur Frau spricht, fällt die Neigung zum schlanken, dunklen, etwas aktiven Frauentypus auf, der auch in einem mir berich-

[51] *Anmerkung 1972*: Was selbst für die damalige Zeit – dreißiger Jahre – ungewöhnlich spät war.

teten Traum, in dem der Bruder die Hauptrolle spielte, schon aufgetreten war. In anschließender Hypnose wird ihm aufgegeben, das Bild dieses Typus Frau »heraufzuholen«, mit der Aufforderung, genau zu schildern, was er jetzt sehe bzw. erlebe[52]. Dabei tauchen Szenen auf, die in nachträglicher Wacherinnerung eindeutig auf ein früheres Hausmädchen hinweisen, zu dem zunächst so recht keine Erinnerungen kommen wollen. Weitere Träume sowie die Einfälle dazu, unterstützt durch in Hypnose bewirkte bildhafte Erinnerungen, die filmartig vor dem Patienten ablaufen, zeigen dann die pathogenetische Bedeutsamkeit des Mädchens: Es hat, wie sich gleich zeigen wird, im Leben des mit 18 Jahren verstorbenen

[52] Im Gegensatz zur ärztlicherseits meist üblichen rein *suggestiven* Anwendung der Hypnose wird sie von uns mehr »kathartisch« angewandt. In der Hypnose besteht bekanntlich unter Eindämmung der Beziehung zur Realität (augenblickliche konkrete Umwelt) eine besondere Ansprechbarkeit der emotional-vegetativen »Schichten« der Persönlichkeit. Dies können wir für unsere Zwecke in dem Sinne fruchtbar machen, daß wir bestimmte Personen bzw. Situationen im Leben eines Patienten, die nach unserem Eindruck von Bedeutung für seine neurotische Fehlentwicklung waren, in der Hypnose »einstellen«, d. h. (wie im oben angegebenen Beispiel) den Patienten in der Hypnose auf diese Person oder Situation so fixieren, als ob er sie im Moment wieder, wie damals, vor sich habe. Gibt der Patient auf Befragen an, daß dies der Fall ist, fordern wir ihn auf, uns genau zu schildern, was er nun sehe und dabei erlebe. Erfahrungsgemäß werden auf diese Weise nicht nur manche unter Umständen besonders aufschlußreiche Details neu gebracht, sondern gar nicht so selten noch aufschlußreichere ganze Handlungsabläufe erlebt und uns auf Befragen mitgeteilt.

Der Gewinn dieses Vorgehens ist ein doppelter: Wir erhalten einmal konkreten Einblick in hochbedeutsames »Material« (wobei für uns die Art, wie der Patient *subjektiv* in der Erinnerung an damals die Dinge erlebt, von Wichtigkeit ist und nicht, ob diese seine subjektive »psychische Realität« den damaligen objektiven Sachverhalt korrekt wiedergibt!). Zum anderen soll nicht bestritten werden, daß in einem Teil der Fälle, in denen derartige Szenenfolgen oft mit dramatischer Wucht wiedererlebt werden, damit zugleich ein therapeutischer Effekt verbunden sein kann. Auf dieser letzten Beobachtung beruht das kathartische Verfahren (Breuer, Frank). Ohne diese therapeutische Möglichkeit für ganz bestimmte Fälle anzweifeln zu wollen, sei jedoch hinzugefügt, daß solches Vorgehen das analytische Verfahren nicht ersetzen oder gar überflüssig machen kann. Dafür ist allein schon der Indikationsbereich beider zu verschieden. In unserem Falle erfolgte die »Einstellung« in Hypnose auf jenes dunkle, schlanke, aktive Mädchen auch nicht aus therapeutischen, sondern aus diagnostisch-erhellenden Gründen.

Bruders und dann indirekt auch in seinem eigenen eine verhängnisvolle Rolle gespielt.

Zum besseren Verständnis des Ganzen muß jetzt von etwas berichtet werden, das zeitlich vorausgegangen war, das aber für das Folgende gewissermaßen erst richtig den Boden bereitet hat: Im 12. Lebensjahr des Patienten wird er von seinem damals 16jährigen Bruder »aufgeklärt«, und zwar in denkbar häßlicher Weise. Dieser Bruder war sowieso ein »Herumtreiber«, das Verhältnis zu ihm kein gutes. Nach dieser »Aufklärung« wehrt sich alles im Patienten gegen eine solche, vom Bruder behauptete »Schweinerei«. Bei Tieren – Patient wuchs in einer kleinen Stadt auf – mochte »so was« zutreffen, aber nicht beim Menschen! Zumindest nicht bei seinen Eltern, am allerwenigsten bei seiner von ihm über alles verehrten Mutter. Der Bruder läßt nicht locker. Er bietet sich an, »Beweise« zu bringen. Unser Patient kann und will es aber nicht wahrhaben, so daß der Bruder ihn schließlich in seinen Zweifeln und Nöten als »dummen Jungen« sich selbst überläßt.

Wenige Monate später stirbt der Vater plötzlich an einem Herzschlag. Wieder einige Wochen später erfährt der Patient, der inzwischen in den Konfirmandenunterricht gekommen ist, von der »sündigen Fleischeslust« und von den »Sünden der Väter«, die »bis ins dritte und vierte Glied« gerächt werden. Sein erster Gedanke dabei ist an den Vater. Sollte dessen Tod doch etwas »damit« zu tun gehabt haben?! Neue, qualvolle Beunruhigungen, zumal er die Schmähung eines Toten doppelt verwerflich empfindet. Erst nach vielen Monaten kommt er mit diesen Gedanken zur Ruhe, und dann ist – scheinbar – alles vergessen.

Auf den so vorbereiteten Boden fällt nun etwa ein Jahr später ein bestimmtes Erlebnis mit jenem Hausmädchen und seinem Bruder. Eines Sonntags überrascht er die beiden bei einem intimen Beisammensein oben in einer Dachkammer und wird unter Drohungen von dem resoluten Mädchen zum Schweigen verpflichtet. Am gleichen Abend kommt zwischen ihm und seinem Bruder im gemeinsamen Schlafzimmer das sexuelle Thema erneut zur Sprache, und quasi als Ersatz und Entgelt für das von ihm erpreßte Schweigen verführt ihn der Bruder zur Onanie, die sie dann über viele Monate trotz heftiger Gewissensbisse des Patienten (Konfirmandenzeit!) gemeinsam betreiben. Hierbei erzählt der Bruder renommistisch auch wiederholt von Einzelheiten des intimen Beisammenseins mit jenem Mädchen. Bald darauf taucht im Patienten der sogleich wieder angstvoll abgewehrte Wunsch auf, von ihr ebenfalls verführt zu werden, den er aber nicht zu äußern wagt und der sich dann in den nächsten Jahren als ihn ständig verfolgende und erregende Phantasie niedergeschlagen hat, wobei das damalige Mädchen bald durch den Typus der schlanken, dunklen und aktiven Frau schlechthin ersetzt wurde (es ist sicherlich kein Zufall, daß auch beide Male seine Braut zu jenem Typus gehörte!).

In der Folgezeit geriet Patient in den heftigsten Widerstreit, wieweit er nicht doch seiner über alles geliebten Mutter, für ihn ein Inbegriff von Reinheit und Güte, Mitteilung machen müsse, bis dann plötzlich der Bruder nach einer scheinbar harmlosen Fußverletzung an Sepsis erkrankte und binnen weniger Tage starb. Sein Tod traf den Patienten wie ein Donnerschlag! Er wurde bei der religiösen Aufgeschlossenheit (Konfirmandenzeit), die vor allem die Mutter bei unserem Patienten zu wecken gewußt hatte, als rächendes Strafgericht Gottes erlebt und ist auch heute noch mit genau dem gleichen Gefühlsgehalt verbunden. Seit jener Zeit furchtbarstes Schuldgefühl am Tode des Bruders (»hätte ich, statt selber mitzumachen [gemeinsame Onanie!], meiner Mutter etwas gesagt, hätte ich vielleicht das Strafgericht Gottes dadurch abwenden können«); zugleich nicht minder furchtbare Angst, daß auch ihn nun Gottes Strafe bald genauso ereilen wird. Jäher Abbruch der Onanie, fast klösterliche Zurückgezogenheit; panische Angst vor allem Sexuellen und insbesondere vor der dunklen, gefährlichen Frau, die ihn dazu verführen könnte, bemächtigt sich seiner; dies um so mehr, als sich trotz dieser »inneren Wandlung« die Phantasien um jenen dunklen, verführenden Frauentypus nun erst recht einstellen. Eine in diesen Tagen aufgeschnappte Bemerkung über die Lebensoffenheit des verstorbenen Vaters läßt in ihm erneut die alte qualvolle Befürchtung aufkommen, daß auch des Vaters plötzlicher Tod irgend etwas mit »der Fleischeslust« zu tun gehabt habe. Seine Befürchtung wird zur Gewißheit, als er durch heimliches Lesen im Lexikon feststellt, daß ein Herzschlag tatsächlich als Folge einer durchgemachten Lues eintreten könne. Eine Auffassung, die er, obwohl sich dafür nachträglich auch nicht der geringste Anhalt ergab, doch gefühlsmäßig heute noch nicht losgeworden ist, selbst nachdem die Mutter, mit der er später als Erwachsener einmal vorsichtig sondierend darüber sprach, eine derartige Möglichkeit als völlig absurd abwies.

Aber damals, in seiner verzweifelten Notlage als 13jähriger, war ihm der Mund durch seine furchtbare Schuld verschlossen. Des Vaters und nun auch des Bruders Tod als ein auch ihm bald bevorstehendes Strafgericht Gottes vor Augen, hat er, in der Welt völlig allein gelassen, entsetzlich gelitten. Die unselige Folge war zwangsläufig die, daß das für die Entwicklung des heranwachsenden jungen Mannes so notwendige führende Leitbild, wie es normalerweise Vater oder älterer Bruder beispielhaft geben, ihm damit nicht nur zerschlagen, sondern zur abschreckenden Gefahr wurde. – Soweit das Wesentliche an lebensgeschichtlicher Aufhellung aus dem ersten Behandlungsabschnitt von drei je einstündigen Sitzungen. –

Die psychologisch notwendige Kehrseite einer solchen Entwicklung deckte auch gleich die nächste, die vierte Stunde, auf, als wieder im Anschluß an die in Hypnose heraufbeschworenen Bildszenen mit der Mutter die ganze Irrealität seiner Beziehung zu ihr klar wurde: An ihr als vermeintlich triebfreiem Madonnenwesen hatte er sich das idealisierte Bild der »reinen Frau« gebildet, im Kontrast zur sündigen, dunklen und gefährlich-aktiven Frau. Als er über sein Versagen bei seiner jetzigen Braut berichtete, ergeben sich hierzu sehr aufschlußreiche Hinweise: Sie, wie gesagt, ebenfalls dunkel und schlank, bewies ihm gegenüber, der zumindest in seinem Verhalten zur Frau noch etwas vom »großen Jungen« hatte, die größere Aktivität. Sie hatte es auch bis zum intimen Zusammensein kommen lassen, als er trotz größter Erregtheit (entsprach dies doch seinen seit Jahren bestehenden geheimen Phantasien) selber solche Wünsche nicht zu äußern gewagt hatte. Nach einem von seiner Seite trotzdem wegen unzureichender Erektion kaum noch zustande gebrachten Sexualverkehr war es dann, seit beim nächsten Male von ihr die Frage der Heirat angeschnitten wurde, zum Wiederauftreten der vollen Impotenz gekommen. Ein weiterer hierhergehöriger

Traum ließ den Patienten selbst mit ganzer Wucht die Zusammenhänge sehen: auf der einen Seite sich von jenem dunklen, verführerischen Typus Frau besonders angezogen fühlend, auf der anderen Seite die ebenso große Angst, sich endgültig zu binden, hinter der trotz aller »Aufgeklärtheit« des Erwachsenen immer noch die »Erfahrung[53]« des geheimen Gottesgerichtes an Bruder und Vater stand.

Die Impotenz war – wie von mir vermutet – tatsächlich in *dem* Augenblick wieder aufgetreten, in dem es mit der Bindung ernst wurde: bei der Heiratsbesprechung. Interessanterweise ergibt die daraufhin nochmals erhobene genauere Anamnese, daß die erste Impotenzerfahrung vor sechs Jahren gar nicht, wie er glaubte, *unmittelbar* nach jener Lungenentzündung aufgetreten ist. Vielmehr hatte er die schon vor dieser Krankheit bestehende körperliche Beziehung zu seiner späteren Braut in der Rekonvaleszenz längst wieder aufgenommen und auch noch viele Wochen ungestört fortgesetzt. Die Impotenz setzte vielmehr unmittelbar nach der auf ihr Drängen erfolgten Verlobung ein, wie sich zur Überraschung des Patienten auf Grund präziser Daten nachträglich genau rekonstruieren ließ. Offensichtlich ist also nicht die Körperkrankheit, sondern die Angst vor der definitiven Bindung an die als lockend, aber unbewußt zugleich gefährlich bedrohend erlebte Frau das wirkliche Motiv seiner Impotenz (übrigens ein sehr häufiger und charakteristischer Befund in der analytischen Arbeit!). Da aber das Motiv der Bindungsangst in seiner verursachenden Wirkung bisher von ihm nicht erkannt worden war, hatte für ihn – ehrlich davon überzeugt – die Lungenentzündung ätiologisch dafür herhalten müssen, ohne daß der Patient – wohlbemerkt ein Arzt – etwas von dieser heimlichen Gedächtnisverfälschung gemerkt hatte[54].

[53] Ein besonders illustrativer Beitrag für das so wichtige Gesetz, daß die »*psychische* Realität« – auch wenn sie objektiv unzutreffend ist – von größerer »Realität« und Wirkkraft ist als die »*objektive* Realität«!

[54] Wenn solche groben Erinnerungsfälschungen bei einem doch klinisch geschulten Kollegen vorkommen, wieviel mehr dann bei einem nichtärztlichen Patienten mit seinem noch viel primitiveren Bedürfnis nach ätiologischer Verknüpfung und kausaler »Erklärung«. Ein kleiner Beitrag zum Thema: Kritische Anamnesenerhebung!

Wir gehen wohl auch nicht fehl, wenn wir dem seiner zweiten Impotenzphase vermeintlich zugrundeliegenden Flecktyphus ebenfalls höchstens eine unterstützende Wirkung, nicht aber »die« ätiologische Bedeutung beimessen, wie dies unser Arzt-Patient – wiederum absolut gutgläubig – eingangs getan hat.

Trotz dieser wichtigen Erkenntnisse (»Bindungsangst«) weicht die Impotenz nicht. (Patient kommt, da er mich hier in Berlin nur jeweils auf dienstlicher Durchreise aufsuchen kann, mit längeren Abständen und war inzwischen auch wieder bei seiner Braut gewesen.) Die nächste, die fünfte und vorletzte Sitzung, ergab eine weitere, wesentliche Determinierung seines Impotenzsymptomes: Schon im ersten Traum hatte seine Studentenverbindung eine Rolle gespielt, in die er mit 19 Jahren eingetreten war. Es war die seines Vaters. Nun zeigte sich, wiederum anschließend an ein in der Hypnose heraufgeholtes Bild des Bruders, daß der Patient in seiner Verbindung trotz hünenhafter Gestalt und männlichen Aussehens damals allen Veranstaltungen mit Damen, wenn irgend möglich, aus dem Wege gegangen war. Bei einem von einigen Verbindungsbrüdern arrangierten gemeinsamen Besuch in einem anrüchigen Hause war er sofort mit Brechreiz wieder entwichen. In seiner zunehmenden Zurückgezogenheit und Isolierung schloß er sich dann infolge gemeinsamer musikalischer Interessen an einen andern, ein paar Jahre älteren Kollegen, ebenfalls einen Einzelgänger in seiner Verbindung, an, der sich, wie Patient glaubhaft versichert, zu seiner völligen Überraschung später als Homosexueller erwies und mit dem es über eineinhalb Jahre auch gelegentlich zu geschlechtlicher Berührung (mutuelle Onanie) kam (ähnlich wie Jahre zuvor mit dem älteren Bruder). Diese von ihm als ganz besonders schmachvoll und belastend empfundene Phase seines Lebens, über die er bisher noch nie zu jemandem auch nur andeutungsweise gesprochen hatte, ist für den Patienten von entscheidender Bedeutung: hat er doch inzwischen als Arzt gelernt, daß er (gemäß der damals auch wissenschaftlich vertretenen Auffassung) damit als Homosexueller zur Gruppe der »degenerativen Psychopathen« gehört, und daß es sich um ein »angeborenes unheilbares« Leiden handele. Das ist auch bewußt das eigentliche Motiv, dessentwegen er trotz tiefen Wunsches nach eigener Familiengründung mit Kindern schmerzlich auf Realisierung dieses Wunsches verzichtet hat. Ist er doch ein »Gezeichneter«, der seine unselige homosexuelle Erbanlage nicht fortpflanzen dürfe!

Schwerpunkt dieser Stunde liegt auf einer in klarer Aussprache erfolgenden Korrektur dieser Fehlmeinung, die anschließend in der Hypnose eindringlich unterbaut wird. Diese meine Stellungnahme zu seiner »Homosexualität« war keineswegs eine freundliche Konzession an den Kollegen. Sie entspricht durchaus unserer wissenschaftlichen Auffassung. Bei unserm Patienten liegt, trotz manifester homosexueller Betätigung über eineinhalb Jahre hindurch, keine spezifische Persönlichkeitsdeformierung vor. Jemand, dem infolge seiner oben geschilderten besonderen Erlebnisse die Möglichkeit einer ungestörten Reifung und damit auch die *natürlichen* Entfaltungsmöglichkeiten seiner sich meldenden Sexualität ausweglos verbaut sind, ist hier in seiner angst- und notgeborenen Einsamkeit und Isolierung zu dem Ausweg gleichgeschlechtlicher Betätigung geführt worden, die seinem eigentlichen Wesen nicht entspricht[55]. Diese Erkenntnis galt es jetzt mit der nötigen Eindringlichkeit auch therapeutisch fruchtbar zu machen, um den Patienten von dieser seiner »Verirrung«, die er inzwischen schon längst selbst aufgegeben hatte, nun auch *bewußt* vollends zu distanzieren, indem die an jener Fehlentwicklungsphase immer noch haftende schwere Schuld mit ihrem Hemmnis für eine künftige gesunde Entwicklung abgelöst und psychotherapeutisch verarbeitet wurde – soweit das in einer Behandlungsstunde überhaupt möglich ist.

Nach etwa zwei Wochen briefliche Mitteilung, daß er sich »ungeheuer erleichtert« fühle und daß ein erneuter Versuch bei seiner Braut von leidlichem Erfolg gewesen sei. Dann nochmals gelegentlich einer Dienstreise Rekapitulation unseres ganzen Arbeitsweges mit nochmaliger anschließender Vertiefung der therapeutischen Gesichtspunkte in Hypnose. Wesentlich Neues hat sich in dieser Stunde nicht mehr ergeben. Eine geplante weitere Besprechung kam mangels dienstlicher

[55] Daß außerdem sein besonderes Verhältnis zur Mutter schon von frühester Kindheit an (»triebfreies Madonnenwesen«) eine solche Fehlentwicklung begünstigte, sei aus Gründen wissenschaftlicher Korrektheit nicht unterschlagen. Diesen typischen Tatbestand zeigte auch sein Traummaterial.

Reisemöglichkeit nicht mehr zustande. Trotzdem ist, wie er – wieder einige Wochen später – glücklich schreibt, seit der letzten Besprechung nicht nur das innere Verhältnis zu seiner Braut ein anderes geworden, sondern auch die körperlichen Beziehungen sind seitdem in Ordnung. Schon wenige Wochen später wegen bevorstehender Abkommandierung zur Front Kriegstrauung; bald darauf Schwangerschaft.

Besonders aufschlußreich an dieser Krankengeschichte ist die vielschichtige Determinierung des Symptoms der Impotenz: Schon von Kind an besonders starke Bindung an die Mutter, die durch auftauchende Zweifel am Vater (»Aufklärung« durch Bruder, Vaters Tod) verstärkt wird. Unterstreichung seiner Passivität durch Verführung seitens des Bruders, vor allem aber durch die entsprechenden Verführungsphantasien durch jenes dunkle Mädchen, wobei die Initiative beide Male von der anderen Seite ausging. Es folgt der Einfluß des Konfirmandenunterrichts: Alles Geschlechtliche wird Sünde, Laster, Schuld. Diese soeben angeführten biographischen Daten spiegeln in ihrer Konstellation die zu jener Zeit in bürgerlichen Kreisen weithin übliche Atmosphäre wider. Vielleicht hätte unser Patient diese Ansatzpunkte zu einer späteren Fehlentwicklung selbst in der kritischen Phase der Vorpubertät und Pubertät noch ohne ernsthaftere Störungen überwunden, hätten diese selben Daten nicht nachträglich erst ihre nunmehr spezifisch pathogenetische Bedeutung bekommen: durch das in dem Tode des Bruders offenbar werdende vermeintliche »göttliche Strafgericht«, zumal dadurch nun der Tod des Vaters auch seine entsprechende (objektiv zwar falsche, subjektiv dadurch aber um so verhängnisvollere) Fehleinwertung erfährt. Durch diese ineinander verzahnten Erlebnisse wird das führende einst männliche Leitbild (wie es für die Entwicklung eines heranwachsenden Jungen so wesentlich ist) zertrümmert, ja es hat abschreckende und drohende Gestalt gewonnen. So bleibt nur die Flucht: erstens Flucht vor der in ihm andrängenden leiblichen und geistig-seelischen Entwicklung zum Manne – Patient tritt eben in die Pubertät – in die Askese bzw. Phantasiewelt (Zurückgezogenheit, Aufgeben der Onanie mit dafür um so stärkerem Auftreten der passiven Verführungsphantasien durch jenes

Mädchen); zweitens Flucht vor der realen Frau in die Ideologie (lockend-gefährliche »dunkle« Frau – »lichte, reine« Frau ähnlich der Mutter = Madonnentyp). Zur dunklen Frau war der Weg über Angst und Schuld versperrt, zur Madonna ist er es wegen ihrer unnahbaren Reinheit. So ergibt sich eine ausweglose Verlegung der normalen Entwicklung für die folgenden Jahre, schließlich als Notausweg die Fehlentwicklung zur mann-männlichen Beziehung (zugleich wiederum Passivität!). Obwohl er sie nach eineinhalb Jahren aufgibt, ist mit zunehmender Reife die Annäherung an die Frau nur als heimlich-flüchtiger Genuß, nicht »ernsthaft« im Sinne der Bindung in Form einer Ehe mit Kindern möglich, zumal er als Arzt die Vererbung seiner als erbbiologisch gegeben angesehenen Homosexualität nicht verantworten zu können glaubte. Im Dienste dieses ihm durchaus bewußten, wenn auch bisher ängstlich verborgenen Motives, ebenso aber im Dienste seiner immer noch unbewußten Furcht vor der Dauerbindung an die als gefährlich empfundene dunkle Frau – wie sie der Typus seiner Braut beide Male repräsentierte – erweist sich die (scheinbar durch *körperliche* Erkrankung bedingte) Impotenz als ein unüberwindbarer Schutzwall. Die (fast immer vorliegende) »Schutzfunktion« einer Sexualstörung gegen eine vermeintliche Gefahr ist damit auch in diesem Falle durchsichtig. Und über all den eben genannten Faktoren steht, sie sämtlich überschattend, immer wieder das Gefühl tiefer Schuld: Durch seine damals als Sünde erlebte Schuld (Onanie, »sündige« Phantasie in bezug auf das Mädchen, Schuld am Tod des Bruders durch Unterlassung der Mitteilung an die Mutter, seine ehrenrührige Verdächtigung des toten Vaters, homosexuelle Betätigung) hat er gemäß dem uralten ewig-gültigen und in uns allen nachwirkenden Talionsgesetz: »Auge um Auge, Zahn um Zahn usw.« das Recht auf ungestörten geschlechtlichen Genuß verwirkt, womit auch noch der »Bestrafungs- und Bußcharakter« seiner Potenzstörung (ein gleichfalls typischer Befund) evident wird. – Wie wir sehen: hinter dem gleichen Symptom steht ein vielschichtig aufgliederbares Bündel von Motiven!

c) **Ejaculatio praecox**
(Vorzeitiger Samenerguß)

Um auch für die im theoretischen Teil der Arbeit aufgestellte »orgastische« Potenzstörung einen anschaulichen Beleg zu geben, sei nun, wenn auch nur kurz, die Krankengeschichte einer Ejaculatio praecox gebracht, die strukturell eine gewisse Ähnlichkeit mit der eben gebrachten aufweist. Vorsichtshalber sei darauf hingewiesen, daß es sich um einen ausnahmsweise günstigen Fall handelte, wie er der der Ejaculatio praecox in der Regel zugrundeliegenden schwereren Strukturveränderung nicht entspricht.

Außerdem muß vorausgeschickt werden, daß der Patient in einem abgelegenen Ort im Schwarzwald beheimatet war, wo in erreichbarer Nähe keine Möglichkeit zu einer fachgerechten Behandlung bestand, und daß er mich in Berlin nur zu einer einzigen Besprechung gelegentlich seiner Durchreise aufsuchen konnte. Das Bild, das ich während dieser Besprechung schon bald von der Symptomatik im Rahmen seiner Persönlichkeitsstruktur und seiner derzeitigen Lebenssituation gewann, schien mir prognostisch recht günstig. So gebrauchte ich in Anbetracht der eben genannten Umstände im weiteren Verlauf unserer Besprechung gelegentlich Formulierungen, aus denen er indirekt meine zuversichtliche Einschätzung entnehmen konnte, somit unsere zwar analytisch orientierte Arbeit doch auch indirekt mit suggestiven Elementen vermischt war.

Krankengeschichte 3

Wieder an die Ostfront zurückgekehrt, teilt mir Oberstleutnant T. in einem überglücklichen Dankesbrief mit, daß er sein »Leiden« (eine Ejaculatio praecox) »restlos losgeworden« sei. Er schreibe dies erst jetzt, da er anfangs »dem Ganzen nicht hat recht trauen können«. – Dem Brief ging folgendes voraus: Sechs Wochen zuvor suchte mich T., von der Ostfront kommend, auf der Fahrt zu einem vierwöchigen Heimaturlaub bei der Durchreise hier in Berlin unangemeldet auf, und zwar auf Veranlassung seines Truppenarztes, dem er sich gelegentlich eines privaten Gespräches wegen seiner seit Jahren bestehenden Störung anvertraut hatte und der zufällig meine Veröffentlichung über die Ejaculatio praecox[56] gelesen hatte.

Patient ist 40 Jahre alt, große schlanke Erscheinung, energisches Gesicht, straffe soldatische Haltung. Die Ejaculatio praecox besteht, solange Patient Sexualbeziehungen hat. Mit 22 Jahren überhaupt erstmalig Geschlechtsverkehr, und zwar mit einer wesentlich älteren Partnerin. Sie brach, da es regelmäßig zu einer Ejaculatio praecox unmittelbar nach der Immissio, zuletzt sogar bereits ante portas kam, die Beziehung bald wieder ab. Damals schwerer Schock. Zwei Jahre später nochmals Versuch mit etwas jüngerer Partnerin mit gleichem Ergebnis, so daß er sich daraufhin seinerseits sofort zurückzog. Nach weiteren drei Jahren lernt er seine Frau kennen; mit ihr seit sieben Jahren verheiratet. Auch hier wieder von Anbeginn an Ejaculatio praecox sofort nach der Einführung, später sogar ante portas, weshalb es schon bald nur noch sehr selten zum Verkehr kam, zuletzt eigentlich nur noch mit der ausdrücklichen Absicht, Kinder zu bekommen. Ein gesunder Junge, jetzt drei Jahre. In den letzten Jahren durch Krieg häufig Trennungen für Wochen und Monate. Jedesmal nach Rückkehr dieselbe Enttäuschung, so daß nach wenigen Versuchen der Verkehr bald wieder ganz eingestellt wurde.

Dabei scheint die innere Beziehung zur Frau unverändert denkbar gut zu sein. Sie ist ihm ausgezeichnete Partnerin und Kameradin, die er, ebenso wie sie ihn, herzlich lieb hat. Trotzdem stark bedrückt, zumal in den letzten Monaten immer stärker grüblerische Befürchtungen auftreten, daß er seine Frau durch seine Störung verlieren könne, obwohl er bewußt die Unsinnigkeit dieser Befürchtung sieht. Seit zwei Monaten bei diesem abendlichen Grübeln zunehmend auch alle möglichen körperlichen Symptome: Magenbeschwerden, Herzbeschwerden mit Extrasystolen und Anfällen von Herzjagen, angstvolle Unruhe mit Schweißausbrüchen, Nachlassen des Gedächtnisses, Schlaflosigkeit etc. Ein objektiver Befund konnte trotz gründlicher Durchuntersuchung seitens des Truppenarztes nicht erhoben werden. Mit der Diagnose: nervöser Erschöpfungszustand auf vierwöchigen Krankheitsurlaub nach Hause geschickt.

56 Vgl. Fußnote 26.

In der insgesamt eineinhalbstündigen Besprechung, auf deren Einzelheiten hier nicht eingegangen werden soll, wurde bald klar, daß es sich trotz des zusätzlichen vielgestaltigen organneurotischen Symptomkomplexes und trotz der seit vielen Jahren bestehenden Sexualstörung letztlich doch um eine unverhältnismäßig einfach strukturierte Form der Ejaculatio praecox handelte, und zwar um einen relativ reinen »Spartyp« (s. meine obengenannte Arbeit) mit sekundärem organneurotischem Überbau. Nach dieser durch vieles Rückfragen immer deutlicher werdenden Erkenntnis kurze, dem Verständnis des Patienten angemessene Erklärung des Grundsätzlichen seiner Fehlhaltung, ohne auf theoretische Ausführungen wissenschaftlicher oder medizinischer Art einzugehen. Dann die Versicherung, daß es sich bei ihm nicht um ein lokales somatisches Leiden, sondern lediglich um den symptomhaften Ausdruck einer fehlerhaften charakterlichen Grundhaltung handele, die ich ihm dann auch noch an vielen anderen, vorher unauffällig von ihm erfragten Einzelheiten in seinem sonstigen Verhalten Mitmenschen und Dingen gegenüber anschaulich und für ihn eindrucksvoll klarmachen konnte (»Verlustangst«). Mit der Überwindung seiner Fehlhaltung würde auch das Symptom schwinden. Wieweit diese notwendige Umstellung nach den ihm heute vermittelten Einsichten von ihm allein vorgenommen werden könnte, wieweit hierzu noch eine weitere kürzere oder längere psychotherapeutische Arbeit zu einem erst später möglichen Zeitpunkt notwendig sei, bleibe abzuwarten. Dann wurden Details seiner notwendigen Umstellung, und zwar insbesondere an Beispielen aus seinem nichtsexuellen Lebensbereich mit ihm besprochen sowie zur Unterstützung für die erste Zeit einige Luminaletten aufgeschrieben. – Nach 14 Tagen kommt ein Postkartengruß von ihm mit einem freundlichen Gruß seiner Frau aus dem Urlaub, ohne jeden weiteren Kommentar. Nach sechs Wochen der oben erwähnte Dankesbrief aus dem Osten.

Daß bei diesem Heilerfolg, dessen Dauerhaftigkeit natürlich abzuwarten bleibt, der aber möglicherweise von Bestand sein dürfte, nicht die Tabletten und auch nicht die vorausgegangene längere Abwesenheit die entscheidende Wendung gebracht haben können, beweist die Tatsache, daß Patient bereits früher von anderen Ärzten vielfach Sedativa der verschiedensten Art ohne jeden Erfolg bekommen hatte und daß bei den erwähnten mehrfachen früheren Trennungen für längere Zeit niemals eine Besserung nach der Rückkehr sich gezeigt hatte. Andererseits ist an der Diagnose einer echten Ejaculatio praecox nicht zu zweifeln.

Immerhin sei ausdrücklich wiederholt, daß derartige Erfolge nach nur einer Einzelstunde recht seltene Ausnahmen darstellen. Gerade die Ejaculatio praecox kann lange psychotherapeutische Behandlungszeiten beanspruchen; bei gewissen, immerhin seltenen Formen dürfte sogar ein ausreichender Behandlungserfolg, wenigstens heute noch, fraglich sein[57].

d) **Priapismus**-Symptomatik
(*Krankhaft anhaltende Dauer-Erektion*)

Die nun folgende vierte Krankengeschichte eines Falles von *Priapismus* wurde aus zwei Gründen ausgewählt. Einmal, weil sie ein recht seltenes Krankheitsbild einer ebenfalls erektiven Potenzstörung aufweist, von der heute noch der Arzt fest überzeugt ist, daß sie eine somatische Krankheit sei. Ohne unsererseits zu übersehen, daß es auch solche somatisch bedingten Fälle gibt, läßt unsere Krankengeschichte keinen Zweifel mehr zu, daß es zum mindesten auch einen rein funktionellen Priapismus auf psychogener Basis gibt. Sie ist meines Wissens auch die erste Publikation einer psychotherapeutisch erfolgreichen Behandlung dieser Symptomatik.

Zum anderen wird dieser Fall gebracht, weil die relativ geringe Stundenzahl nicht nur – ähnlich wie die folgende Krankengeschichte – eine ziemlich genaue Wiedergabe der einzelnen Behandlungsstunden erlaubt, sondern weil in diesem Falle auch die Bedeutung der Bearbeitung der Träume eines Patienten im Rahmen der Gesamtbehandlung anschaulich gezeigt werden kann. Gerade die Einbeziehung des Traumes in die ärztliche Behandlung wird – leider auch heute noch – bei manchen Medizinern zum Stein des Anstoßes, da

[57] *Nachtrag 1949*: Patient ist einige Monate darauf gefallen, so daß eine Gewißheit über die Dauerwirkung dieser ungewöhnlich schnellen »Heilung« nicht möglich ist.

das Traumleben eines Patienten angeblich nicht zu den eines »ernsthaften« Arztes würdigen Arbeitsbereichen gehört. Vielleicht überzeugt diese sowie die folgende Falldarstellung, wie glatt und lückenlos die Träume unserer Patienten in den gesamten Behandlungsverlauf eingefügt zu sein pflegen und welche große Hilfe für unsere Arbeit sie bedeuten. Wobei der Leser darauf hingewiesen sei, daß in unseren Krankengeschichten die Träume nur insoweit ausgewertet (»gedeutet«) werden, als sie Hinweise zur derzeit aktuellen Situation des Patienten enthalten, und auch das noch mit der weiteren Einschränkung, daß der Patient durch unsere vorausgegangene Arbeit bereits für die Assimilierbarkeit der Deutung ausreichend vorbereitet ist. So wurden, wie es in der analytisch orientierten Psychotherapie angebracht ist (also nicht deshalb, weil die Zeit nicht ausgereicht hätte), viele für den Therapeuten offenkundige und oftmals sogar bedeutsame Traumhinweise dem Patienten bewußt nicht oder nur partiell mitgeteilt – sei es nur für die betreffende Behandlungsstunde, sei es für immer.

Krankengeschichte 4[58]

Patient ist ein achtunddreißigjähriger höherer Behördenangestellter, Akademiker, seit sechs Jahren verheiratet, hat zwei gesunde Kinder. Er ist sehr groß und schlank, etwas steif in seinen Bewegungen; auch das Gesicht ist mimisch auffallend arm, mit Andeutung eines eingefrorenen Lächelns. Er hat eine hohe, dünne, unmodulierte Stimme und eine entsprechende monotone Sprechweise. Er ist betont korrekt gekleidet und von etwas formeller Höflichkeit.

Von seinem Freunde, der wegen bestimmter nervöser Störungen bei mir sehr lange in Behandlung stand, hat er kürzlich von mir und meinem ärztlichen Arbeitsgebiet erfahren und sucht mich (nach vergeblichen andersartigen ärztlichen Behandlungsversuchen) auf wegen eines unmittelbar nach Eheschluß vor sechs Jahren langsam beginnenden, seit zwei Jahren ausgesprochenen und in den letzten Wochen quälend

[58] Bereits in leicht gekürzter Fassung veröffentlicht in *Psyche* 1948/3 (Lambert Schneider, jetzt E. Klett-Verlag, Stuttg.).

gewordenen Priapismus. Anfangs nur in Gestalt verlängerter morgendlicher Erektionen beim Erwachen (üblicherweise als sogenannte »Wassersteife« bezeichnet), stellte sich die Gliedsteife allmählich auch schon in störender Form im Laufe der Nacht ein, so daß Patient dadurch aufgeweckt wurde; später auch beim Mittagsschlaf. Die quälende Symptomatik wurde in den letzten Wochen so stark, daß er schon eine Stunde nach dem abendlichen Zubettgehen durch sie erwachte und allnächtlich sechs-, siebenmal deswegen aufstehen mußte. Durch Aufstehen und Umhergehen, insbesondere durch Entleerung der Blase (auch wenn es jedesmal nur wenige Tropfen waren), war der unangenehme Zustand zu beseitigen. Fast noch schlimmer als die quälende schmerzhafte Spannung der Erektion wurde in den letzten Wochen das Gefühl des Zerschlagenseins tagsüber mit Lendenschmerzen, so daß er, der wegen seiner absoluten Verläßlichkeit in seiner Dienststelle besonders geschätzt und an für sein Alter sehr verantwortlicher Stelle stand, den drohenden Zusammenbruch voraussah. Ließ ihn doch die monatelang ständig gestörte Nachtruhe morgens nur noch mit »letzter Kraft« seinen Dienst versehen, bis er dann, entgegen seiner früheren Gepflogenheit, sich völlig erschöpft zu einer kurzen Mittagsruhe entschließen mußte, aus der er erneut durch sein quälendes Symptom aufgescheucht wurde.

Als das Symptom vor einigen Jahren einsetzte, versuchte er seiner durch gehäuften Geschlechtsverkehr Herr zu werden. Er gab dies aber bald wieder auf, da trotz voller Erektionen der von vornherein fehlende libidinöse Anreiz sich bei diesem vernunftgemäß durchgeführten Geschlechtsakt nicht einstellte. Statt dessen machte sich eine zunehmende Abneigung bemerkbar, die später allein schon beim *Gedanken* an einen Geschlechtsverkehr im Zustande seiner priapistischen Erregtheit ein ausgesprochenes physisches Unbehagen bewirkte. Obendrein stellte sich die von dem Verkehr erhoffte Entspannung nicht nur nicht ein, sondern er mußte, entgegen allen Erwartungen, wiederholt die Beobachtung machen, daß er, wenn er in letzter Zeit abends vor dem Schlafengehen, also noch vor Einsetzen seines Symptoms, Geschlechtsverkehr hatte, dann in der Nacht vom Symptom eher stärker überfallen wurde als sonst. Versuche, durch Einschränkung der

Flüssigkeitszufuhr das Auftreten des Symptoms zu verhindern, waren ohne Erfolg; trotzdem nahm er schon seit über drei Jahren nachmittags und abends grundsätzlich keine Flüssigkeit mehr zu sich. In diesem Zusammenhang erwähnt Patient auf Befragen auch noch ein Symptom, das er fast vergessen hätte: eine in früheren Jahren ausgesprochene Schwierigkeit, in Gegenwart anderer Wasser lassen zu können, weshalb ihm der Besuch öffentlicher Bedürfnisanstalten beziehungsweise Gemeinschaftstoiletten ein ausgesprochenes Problem war und er dort meist geschickt den Zeitpunkt abpassen mußte, bis er allein war.

Auf weiteres Befragen ergibt sich, daß außer der erektiven Potenzstörung in Gestalt seiner priapistischen Symptomatik auch gewisse orgastische Störungen bestehen; nämlich eine seit zwei Jahren immer häufiger sich zeigende Ejaculatio praecox, allerdings nur mittleren Grades. Nächtliche Spontanpollutionen, oftmals mit deutlicher Rückerinnerung eines sexuell erregenden Traumes, waren bis zur Ehe regelmäßig; seitdem, abgesehen von Phasen sehr langer Trennung von seiner Frau, überhaupt nicht mehr.

Vor zwei bis drei Jahren bestand für einige Wochen ein ausgesprochen pruritusartiges Hautjucken in der After- und Genitalgegend, das nur allmählich abklang, womit zeitlich die Phase der Verstärkung seines Priapismus einsetzte.

Irgendwelche Erklärungen für das Zustandekommen des Symptoms vermag der Patient nicht zu geben. Geschlechtskrankheiten werden negiert, ebenfalls irgendwelche sexuellen Mißbräuche; wohl wird eine während der Studentenzeit ziemlich regelmäßig, auch jetzt noch gelegentlich getätigte Onanie angegeben. Für eine Leukämie oder sonstige interne bzw. neurologische Erkrankung, die als Ursache für seinen Priapismus in Frage käme (Thrombose, Induration), haben die vorausgegangenen Untersuchungen keinen Anhalt ergeben.

Patient ist, wie gesagt, seit sechs Jahren verheiratet und die Ehe nach seinen Angaben besonders harmonisch. Seine Frau, eine Studienkollegin, Philologin, ist ein schlichter, gradliniger Mensch, gutes Gesicht, dunkler Typ. Sie haben zwei Kinder von fünf und drei Jahren, das ältere ein Junge, das jüngere ein Mädchen. Patient kennt seine Frau bereits seit dreizehn Jahren; als er ihr damals als Studentin erstmals begegnete, war seine Onaniephase auf dem Höhepunkt; ihretwegen gewöhnte er sie sich, ohne mit ihr je darüber ein Wort zu sprechen, weitgehend ab, da er sich vor ihr schämte. Über typische Onaniephantasien aus der damaligen Zeit weiß er auf Befragen nichts anzugeben. Erst nach sieben Jahren Bekanntschaft Heirat. Austausch von Zärtlichkeiten vorher nur bis zu einer gewissen Grenze. Auch zu anderen Frauen wurde ein vorehelicher Verkehr abgelehnt, da er für den Patienten den Gedanken einer Heiratsverpflichtung in sich geschlossen hätte. So hatte er in der Hochzeitsnacht erstmalig Geschlechtsverkehr – übrigens ohne nennenswerte Störung. Durch die Kriegsereignisse ist seine Familie seit etwa einem Jahr weit von seiner Dienststelle evakuiert worden, so daß er sie nur alle zwei bis vier Wochen übers Wochenende besuchen kann. Onanie jetzt nur noch ganz gelegentlich einmal, auch jetzt nach seinen Angaben ohne typische Phantasien. Zwei Jahre vor der Ehe ließ er sich eine *Phimose* von seinem Vetter, einem Chirurgen, operativ beseitigen. Glatter Verlauf mit nur geringfügiger bleibender Entstellung.

Über das *Elternhaus* berichtet er, daß die Elternehe an sich gut gewesen sei, aber die ständig von Hausfrauensorgen ausgefüllte *Mutter* habe stets Unruhe und Unbehaglichkeit verbreitet. Sie stammte aus etwas kleinbürgerlichen Verhältnissen und hat sich zeit ihres Lebens nie recht an die großzügige Linie des *Vaters*, eines frommen, dabei aber doch innerlich fröhlichen und weltoffenen Menschen, gewöhnen können. So hatte sich zum Beispiel der Tagesablauf der Familie stets peinlich nach den auf die Minute genau einzuhaltenden Tischzeiten zu richten, einschließlich des nachmittags Punkt vier angesetzten Kaffees, dessentwegen alles andere sofort stehen und liegen gelassen werden mußte, und mochte es dem Betreffenden noch so bedeutsam sein. Auch der Vater, meist die ganze Woche über, oft sogar für längere Zeiträume auf Geschäftsreisen, fügte sich während seiner seltenen Anwesenheit in die strenge Hausordnung ein. Wohl durch diese häufige berufliche Abwesenheit ist nie ein richtiges Verhältnis zum Vater zustande gekommen, während Patient zur Mutter eine ausgesprochen starke Bindung hat und sich auch ganz als Mutters Sohn empfindet – auch von guten Bekannten in seinem ganzen Wesen übereinstimmend als »*ihr* Kind« bezeichnet wird – ganz im Gegensatz zum einzigen, drei Jahre jüngeren Bruder, der, sehr viel lockerer und leichter, sich bald über diese starren Gesetze der Mutter hinwegzusetzen wußte.

An die Kleinkinderzeit sind keine Erinnerungen vorhanden; laut Berichten von Angehörigen sei er bis zu seinem siebten Lebensjahr ein zwar etwas schwächliches, aber doch fröhliches und ungehemmtes Kind gewesen, das erst nach der Einschulung, also etwa mit sieben Jahren, allmählich still und zurückgezogen wurde. Über die Schulzeit keine besonderen Angaben. Übermittelguter Schüler, allerdings besonders fleißig und gewissenhaft, deshalb von Lehrern mehr als von Mitschülern geschätzt. Mit fünfzehn Jahren im Anschluß an Spontanerektionen durch Reizzustand seiner Phimose von selbst zur anfangs ahnungslos spielerisch gefundenen Onanie gekommen. Erst als es einmal mit neunzehn Jahren zu einer fast nicht mehr von ihm selbst redressierbaren *Paraphimose* kam, wurde ihm die Onanie zur gefährlichen Versuchung, und wegen der mehr und mehr auftauchenden Schuldgefühle erschien sie ihm immer bedenklicher, zumal seit er sich im Konversationslexikon über angebliche schwere Folgeschäden informiert hatte. In den Studentenjahren verstärkter, aber vergeblicher Kampf gegen das »Laster«, dem er nahezu allabendlich »erlag«, bis es – wie bereits erwähnt – durch das Erlebnis der Bekanntschaft mit seiner späteren Frau »endlich damit besser wurde«, wenn es auch nicht ganz schwand.

Die bisher gebrachten Daten sind das Ergebnis von zwei bald aufeinanderfolgenden längeren Besprechungen. Die vom Patienten gewünschte Behandlung konnte von mir aus Zeitgründen erst einige Wochen später begonnen werden. Über sie sei nunmehr ausführlich berichtet:

Erste Stunde

Patient beginnt mit der Mitteilung, daß er sich nach der ersten, noch mehr nach der zweiten damaligen Besprechung innerlich sehr entlastet gefühlt habe. Er führt dies darauf zurück, daß er durch die ganze Art meiner Fragestellung und meines Eingehens auf ihn und seine Symptomatik erstmals in seinem Leben neben echter Anteilnahme zugleich auch ein sachkundiges Verständnis gespürt habe. »Ehrlich gesagt«, sei er infolge der nichtssagenden oder hilflos ausweichenden Äußerungen aller bisher von ihm konsultierten Ärzte (praktische Ärzte, Neurologen, Internisten) zutiefst von der Unheilbarkeit seiner Erkrankung und ihrem unerbittlichen Fortschreiten durchdrungen gewesen. Aus der Tatsache, daß ich nach so gründlicher Exploration als ein offensichtlich mit der Materie Vertrauter durch meine Zusage der Behandlung stillschweigend die Möglichkeit der Heilung zum Ausdruck gebracht habe, wage er jetzt zum erstenmal wieder Hoffnung zu schöpfen. (Außerdem wird sicher der Umstand, daß er sich durch die sorgfältige Anamnese erstmals wirklich einem anderen völlig erschließen und anvertrauen konnte, einen entlastenden und damit heilsamen Effekt gehabt haben.)

Die Pause zwischen den beiden Vorbesprechungen und dem Behandlungsbeginn hatte ich benutzt, um bei ihm noch einige mir aus diagnostischen Sicherheitsgründen angebracht erscheinende Untersuchungen vornehmen zu lassen: eine sorgfältige neurologische Untersuchung sowie eine des Genitalapparates einschließlich der notwendigen Laboratoriumsproben durch einen Fachurologen. Alle Ergebnisse waren erwartungsgemäß ohne krankhaften Befund, so daß ich auf Befragen des Patienten nunmehr bestätige, daß ich nach den ganzen bisherigen anamnestischen Angaben, den vorliegenden Untersuchungsbefunden sowie meinem Gesamteindruck von ihm beziehungsweise seiner Persönlichkeitsstruktur eine Behebung seiner quälenden Symptomatik durch unsere Behandlung für möglich halte, ohne sie ihm jedoch mit Sicherheit zusagen zu können.

Patient berichtet, daß er inzwischen wieder für zwei Tage in Urlaub bei seiner Frau war und diesmal beim Verkehr wieder eine ausgesprochene Ejaculatio praecox gehabt habe. Dieser sei am folgenden Tage erstmals in seinem Leben eine Ejaculatio retardata gefolgt, über die er ziemlich bestürzt ist, zumal er am folgenden Tage besonders starke Lenden- und Kreuzschmerzen hatte, die für drei Tage anhielten. Klärenden Aufschluß über dieses Symptom vermag er nicht zu geben. Auf Befragen berichtet er, daß die Ejaculatio praecox besonders dann auftrete, wenn, zumal nach langer Trennung, die Frau seine intime Annäherung erwartet, ihn also »mit offenen Armen« empfängt, während er bei ihr eigentlich eine gewisse »abweisende Kühle« schätze, die ihn am ehesten vor einem vorzeitigen Samenerguß bewahre.

Er spricht dann von seinem drei Jahre jüngeren Bruder, der schon sehr früh sich über die ungeschriebenen Gesetze der Mutter hinwegsetzte, worauf der Patient als älterer Bruder damals regelmäßig für die Missetaten des Jüngeren verantwortlich gemacht und auch zur Rechenschaft gezogen wurde. Auch später durchbrach dieser Bruder die in erotischer Hinsicht besonders strengen Tabus des Hauses, indem er zum Entsetzen der ganzen Familie als Pennäler Poussagen – offensichtlich harmloser Art – hatte. Hierbei berichtet der Patient von der ausgesprochen triebfeindlichen Atmosphäre des Elternhauses, besonders seitens der Mutter, während der Vater, der aus seiner Frömmigkeit heraus in sexueller Hinsicht ebenfalls sehr streng dachte, immerhin den einmaligen Versuch einer »sexuellen Aufklärung« bei unserem Patienten in dessen siebzehnten Lebensjahr gemacht hatte, der allerdings infolge Befangenheit des Vaters über einen ersten Ansatz nicht hinauskam und auch nie wiederholt wurde. Auch die anfängliche Berufswahl des Patienten als Pfarrer, die dann zugunsten der Philologie aufgegeben wurde, hängt mit dieser asketischen familiären Grundhaltung zusammen.

In diesem Zusammenhang stellt Patient unvermittelt die Frage, ob sexuelle Abstinenz beim Erwachsenen schädlich sei. Ich bitte ihn, bevor ich Antwort gäbe, den Anlaß zu seiner Frage mitzuteilen. – Er habe einen älteren Vetter, der als katholischer Geistlicher (Patient selbst stammt aus evangelischem Hause) ihm schon als Junge durch seine Persönlichkeit stark imponiert habe. Deshalb habe er sich bei seiner Berufswahl von jeher einen Beruf gewünscht, der ihn in ähnlicher Weise so ganz erfülle und beanspruche, daß darüber für alles andere nichts mehr übrigbliebe. Darauf Gegenfrage meinerseits: an welches »alles andere« er bei seiner Frage gedacht habe? Patient weiß es nicht so recht. Weitere Frage: Zu welcher Zeit dieses Berufsideal in ihm entstanden wäre? Antwort: Kurz vor und während seiner Studentenzeit. Frage: Ob er nun nicht genauer angeben könne, was dieses »andere« sei, für das nach Absorption seiner gesamten Energien durch den Beruf nun nichts mehr übrigbleiben sollte? Statt einer Antwort fällt dem Patienten ein, daß er damals in der Phase seines Onanieabwehrkampfes seine Tageseinteilung so durch ständiges lückenloses Aneinanderreihen von Vorlesungen, Hausarbeit, gemeinsamen Studien mit Kollegen und so weiter von früh morgens sieben bis abends elf ausgefüllt habe, daß einfach keine Zeit mehr bleiben sollte, den Onanieversuchungen zu erliegen – leider ohne Erfolg. Darauf aufmerksam gemacht, erfaßt Patient den Sinn dieses Einfalls (nämlich indirekt eine Antwort auf meine Frage) sofort. Weiter berichtet er, daß zu Anfang seines Studiums, als er noch unentschlossen war ob Theologie oder Philologie, er erstmalig einen Traum gehabt habe, den er, als er sich dann zur Philologie (und zwar den Naturwissenschaften) entschlossen hatte und im Schulunterricht den Schülern gegenüber sich mangels Autorität nur schlecht durchsetzen konnte, noch öfter geträumt habe:

> Ich sitze in einem Dom an einer großen Orgel, greife mit beiden Händen in die Manuale, aber, wohl weil der Blasebalg nicht funktioniert, erfolgt kein Ton. Aufwachen mit Angstschweiß.

Auf Grund eigener Einfälle und Sinndeutungsversuche[59] des Patienten zu diesem Traume wird er ihm zunächst einmal bestätigt als Traumniederschlag eines Lebensgrundgefühls: daß es nämlich bei ihm bei aller manuell-technischen Fertigkeit mit seinen vitalen Antriebsenergien nicht stimme (daß in diesem Traum unter anderem bereits ein erster eindrucksvoller Hinweis auf die Bedeutung der Darmfunktion [Blasebalg] für das Zustandekommen seiner priapistischen Symptomatik enthalten ist [siehe unten], wird aus Gründen therapeutischer Technik nicht – auch nicht andeutungsweise – berührt). Dieses Grundgefühl dürfte in unmittelbarem Zusammenhang stehen mit dem, was er über die triebfeindliche Atmosphäre im elterlichen Hause, insbesondere seitens der Mutter, bisher schon gesagt habe. – Bestätigend berichtet er, daß es ihm überall im Leben trotz aller angelernten Kenntnisse stets sehr an dem Gefühl der vis a tergo gefehlt habe. So habe er, obwohl

[59] Patient hatte von seinem Freunde, der bei mir in Behandlung gewesen war, von der Bedeutung der Träume gehört und sich dadurch schon seit einiger Zeit für seine Träume zu interessieren begonnen. Vgl. jedoch die nochmalige Bezugnahme auf diesen Orgeltraum zum Schluß der folgenden Stunde.

von seinem Schuldirektor geschätzt, bald die Unmöglichkeit gemerkt, eine Klasse zu leiten und sich rechtzeitig in eine Reichsbehörde versetzen lassen, in der die Führung einer mit Vitalität geladenen Jungenklasse nicht von ihm gefordert wurde, sondern eine mehr wissenschaftlich verwaltungstechnische Tätigkeit. Trotz dieser Lösung sei jedoch das Gefühl fehlender Vitalität geblieben, obwohl er wegen seiner wissenschaftlichen Leistungen in seiner neuen Dienststelle wieder außerordentlich geschätzt wurde und bald eine sehr gute Karriere machte.

Abschließend zeige ich ihm den Ausweichcharakter seiner ganzen Berufsentwicklung: aus der als bedrohlich erlebten Vitalität der Jahre des Jugendlichen (Onanie!) in eine ungefährlichere »reine« – zunächst theologische, dann naturwissenschaftliche – »geistige« Welt. Ausdruck der Vernachlässigung dieser zum normalen Lebensgefühl und zur normalen Lebensbewältigung unerläßlichen Vitalschicht sei jenes im Orgeltraum treffend zum Ausdruck kommende Empfinden fehlender vis a tergo. In diesem Zusammenhang habe auch seine Anfrage gestanden betreffs der Abstinenz beim katholischen Geistlichen beziehungsweise seine eigene nach diesem Vorbild getroffene Berufswahl, sein Ausweichen vor dem Problem der Geschlechtlichkeit aus »Moral«, und zwar einer puritanischen Moral mütterlicher Prägung. Im Gegensatz zu ihr gebe es aber auch eine »biologische Moral«, deren Grundsätze nicht ohne Schaden übertreten werden dürfen. Möglicherweise bestehe hier eine noch sorgfältig zu klärende Beziehung zu seinem Symptom. Patient erfaßt sofort die dargelegten Zusammenhänge und geht, sichtlich beeindruckt, fort.

Zweite Stunde

Patient hat in der Nacht nach unserer ersten Stunde seit eineinhalb Jahren zum erstenmal wieder einen Pollutionstraum. Er berichtet:

> Ich liege annähernd entkleidet auf dem Bett der Mutter, im Schlafzimmer der Eltern, und zwar auf dem Rücken. Meine Frau tritt, zum Schlafengehen entkleidet an das Bett, wobei ihre Figur, gegen eine hinter ihr befindliche Lampe sich abhebend, in ihren

Konturen durch die von hinten auffallenden Strahlen wie eine herrliche Plastik in allen Einzelheiten erkennbar und wie von einer Gloriole umgeben ist. Im Banne dieses Anblicks baldige Erektion, die bei Annäherung meiner Frau trotz aller gewollten Zurückhaltung meinerseits zur spontanen vorzeitigen Pollution führt. Erwache durch den Samenerguß (gegen drei Uhr).

Er berichtet zu diesem Traum, daß er, wohl unter der Nachwirkung unserer Besprechung, am Abend zuvor erstmalig seit seiner Studentenzeit, also seit über zehn Jahren, beim Schlafengehen eine merkwürdig lustvolle Stimmung verspürt habe, die auch nach dem Wiedererwachen durch diesen Pollutionstraum ein geradezu rauschartiges Wohlgefühl mit mehrstündigem Wachliegen unter beglückenden, lustvollen Bildern hinterließ. Diese werden auf Befragen von ihm als erotisch, aber doch eindeutig nicht-sexuell bezeichnet. Sie könnten am besten charakterisiert werden durch ein »rauschartiges Erlebnis von der Harmonie der Welt«. Dabei keine Spur von Priapismus, sondern Gefühl wunderbarer Gelöstheit. Er erinnert sich auf Befragen, als Student solchen Rauschzustand mehrfach erlebt zu haben und mehrfach in solch abendlichem oder nächtlichem Zustand komplizierte theoretisch-wissenschaftliche Probleme, insbesondere mathematische Aufgaben, an denen er tagsüber sich vergeblich versucht hatte, plötzlich in einer Art hellsichtiger Bewußtseinssteigerung als fertige Lösungen vor sich gehabt zu haben. Nicht selten sei diese Lösung eines ungelösten Tagesproblems auch nächtlich in Form eines beglückend erlebten Traumes, darunter auch Pollutionsträume, erfolgt. Heute beim Aufstehen sei er allerdings trotz Glücksgefühls ziemlich zerschlagen gewesen wegen der fehlenden Nachtruhe.

Die eingehende Besprechung ergibt, daß dieses Rauscherlebnis mit dem Thema der letzten Stunde, nämlich der als unterdrückt bezeichneten Vitalität zu tun hat (Orgeltraum!). In diesem Zusammenhang weise ich darauf hin, daß er im Traum im Bett der Mutter, dazu noch auf dem Rücken, liege. Wenn er sich also in weiblicher Rückenlage an Mutters Platz mit seiner Frau im Schlafzimmer der Eltern befinde, so hätte er in seiner eigenen Ehe noch nicht des Vaters Erbe im Sinne selbständiger Männlichkeit angetreten. Weiterer Hinweis auf die durch den Beleuchtungseffekt besonders deutlich in Erscheinung tretende Konturiertheit der Figur seiner Frau, die uns später noch zu beschäftigen haben würde, vor allem aber auf den sie umhüllenden »Heiligenschein«. Er selbst hatte dazu den Einfall gebracht, wieweit er, angeregt durch unsere vorige Besprechung, nicht selbst seine Frau künstlich zur Heiligen mache, indem er bestimmte bei ihm unterdrückte triebhafte Impulse in der intimen Beziehung zu ihr nicht zum Ausleben bringe. Er wird darauf aufmerksam gemacht, daß der besondere Beleuchtungseffekt im Traum ja nicht nur die Tendenz habe, seine Frau wie eine Heilige im Glorienschein sichtbar werden zu lassen, sondern daß durch ihn beachtlicherweise zugleich auch eine recht weltlich-sinnliche Tendenz, nämlich die besondere Hervorhebung ihrer weiblichen Formen zum Ausdruck komme, wie ja auch seine dadurch geweckte und sich entladende sexuelle Erregung (Pollutionstraum!) beweise. Gerade die im Traumbild gelungene Verschmelzung so klaffender Gegensätze wie weltflüchtiger Heiligenkult und weltoffene Sinnenfreudigkeit scheine mir das Charakteristische dieses Traumteiles zu sein.

Damit aber sei ein Thema angerührt, das bereits im gestrigen Traum, dem Traum vom verhinderten Orgelspiel, deutlich wurde, ohne daß ich gestern schon darauf eingegangen sei. Er erinnere sich, daß dieser Traumtext, gemeinsam mit den von ihm gebrachten zugehörigen Einfällen, uns gezeigt hatte, wie er früher aus Angst vor der vis a tergo, also vor den mit den biologischen Reifungskrisen verbundenen Problemen und Gefahren sich in eine gefahrlose »reine« Geistigkeit (Priesterberuf) zu flüchten versucht habe. Warum werde aber von ihm, dem Träumer, die Folge solcher Verleugnung der biologischen vis a tergo gerade an der Tatsache, dann auch nicht Orgel spielen zu können, illustriert? Anders formuliert: Ist es Zufall, daß im Traum Verleugnung der Sexualität mit einem Ausfall der Erlebnisfähigkeit im kultischen Lebensraum des Menschen (Dom, Orgel) verbunden wird? Ist es Zufall, daß auch diesmal wieder die Augenblicke des bisher intensivsten und beglückendsten geistigen Erlebens in seinem ganzen bisherigen Leben, dieses »rauschartige Erlebnis von der Harmonie der Welt«, sowohl heute nacht als auch damals in der Studentenzeit öfters an eine Pollution gebunden sind? Ist es Zufall, daß seine Frau im Traum als Heilige, damit zugleich aber auch als sexuell besonders begehrenswertes Wesen erscheint? – Wenn wir aber diesen immer gleichsinnig aufgezeigten Zusammenhang nicht als Zufall nehmen wollen, könne er nur den Sinn haben, zu zeigen, daß »tiefste« biologische Triebschicht und »höchste« geistige Erlebnisschicht sich nicht nur nicht ausschließen, sondern daß dies angstvolle Ausweichen vor den mit den jeweiligen Reifungskrisen des Lebens gegebenen biologischen Problemen eher umgekehrt zu einer Einschränkung, ja Blockierung auch der späteren geistigen Erlebnismöglichkeiten führt. Mit andern Worten, daß die künstliche Errichtung einer Isolierschicht zwischen den verschiedenen Schichten in uns notwendigerweise auch zu einer Einschränkung der Erlebnisfähigkeit in den zwischenmenschlichen Beziehungen und in den überpersönlichen Bindungen des Menschen führe. Das alles und noch vieles mehr scheine mir mit seiner »körperlichen Sexualstörung« verbunden zu sein, gewissermaßen den sie tragenden sinnhaltigen Hintergrund darzustellen.

Anschließend bringt er Einfälle, die, zusammengefaßt kommentiert, dazu führen, daß ihm aufgeht, daß das Entscheidende unserer Behandlung die innere Wandlung bei ihm sei, insbesondere was seine eigene Einstellung zu jener Vitalschicht anbelangt, und nicht eine medizinische Korrektur seines Priapismussymptoms im Sinne ärztlicher Behebung eines lokalen Defektes.

Dritte Stunde

Mir fällt gleich sein zögernd ausweichendes Verhalten auf. Da er, nach längerem Schweigen von mir darauf angesprochen, selbst nichts hierzu anzugeben weiß, frage ich ihn, ob er vielleicht wieder geträumt habe. Er berichtet:

> Ich sitze bei einem Zahnarzt, der mir wohl irgendeinen schmerzhaften Zahn ziehen soll. Ich habe Angst und halte trotz besserer Einsicht meinen Mund krampfhaft zu.

Angesichts dieses »Übertragungstraums«, der seine unbewußte Abwehr gegenüber meiner Behandlung dokumentiert[60],

[60] Auch die Umgangssprache kennt die im übertragenen Sinne gemeinte Redensart: »Dem werde ich schon seinen ›Zahn‹ ziehen!«

frage ich ihn, ohne den Traum in diesem Sinne zu deuten, was ihm zu diesem Traum in bezug auf unsere letzte Stunde einfalle. Er ist über diese Frage überrascht, sogar leicht unwillig, da er den von mir vermuteten und in meiner Frage zum Ausdruck kommenden Zusammenhang offensichtlich nicht versteht. Ohne es zu wissen, daß er trotzdem eine sinnvoll bezogene Antwort gibt, berichtet er dann, daß er aus meiner Äußerung gegen Schluß der letzten Sitzung, es käme auf die innere Umstellung und nicht auf die lokale Symptombeseitigung an, herausgehört habe, daß es mir mit der Heilung anscheinend doch fraglich geworden sei. Genaues Befragen ergibt, daß er diese meine Äußerung als vorsichtigen Rückzieher empfunden hat, nachdem mir durch das inzwischen von ihm Mitgeteilte die Erfolgsaussichten doch wieder recht problematisch geworden seien. Ich erwidere zunächst, daß im Traum der Akzent auf *seinem* Zuhalten des Mundes aus Angst vor Schmerzen liege, er mithin Ausdruck seiner eigenen Befürchtungen sei und zwar unabhängig von *meinem* Eindruck. Es komme entscheidend darauf an, daß er die nun schon oft genannte Vitalschicht bei sich zuzulassen lerne. Ganz offensichtlich lasse ihn die von der Mutter übernommene Ideologie eines »reinen«, »geläuterten« Lebens Angst haben vor dem Wiedereinbruch der mühsam gebändigten und in das Koordinatensystem eines naturwissenschaftlich exakten Studiums gezwängten Vitalschicht. Er widerspricht unter Hinweis darauf, daß die Biologie als die für jene Vitalschicht zuständige Wissenschaft notwendigerweise exakt sein müsse. Ich bestätige dies, betone aber, daß etwa im Gegensatz zur klassischen Physik, dennoch die Biologie trotz aller exakten Meßbarkeit und Wägbarkeit eine andere innere Ordnung habe. Biologische Ordnung verhalte sich zu physikalicher Ordnung etwa wie Rhythmus zu Takt. Biologische Ordnung verlange Respektierung der ihr eigenen Gesetze, deren Übertretung ebenso »Sünde« sei, wie es in der moralischen Ebene den Begriff Sünde gäbe. »Naturam expellas furca tamen usque recurret.« Die mit Gewalt ausgetriebene »Natur« setzt sich doch durch. Wer die Vitalschicht = »Natur« in ihrem biologisch berechtigten Anspruch verdrängt, bei dem setzt sie sich irgendwie dann doch durch, und sei es – »widernatürlich«.

Unter diesem Gesichtspunkt sei möglicherweise auch sein

Priapismus zu verstehen. Erster Akt: Erlebnis der sich ständig stärker meldenden vitalen Impulse. Zweiter Akt: Erbitterter Kampf gegen den natürlichen Anspruch der Geschlechtlichkeit, am besten seine völlige Auslöschung aus dem bewußten Leben und volles Aufgehen im »geistigen« Beruf; entsprechend habe er auch seine Frau zu einer ebenfalls der Vitalschicht entrückten Heiligen »um-geträumt«. – Diese im Dienst einer fehlverstandenen Moral erfolgende Vergewaltigung der »Natur« gelinge aber nur für begrenzte Zeit. Als biologisch notwendige Reaktion (»tamen usque recurret«) erfolgt Akt III: Die unwillkürliche Dennochdurchsetzung des Abgewehrten, allerdings »widernatürlich«, zum Beispiel in Form des nächtlichen Priapismus, also zu einer Zeit, in der die scharfe Kontrolle des Tagesbewußtseins ausgeschaltet wird. Wieder sichtlich beeindruckt geht er nach Hause. –

Die verabredete nächste Stunde muß ich wegen Bombenschadens meiner Praxisräume absagen. Einige Tage später erreicht mich ein Brief von ihm, in dem er mitteilt, daß er seit Jahren erstmals jetzt schon mehrfach nachts durchgeschlafen habe. Zwar habe er morgens beim Erwachen eine Erektion gehabt, aber das habe ihn nicht wesentlich gestört; ja sogar das dunkle Wissen von wahrscheinlichen nächtlichen Erektionen habe ihn in seinem Weiterschlafen nicht hindern können. Auch zum Wasserlassen brauchte er nicht aufzustehen, sogar der bisher wegen des Priapismus besonders gefährliche und qualvolle Mittagsschlaf sei nun schon zweimal ohne jede Erektion verlaufen. Und, da er durch sein nächtliches Durchschlafen jetzt morgens entsprechend frischer zum Dienst komme, fühle er sich wieder zunehmend leistungsfähig und sei darüber unsagbar glücklich. Leider seien die Träume durch den tiefen Schlaf ausgeblieben, mit Ausnahme eines kurzen Traumes:

Die Mutter ist gestorben.

Auch diesen Traum habe er früher schon mehrmals geträumt, und zwar stets mit qualvollem Erwachen. Diesmal sei er jedoch fast unbeteiligt geblieben. Ob das so zu verstehen sei, daß der mütterliche Einfluß auf ihn, von dessen krankmachender Wirkung wir in früheren Stunden gesprochen hätten, im Schwinden sei? – Soweit sein Brief.

Patient war einige Tage in Urlaub bei seiner Frau. Nach einem ersten Verkehr, der eine ausgesprochene Ejaculatio praecox zeigte, war die nach einigen Stunden erfolgte Wiederholung störungsfrei. In der Nacht darauf wieder deutlicher Priapismus, wenn auch nicht so schmerzhaft. Er berichtet bei der Gelegenheit, daß er regelmäßig dann, wenn er kurz vorher mit seiner Frau irgendeine Auseinandersetzung hatte, keinen vorzeitigen Samenerguß habe (eine Mitteilung, die mit der früheren sinnvoll übereinstimmt, daß dann, wenn seine Frau »unnahbar« sei, ebenfalls keine Ejaculatio praecox auftrete). Eine Kontaktbeeinträchtigung zur Frau beziehungsweise eine Distanzierung der Frau gegenüber ist bei ihm offensichtliche Voraussetzung zu störungsfreiem Verkehr. (Auf die hier deutlich anklingende Gestörtheit seiner Zärtlichkeitswünsche wird von mir absichtlich noch nicht eingegangen.) Im übrigen bestätigt er die bereits brieflich mitgeteilte Besserung, über die er beglückt ist.

Dank des tiefen Schlafes erinnere er sich kaum noch an Träume. Aus einem längeren Traum vor etwa fünf Tagen sei ihm nur noch ein Fetzen im Gedächtnis, in dem ein dralles Mädchen als ausgesprochen erotisch ansprechende Figur auftaucht (ein Frauentyp, der auf ihn im Wachbewußtsein nicht die geringste Anziehungskraft ausübt; auch seine eigene Frau ist überschlank. Jedoch war in jenem in der zweiten Stunde berichteten Pollutionstraum bereits auffällig gewesen, daß neben dem Glorienschein die deutlich hervortretenden Körperformen seiner Frau durch die hinter ihr angebrachte Beleuchtung als erotisch besonders anziehend geschildert worden waren). Nach Einfällen zu jenem Mädchen im Traum gefragt, erinnert er jetzt auch ein Hausmädchen, das ihn in seinem zehnten bis elften Jahr durch ihre üppigen Körperformen stark erregt habe. Nach weiteren Einfällen gefragt, schweigt er, lächelt aber kaum merklich. Auf das Lächeln aufmerksam gemacht, behauptet er zunächst, daß dies nichts zu bedeuten habe. Gebeten zu berichten, was ihm denn vorhin dabei durch den Kopf gegangen sei, antwortet er: »Nichts.« Auf nochmaliges eindringliches Befragen meinerseits »beichtet« er dann, daß er an eine Kollegin in seiner Dienststelle, eine ausgesprochen vollschlanke, vital-lebendige junge Frau gedacht habe, mit der er schon seit zwei Jahren tagtäglich zusammen arbeitet. All diese Zeit habe sie ihn, obwohl er sie menschlich stets sehr geschätzt habe, als Frau auch nicht im geringsten interessiert. Neuerdings aber habe sie ihn trotz (!) ihrer üppigen Formen zunehmend fasziniert, so daß er sich jetzt schon zweimal nach Dienstschluß mit ihr zu gemeinsamen Spaziergängen getroffen habe.

Im übrigen sei, wie gesagt, der Schlaf seit einigen Tagen so fest, daß er nur aus der letzten Nacht noch einen Traum erinnere:

> Ich befand mich auf einer Eisenbahnüberführung in meiner Heimatstadt, mit der eine Ausfallstraße die Umgehungsbahn kreuzt. Verschiedene Kollegen kamen hinzu, hatten etwas zu essen mit. Wir verhandelten miteinander. Der Treffpunkt schien unbedingt richtig, da er an einer bedeutsamen Kreuzungsstelle lag . . . Aber irgend etwas fehlte noch, damit alles stimmte.

Nach Einfällen zu dieser Kreuzungsstelle befragt, erinnert er, daß eines seiner eindrucksvollsten Kindheitserlebnisse gewesen sei, wenn er auf jener Brücke mit großer Erregung die unter ihm durchfahrenden Eisenbahnzüge beobachtet habe. Besonders spannungsvoll sei dabei gewesen, wenn ein schwerbeladener Güterzug die stark ansteigende Strecke nur mühsam unter dem allmählich langsamer werdenden Puff-Puff-Geräusch der qualmenden Lokomotive herankeuchte und er sich dann, über das Brückengeländer gebeugt, von der rhythmisch ausgestoßenen Rauchsäule der Lokomotive umfangen ließ[61]. Seine technisch-mathematischen Interessen müßten, wie ihm vor Jahren schon selbst einmal blitzartig aufging, irgend etwas mit der lustvollen Spannung dieser damaligen Erlebnisse zu tun haben. – Er vermutet dann selbst, daß der Schnittpunkt der beiden Verkehrswege in verschiedenen Ebenen etwas mit der Notwendigkeit der Vereinigung der bisher getrennten vitalen und geistigen Ebene oder Schicht, wie wir dies hier besprochen hätten, zu tun haben könne. Nach Ein-

[61] Für den Kundigen enthält dieser Satz erneut einen leicht erkennbaren Hinweis auf anale Thematik (Darmfunktion). Sie wird aber, wie beim Orgeltraum, bewußt immer noch nicht berührt. Vergleiche jedoch die epikritischen Ausführungen zur Priapismus-Symptomatik auf Seite 210.

fällen zu dem Schlußsatz, daß noch irgend etwas fehlte, damit alles stimmte, gefragt, fällt ihm nichts ein. Erst in der folgenden Stunde – dies sei hier vorweggenommen – berichtet er spontan hierzu: »Ich verstehe einfach nicht, wie mir das nicht gleich einfallen konnte. In Wirklichkeit befindet sich, wie mir heute erst wieder klar wurde, nämlich an jener Stelle noch eine dritte Bahn, in die Erde eingeschnitten, so daß also oben die Straßenüberführung, zu ebener Erde eine Eisenbahn – und in die Erde eingeschnitten eine zweite Eisenbahnstrecke sich dort kreuzen. Das ist mir erst nach tagelangem Quälen, daß da doch noch etwas fehle, wieder eingefallen. Erst auf dem Wege hierher kam dann die Erinnerung.« – Ich muß an dieser Stelle nachholen, daß er in der vorletzten Stunde ausführlich von der »Leib-Geist-seelischen Entwicklung« und von dem Auseinanderfallen dieser drei »Ebenen« gesprochen hatte. Er selbst brachte sofort seinen Traum beziehungsweise den ergänzenden Einfall von dem Schnittpunkt der drei Verkehrskreuzungen in Zusammenhang mit der Notwendigkeit der Wiedervereinigung dieser drei Ebenen. – Mir selber war bei seiner Deutung nicht recht behaglich; sie schien mir zu »schön«, zu glatt – was ich aber nicht äußerte.

Fünfte Stunde

Im übrigen berichtete er in dieser fünften Stunde, daß es ihm nicht gut gehe. Zwar bestehe kein Priapismus mehr, dafür aber eine nervöse Einschlafstörung. Auf Befragen nach deren Ursache glaubt er, daß dieser Rückschlag zusammenhänge mit meinen Ausführungen über die Notwendigkeit der Zulassung auch der Vitalschicht anläßlich meines Zitats »naturam expellas furca tamen usque recurret«. Er müsse eine solche Auffassung aus seiner Weltanschauung heraus als zu materialistische Formel ablehnen. Auch seine Träume bekämen zunehmend beunruhigenden Charakter. Er berichtet:

> »Ich sitze in einer Badewanne, die annähernd bis zum Rande gefüllt ist. Indem ich mich etwas bewege, gerät die Wasseroberfläche in Schwingungen, und das Wasser schwappt kräftig über den Rand. Um dies zu verhindern, mache ich Gegenbewegungen, aber das Wogen wird nur immer stärker, so daß ich seiner nicht mehr Herr werde. Dann befinde ich mich wohl nicht mehr in der

Badewanne, sondern treibe auf einer riesigen Meeresoberfläche, dem Spiel der nun haushoch gewordenen Wogen hilflos preisgegeben«.

Die Einfälle zum Traum ergeben nicht so sehr die Angst zu ertrinken, sondern mehr das Unheimlichkeitsgefühl, von etwas Gewaltigem ergriffen und fortgerissen zu werden. »Wohin treibt dich das wohl?« Also nicht Angst vor der Vernichtung, sondern Unheimlichkeitsgefühl vor dem Überwältigtwerden. Wozu ich mich sofort des in seiner Vorpubertät immer wieder gesuchten lustvollen und doch zugleich mit Angst erlebten Unheimlichkeitsgefühles erinnerte, wenn er auf der Eisenbahnbrücke über das Geländer gebeugt, mit steigender Erregung von der dichten, dunklen, rhythmisch ausgestoßenen Rauchsäule der sich langsam keuchend nähernden Güterzuglokomotive schließlich schwallartig umfangen wurde. Während ich noch unschlüssig bin, ob ich ihn auf diese mir aufgegangene Analogie aufmerksam machen soll, bringt er selber zum Traum noch folgenden Einfall: Am Abend vor diesem Traum wieder Spaziergang mit jener vollschlanken Kollegin seiner Dienststelle, bei dem er durch ihre herzhaft ungehemmte Art merkwürdig stark berührt worden sei, so daß er auch seinerseits sich locker und gelöst habe geben können im Gegensatz zu seinem sonst so formal-steifem Verhalten. Sie erklärte ihm zum Schluß unter Lachen, daß es ihr Freude mache, ihn, den unnahbar Korrekten, »mal gründlich durcheinanderzubringen«, worauf sie ihn plötzlich packte und herzhaft abküßte, was er sich zwar widerstrebend, aber nicht ungern gefallen ließ. Hinterher bekam er abends in seinem Zimmer jedoch erhebliche Bedenken über die möglichen Konsequenzen dieser Freundschaft, zumal auch sie verheiratet ist.

Ich zeige ihm auf, wie der Traum eine aufschlußreiche Zustandsschilderung seiner derzeitigen inneren Verfassung gibt, einschließlich seiner Ängste vor dem Ergriffenwerden durch das Elementare, ebenso aber auch seiner vergeblichen »Gegenbewegungen«. Ferner veranschauliche der Traum in schöner Weise das, was in letzter Stunde über die Auffassung seines Symptoms gesagt worden ist: überstarke Abwehr der Vitalschicht, gerade dadurch aber notwendigerweise Dennochdurchsetzung in Zerrform, bei ihm in Gestalt seines Priapismussymptoms. Diese Entwicklung veranschaulicht der Traum, wenn er durch die zur Beruhigung der aufgeregten Wogen von ihm in der Badewanne unternommenen »Gegenbewegungen« nun erst recht dem Spiele der Wogen auf dem großen Ozean ausgesetzt wird.

Der folgende Traum aus derselben Nacht berührt das gleiche Thema:

> Vor einem niedergehenden Platzregen bringe ich mich im Wohnzimmer meiner Eltern in Sicherheit, wobei das Rauschen des Platzregens mit zunehmender Stärke hörbar wird. Obwohl ich mich im Zimmer geborgen wissen müßte, wird mir angesichts dieser Naturgewalten immer unheimlicher zumute.

Der Traum zeigt – wiederum als innere Zustandsschilderung – einerseits die Naturgewalt (gewaltiger Platzregen) der in ihm aufbrechenden »Vitalschicht«, andererseits aber auch in großer Anschaulichkeit, wie sehr insgeheim auch heute noch für ihn das bergende Elternhaus Zuflucht und Schutz vor diesen Gewalten bedeutet. Auch der letzte Traum der gleichen Nacht zeigt unter anderem die Angst des Patienten, sich ernsthaft hinzugeben und an das unbekannte Wagnis zu verlieren, insbesondere seine Sicherungstendenz der Frau gegenüber:

> Ich befinde mich im Dienstzimmer und bin im Begriff, die soeben erlebten Träume Frau X (jener Bekannten) für Dr. Kemper zu diktieren, als mir einfällt, daß sie dadurch mehr von mir erfahren würde als nötig und gut wäre. Ich breche das Diktat deshalb ohne besondere Erklärung ab.

Auch diese beiden Träume werden mit dem Patienten besprochen, der sie selbst sofort im eben genannten Sinne erfaßt, wobei ihm immer deutlicher wurde, daß das Entscheidende der Begegnung mit seiner Bekannten nicht das sexuelle Erlebnis sei, sondern das Annehmen und Sich-durchdringen-Lassen von einer in ihrer weltoffenen und ungehemmt vitalen Art sich repräsentierenden Lebenshaltung. Mit der aus seiner ganzen Lebensgeschichte (insbesondere seiner Begegnung mit der Sexualität) heraus durchaus verständlichen Abwehr gegenüber seiner Vitalschicht hänge auch seine Einschlafstörung zusammen. Sie sei Ausdruck der auch im Traum sich widerspiegelnden Unruhe vor der notwendigen Neuauseinandersetzung mit dieser durch unsere Behandlung geweckten Schicht. Diese Unruhe sei – biologisch gesehen – auch berechtigt, denn das bisherige – scheinbar erfolgreich gelungene – Abwehrsystem drohe, wie die Träume veranschaulichten, ins Wanken zu geraten, nachdem die Erkenntnis sich immer unabweisbarer aufdränge, wie teuer dieser Scheinfriede bezahlt worden sei. Nämlich mit Hemmungen, Einschränkungen, schmerzlichen Verzichtleistungen, Beeinträchtigungen seines Lebensgefühls, nicht zuletzt auch mit neurotischer Symptomatik, wie sie sich möglicherweise in seinem Priapismussymptom als Durchbrechung dieses Abwehrsystems verrate. Stark beeindruckt verläßt mich der Patient.

Sechste Stunde

Es ist noch keine Besserung seiner Einschlafstörung erfolgt. Der Priapismus ist nur in kaum noch bemerkter Form aufgetreten. Dennoch sei sein Gesamtbefinden, obwohl er doch jetzt trotz der Einschlafstörung genügend Schlaf bekomme, unbefriedigend. Er sei reizbar; das Gefühl beginnender Gelöstheit, das er anfangs so beglückend erlebte, ist wieder geschwunden. Von seiner Kollegin berichtete er, daß er sich weiter mit ihr getroffen habe und daß es auf ihre Initiative zum Austausch schon recht weitgehender Zärtlichkeiten gekommen sei. Das mache ihm zunehmend Sorge. Nach einem Traum befragt, berichtet er:

»Ich besuchte meinen Bruder, der im Krankenhaus lag. Er sollte geimpft werden, der Impfstoff stand bereits in einem Glasschälchen auf dem Tisch. Ich dachte bei mir: mit solch einfacher Sache braucht nicht erst der Arzt behelligt zu werden, das kannst du auch selbst machen. Auf dem Tisch lag ein länglicher Gegenstand, wohl eine Art Impfspritze. Als ich ihre Spitze in den Impfstoff eintauchte, verfärbte sich dieser blau und braun. Da kam eine Schwester, die das Nahen des Arztes ankündigte. Ich hatte Angst, daß ich den Impfstoff verdorben hätte und damit mein Bruder vergiftet werden könnte, und machte sie auf mein eigenmächtiges Vorgehen aufmerksam. Da lachte sie und sagte: »Das ist nicht weiter schlimm; Dr. Y (des Patienten Chef) weiß alles. Er kennt die Personalakten von allen ganz genau, er stellt jeden schon auf seinen richtigen Platz.

Sein erster Einfall zum Traum: Dr. Y, sein Chef, habe gewisse Ähnlichkeiten mit mir (Kemper). Gestützt auf eine Reihe weiterer spontaner Einfälle des Patienten zu den Traumdetails, die aus Raumgründen in extenso nicht gebracht werden können, ergibt sich als Quintessenz etwa die folgende Deutung.

Sein in der Realität von Hemmungen unbelasteter Bruder, mithin ein abgetrennt von ihm draußen existierendes Stück von gleichem Fleisch und Blut, steht als sein *alter ego* (sein anderes Ich) stellvertretend für einen von ihm nicht angenommenen Teil seines eigenen Innern, nämlich der von ihm abgewehrten eigenen Triebwelt. Vor deren Freisetzung durch die Behandlung habe er Angst. Zwar möchte er meine Behandlung (im Traum durch die Injektion dargestellt), möchte aber doch lieber deren Inhalt (»Dosierung« der Injektion) nicht mir allein überlassen, sondern sicherheitshalber selber bestimmen. Denn dann behält er über das, was hier bei mir (»im Krankenhaus«) geschieht, die Kontrolle. Dann kann er auch nicht, von jenem unkontrollierbaren alter ego getrieben, plötzlich auf einen »Ozean mit haushohen Wellen« verschlagen werden, dessen gefürchteten unbekannten »elementaren Gewalten« (triebhafte Leidenschaften) er sich dann hilflos ausgeliefert spürt.

Bei dieser Deutung bekommt Patient einen Lachanfall, der in rhythmischer Steigerung konvulsivisch sich entlädt und zu der sonstigen verhaltenen Art des Patienten in auffallendem Gegensatz steht. Nach analytischen Erfahrungen bedeutet dies eine unbewußte Bestätigung der gegebenen Deutung. Dies bestätigt der Patient, indem er, nach der Ursache seines Lachens befragt, berichtet, daß er eigentlich zu Anfang der Stunde mir hatte sagen wollen, daß sein Priapismus ja nun geheilt sei und ob wir nicht die Behandlung beenden wollten. Auf Grund meiner Deutung müsse er mir zugeben, daß er, ehrlich gesagt, seiner endgültigen Gesundung trotz aller fast zauberhaften Erfolge zwar noch nicht ganz sicher sei, daß ihm aber die Entwicklung mit seiner Kollegin neuerdings so viel ängstliches Unbehagen mache, daß er doch lieber aufhören wolle. Tatsächlich sei dieser Traum auch erfolgt, nachdem es am Abend zuvor erstmalig zu einer Begegnung mit ihr auf seinem Zimmer gekommen sei. Diesmal hätte es von seiner Seite aus, wäre sie nicht gerade unwohl gewesen, möglicherweise zu einem Geschlechtsverkehr geführt. Dabei fällt ihm ein, daß er seiner Frau gegenüber in den ersten Ehejahren zu seiner damaligen Verwunderung immer ausgerechnet in deren »Tagen« das Bedürfnis nach Sexualverkehr hatte, wenn also ein Geschlechtsverkehr nicht möglich war, während in der übrigen Zeit, wenn es schon überhaupt zum Verkehr kam, dies nur auf ihre und nicht seine Initiative erfolgte. – Ich weise ihn auf den Schluß des Traumes hin: Die Schwester (die, wie er berichtet hatte, ihn an die Kollegin erinnerte) beruhigt ihn damit, daß der »Chef« (Herr Y = Dr. Kemper) schon alles richtig machen werde und dank Kenntnis der genauen Personalakten, also dank Wissens um die dem Uneingeweihten verborgenen Hintergründe eines jeden Patienten, schon das Richtige für jeden wisse und ihn auf seinen richtigen Platz weise. Das heißt: ihn zu dem bringe, zu dem die innere Bestimmung eines jeden Menschen ihn vorgesehen habe. Ob dies seiner wahren Überzeugung entspreche? Oder ob er damit versuche, die Verantwortung für das Geschehene auf mich abzuwälzen? Der Patient bestätigt daraufhin, daß er trotz aller in seinen Träumen und in seiner geheimen Abbruchsneigung zum Ausdruck kommenden mißtrauischen Besorgnis doch immer wieder sehr stark berührt sei von der behutsamen Art meiner Behandlungsführung, und verläßt, wieder deutlich beeindruckt von der Sinndeutung dieses Traumschlusses, die Stunde, wobei allerdings eine bei ihm sonst nicht bekannte Verlegenheit bei der Verabschiedung auffällt[62].

[62] Dieser Traum enthält – gleichermaßen wie die bereits besprochenen und auch die nachfolgenden – noch eine Reihe anderer bedeutsamer Hinweise, auf die aus den Seite 180 genannten Gründen nicht eingegangen wurde. So z. B., daß Pat. sich – offensichtlich aus Angst vor noch weiterer Annäherung an seine Kollegin – in unbewußter Wiederholung früheren Verhaltens in die ungefährlicher erscheinende mann-männliche Beziehung (damals entsprechende Erlebnisse mit seinem Bruder!) flüchtet. Für die derzeitige Übertragungssituation ist beispielsweise in diesem Traum noch besonders wesentlich die Abwehr des Patienten gegenüber seinen passiven Hingabe-Wünschen, wie sie in dem »länglichen Gegenstand«, mit dem er von mir geimpft werden soll und der sich dabei »blau und braun« (!) verfärbt, zum Ausdruck kommen.

Siebente Stunde

Patient war einige Tage auf Kurzurlaub bei seiner Frau. Sein Befinden ist unverändert. Er habe einen merkwürdigen, ihm stark nachgehenden Traum gehabt:

»Stehe mit meiner Frau und Tochter auf einem kleinen Hügel; beide zeigen in die Ferne. Zuerst sah ich nicht, worauf sie mich aufmerksam machen wollten, dann entdeckte ich in weiter Ferne eine Anzahl auf einem Acker lustig einherspringender Tiere, wohl Karnickel (Hasen?). Bei genauerem Zusehen stellte ich später dann auch noch etwas näher zwei Wildschweine fest, die aus einem Gebüsch heraustraten. Sie tobten umher und sprangen dann beide zugleich übermütig in einen Fluß. Am diesseitigen Ufer kamen sie zu Füßen unseres Hügels wieder an Land. Plötzlich verschwand die ganze Landschaft, und vor mir stand ein Esel, der eigentümlich lustvolle Bewegungen machte, jedoch ohne daß ein weibliches Tier in der Nähe gewesen wäre. Die Sache kam mir höchst sonderbar vor, und erst bei genauerem Zusehen stellte ich fest, daß ihm das erigierte Glied mit einem Tuch ganz fest abgebunden war«.

Nach kurzer Pause: »Im selben Augenblick erwachte ich mit starker Erektion und ausgesprochenem Lustgefühl, ohne daß es jedoch zur Ejakulation gekommen wäre. Beim Erwachen noch aus dem Traum nachklingendes starkes Gefühl von Abscheu und Empörung wegen solch grausamer, ja geradezu sadistischer Handlungsweise gegenüber der gequälten Kreatur, der durch dieses Zubinden die richtige Erektion und sexuelle Entladung im Orgasmus verhindert wurde!«

Sofort nach Erzählen des Traumes sagt er ohne irgendeine Frage meinerseits: »Der Esel, das bin ich selbst.« – »Woher wissen Sie das so genau?« – Lächeln, dann: »So was weiß man eben im Moment des Erwachens noch genau. Außerdem hatte sich wohl durch meinen unruhigen Schlaf eine Bettuchfalte so um mein Glied gelegt, daß ich durch den dadurch zustande gekommenen Druck eine Empfindung hatte, wie sie dann im Traum beim Esel ihre nun stark übertriebene Darstellung in der Abschnürung des Gliedes fand.« – »Fällt Ihnen zu dieser nach Ihren eigenen Worten ›übertriebenen‹ Darstellung etwas ein?« – Patient überlegt, weiß aber nichts. Auf Grund einiger zu sonstigen Traumeinzelheiten gebrachter Einfälle wird der

Traum in dem Sinne interpretiert[63], daß in ihm unter anderem die Phasen seiner geschlechtlichen Entwicklung zum Ausdruck kommen: In nahezu vergessener, weit zurückliegender und kaum noch wahrnehmbarer Ferne (= Vergangenheit) die harmlose Spielerei der (als fruchtbar sich mehrenden – aber auch als gefräßig bekannten) Karnickel; im »Mittelalter« (Onaniephase!) die Wildschweine und zuletzt der Esel. Wobei die Wildschweine (als Tiere, die das Schweinische triebhafter Sexualität, zugleich auch das Gefräßige anschaulich repräsentieren) ihm wieder bedenklich nahe kommen (Darstellung seiner derzeitigen Verfassung), bis dann der durch gewaltsame »Unterbindung« seiner Sexualität gekennzeichnete Esel die letzte Phase seiner eigenen Sexualentwicklung darstellt, nämlich ein Lebewesen, dem die kreatürlichen Triebregungen grausam unterbunden sind; zudem sicherlich nicht zufällig als Esel dargestellt (Esel = brünstiges Tier auf der einen Seite, und andererseits ein ausgenutztes [»Packesel«] und »dummes« Tier, eben ein Esel).

Patient, der zunächst willig mitgeht, will diese letzte Ausdeutung des Esels trotz seiner anfänglichen Aussage, daß er selbst der Esel sei, nicht recht akzeptieren, ist überhaupt bedrückt. Er berichtet, daß die Beziehung zu seiner Bekannten eine gewisse Spannung bekommen habe, daß diese ihn »zu sehr auffresse« (Wildschweinthematik!), wo er doch seine Unabhängigkeit über alles liebe und für seinen Beruf frei sein wolle. Bei ausführlichem Eingehen auf die Beziehung zu ihr wird er wieder, wie zum Schluß der vergangenen Stunde, verlegen, verspricht sich, so daß ich ihm sage, ich spüre, daß er mir da etwas verberge. Wieder erfolgt dieses etwas konvulsivische Lachen, und dann, halb lachend, halb verlegen berichtet er, daß er in der vorigen Stunde einen Traum unterschlagen habe, da ihm dessen Sinnbezogenheit auf ein bestimmtes, ihm sehr peinliches Erlebnis am Abend zuvor sofort klargeworden sei:

»Ich war an der Nase operiert und lag in einer Klinik in X (Standort seiner Dienststelle). Abends kam die Krankenschwester und sagte, es sei doch noch nicht alles in Ordnung, sie wolle

[63] Siehe die abschließenden Ausführungen S. 211, aber auch den Beginn der nächsten Sitzung.

noch einmal den Professor (der im Traum Dr. Kemper war) kommen lassen. Ich redete ihr das mit aller Gewalt aus mit dem Hinweis, daß ich mich den Umständen nach recht wohl fühle; ich ließ mir dann jedoch gegen meine Überzeugung gefallen, daß sie die in die Nase gestopften Gazetampons mit einer Pinzette herauszog, wobei sie mir wehe tat. Hinterher kam auch noch der Professor und stellte fest, daß alles in Ordnung sei.«

Der Traum sei ihm sofort klar gewesen: Dr. Kemper sowohl wie die Schwester seien Verbündete in seinem Heilungsprozeß[64]. Es sei dieselbe Nacht gewesen, in der er morgens mit dem Eselstraum (in dem dem Tiere das Glied abgeschnürt war) erwachte, und die Nase stelle im Traum symbolisch sein Glied dar. – Woher sein Wissen stamme? – Einmal der ihm vom Kommiß her bekannte Vers: »Wie die Nase des Mannes, so ist auch sein Johannes«, womit im Volksmund die Übereinstimmung zwischen Größe beziehungsweise Form der Nase und des Gliedes bei einem Manne gemeint sei. Vor allem aber – und dies sei der Grund seiner Traumunterschlagung – wegen der schon erwähnten Zärtlichkeiten am Abend zuvor auf seinem Zimmer. Hierbei sei es zum Schluß zu zunächst lustvollen, dann aber, durch ihre etwas gewaltsam impulsive Art, doch so schmerzhaften Berührungen an seinem Gliede gekommen, daß er unmittelbar vor der Ejakulation plötzlich erschreckt abgebrochen habe. – Ihm wird bald klar, daß das der Grund ist, weshalb die Beziehung zu ihr seitdem etwas gespannt ist und von ihm eher als belastend empfunden wird, wobei ich nochmals auf den seine innere Haltung treffend charakterisierenden Traumtext hinweise: Er wehrt sich gegen weitere (nochmalige) Zuziehung von Dr. Kemper (in diesen Zusammenhang gehört auch die Anfrage hinsichtlich Beendigung seiner Behandlung), und zwar mit »aller Gewalt«, mit dem Hinweis, daß er sich »den Umständen nach recht wohl fühle«, während er sich zugleich erstmalig ihre Manipulationen »gegen seine Überzeugung gefallen« läßt ... »wobei sie ihm weh tut«. Und wieder ausdrückliche Billigung des Vorgehens der Schwester (Kollegin) durch mich im Schlußsatz

[64] Dies zeigte bereits der Schluß seines in der sechsten Stunde mitgeteilten Traumes (Schwester im Impfraum mit unverkennbaren Zügen seiner Kollegin).

des Traumes, in dem ich feststelle, »daß alles so in Ordnung ist« (moralische Absicherung).

Sichtlich entlastet, sein unterschlagenes Geheimnis gebeichtet und damit die Stimmigkeit zwischen seinen Träumen und deren jeweiliger Deutung entsprechend seinen eigenen Einfällen nicht länger gefährdet zu haben, verläßt der Patient diese Stunde.

Achte Stunde

Er müsse mir etwas eigentlich Unglaubliches erzählen, was ihm noch zu seinem Eselstraum vor einigen Tagen eingefallen sei. Und zwar im Anschluß an einen Traum von heute nacht:

> »Ich ging mit meiner Frau abends zu Bett, und wieder[65] erschien sie mir gegen das Licht an der Wand in der schönen Gestalt des früheren Traumes (Formen stark hervortretend, mit Lichtgloriole umgeben). Wieder geriet ich in Erregung, und sie stieg, während ich wieder auf dem Rücken lag, auf mich und trat – gewichtlos – auf mein Gesicht. Ich ergriff mit meinen Händen ihre Hüften und ließ sie langsam auf mich herabgleiten. Mein Glied hatte sich jedoch in das Nachthemd verwickelt, so daß es zu einer Ejakulation kam, bevor die beabsichtigte Einführung möglich gewesen wäre.«

Dazu war ihm zunächst seine Neigung zur Ejaculatio praecox eingefallen, dann aber vor allem folgendes: Nachdem nun im Traum abermals das Thema der Behinderung des Gliedes vorkomme, sei eine Erinnerung aufgetaucht, von der er einfach nicht verstehe, daß sie ihm nicht gleich beim Eselstraum gekommen sei, zumal ich ihn damals ausdrücklich gefragt habe, was ihm denn sonst noch zu diesem grausamen Abbinden einfalle. Er müsse mir ausdrücklich versichern, daß er, im Gegensatz zu dem kürzlich bewußt unterschlagenen Traum, damals tatsächlich nicht an das, was er mir nun sagen wolle, gedacht habe, sondern daß es ihm erst heute morgen beim Erwachen im Anschluß an diesen Traum mit seiner Frau wieder eingefallen sei. Er habe nämlich, als sein Priapismus immer stärker wurde und ihm (wie eingangs dieser Falldarstellung geschildert) zunehmend seine Nachtruhe raubte, folgen-

[65] Vgl. Traum aus 2. Stunde; s. S. 188.

de Selbsthilfe versucht: Abends vor dem Schlafengehen legte er ein derbes Band um das noch schlaffe Glied, derart, daß es dicht anlag, ohne jedoch abzuschnüren, und zwar mit der Absicht, daß, wenn nun nächtlich eine Erektion sich einzustellen begänne, durch das dann zu eng werdende Band eine Schmerzempfindung ausgelöst werde, durch die er, noch bevor es zur vollen Erektion gekommen sei, zwangsläufig aufgeweckt würde. Dieses Verfahren (das, nebenbei bemerkt, in erster Linie als Ausdruck seiner starken unbewußten Sexualabwehr zu werten ist), das er über Wochen immer wieder versucht habe, bewährte sich jedoch nicht: der Priapismus blieb; aber er kam nun vollends um seinen Schlaf.

Bei der Gelegenheit wird nochmals ausführlich der bis hart an die Selbstzerstörung gehende Kampf gegen die natürlichen vitalen Regungen des gesunden Mannes aus einer trieb- und lebensfeindlichen Ideologie heraus besprochen, worauf Patient noch eine Reihe bestätigender Daten hierzu aus seinem Leben bringt. Sie zeigen, wie er regelmäßig da, wo er Versuchungssituationen des Lebens ausgesetzt war (nicht nur eigentlich sexuellen Versuchungssituationen, sondern solchen, in denen es zu einem selbständigen Sich-Durchsetzen oder zu einer sonstigen Form der Bemächtigung der Welt hätte kommen müssen), regelmäßig versagte. Trotz zweifellos überdurchschnittlicher Intelligenz bewährte er sich immer nur in Lebensphasen, in denen er in genau abgesteckter Abhängigkeit war, wodurch eine Reihe seiner Begabungen nicht entfaltet wurden. Interessanterweise war Patient noch bis zwei Jahre nach der Pubertät ein sportlich gewandter Schüler. Und erst mit dem Einsetzen des Onanieabwehrkampfes verlor er auch sein »sportliches Interesse«. Offensichtlich griff hier eine Abwehr gegen die als körperlich erlebten Sexualempfindungen in eine generelle Abwehr gegen alles Körperliche überhaupt über, die dann allmählich zum Verlust der für den Sportler selbstverständlichen Bejahung seiner motorischen, sensiblen und sensorischen Körperwahrnehmungen und -empfindungen führte, wie sie das »Körpergefühl« des Gesunden ausmachen und wie sie für jede sportliche Betätigung unerläßliche Voraussetzung sind. Dies nehme ich zum Anlaß, ihn auch einmal auf die Starre in seiner Mimik und die Steifheit in seinen gesamten Bewegungen hinzuweisen, zum Beispiel sein stocksteifes Dastehen bei der Begrüßung, wobei ich nicht das Fehlen einer gesellschaftlichen »Verbeugung«, sondern der natürlichen Zu-»Neigung« im Augenblick der Begrüßung meine. Das alles sei charakteristischer, ihm völlig unbewußter und ungewollter, für den Kundigen jedoch deutlich spürbarer haltungsmäßiger Ausdruck seiner gehemmten Zuneigung zum anderen, also in Körpersprache sich mitteilender Ausdruck seiner herabgesetzten mitmenschlichen Kontaktfähigkeit. Wieder gelte hier, was oben über Rhythmus und Takt gesagt wurde: Statt harmonisch gelöster Form mechanische Starre. Patient, der zuerst etwas betreten ist, bestätigt schließlich lachend meine Ausführungen, indem er berichtet, daß seine Frau ihm oft schon ähnliches gesagt habe, wobei sie – und das sei sicher dieselbe »Haltung« ins Charakterliche übertragen – besonders darauf hinwies, daß er in seiner pedantischen, starr an Programmen, Plänen und sonstigen Ordnungskategorien festhaltenden Art die Unmittelbarkeit spontanen Erlebens, vor allem auch wirklichen Genießens, verloren habe, besonders in zuvor nicht eingeplanten Situationen.

Neunte Stunde

Patient hat seine Frau für eine Woche in der Nähe seiner Dienststelle einquartieren können und mit ihr überraschend schöne Tage erlebt. Er ist ganz verwundert, wie lebendig aufgeschlossen sie ist. Er hat gar nicht gewußt, ein wie gelöster fröhlicher Kamerad sie sein kann, so daß er sie wiederholt gefragt habe, was denn bloß in sie gefahren sei, worauf sie regelmäßig behauptete, nicht sie, sondern er habe sich geändert. Ich erinnere ihn daran, daß ihm zu Anfang unserer Behandlung ja auch die ihm nun schon seit zwei Jahren bekannte Kollegin in seiner Dienststelle plötzlich völlig verändert erschienen sei, während in Wirklichkeit, wie er inzwischen eingesehen habe, sein eigenes, damals sich weitendes Gesichtsfeld Ursache jener scheinbaren Änderung in der Außenwelt gewesen sei. Patient berichtet, daß auch in sexueller Hinsicht seine Frau von einer an ihr bisher noch nie erlebten Gelöstheit gewesen sei, so daß er, bei fast völlig geschwundener Ejaculatio praecox, eigentlich jetzt erst zum vollen Liebeserleben gekommen sei, obwohl er doch schon zwei Kinder mit seiner Frau habe. Am überraschendsten sei für ihn die natürliche Selbstverständlichkeit, mit der sie ihm hierbei begegnet, wo er sie doch anfangs mir als zwar warmherzigen, aber in ihrem Wesen und insbesondere in ihrer Liebesfähigkeit doch kühl reservierten Menschen geschildert habe. Ich bestätige nochmals, daß die Änderung mit ihm vorgegangen sein werde und daß erst dadurch bei seiner Frau das sich habe entfalten können, was bei ihr schon immer angelegt, aber bisher durch sein eigenes unbewußt abwehrendes Verhalten brachgelegen habe. Er berichtet weiter, daß sie auch in ihrem Wesen lockerer, ja in mancher Hinsicht fast leichtfertig geworden sei, gemessen an ihrer bisherigen Gesetztheit. Im übrigen würde ich mit meiner Annahme, daß mit ihm die Änderung vorgegangen sein müsse, recht haben, denn er habe gestern zufällig ein Gespräch im Nebenzimmer zwischen zwei Angestellten mitgehört: »Was ist bloß mit dem Dr. X (Patient) los, der ist doch gegen früher einfach nicht mehr wiederzuerkennen!« Auch im Kreise seiner Kameraden sei er nicht mehr wie früher zwar respektiert, aber eigentlich mehr gefürchtet, sondern deutlich geschätzt und innerlich akzeptiert. Und auch das Verhältnis zu seinem Chef gestalte sich noch erfreulicher. Hätte er bisher geglaubt, daß das einfach Folge des nun endlich wieder ausreichenden Schlafes und damit seines wieder ausgeglichenen Wesens und seiner wieder gleichbleibenden Arbeitsleistung sei, so wisse er seit den letzten zwei, drei Stunden, daß dies nicht nur Folge seiner körperlichen Erholung sei.

Zehnte Stunde

Patient ist in seiner Dienststelle für ihn unerwartet an Stelle des bisher dafür vorgesehenen Kollegen mit einer weiteren sehr verantwortungsvollen Aufgabe betraut worden. So ehrenvoll dieser Auftrag auch für ihn ist, bedeutet er nicht nur eine sehr erhebliche zeitliche Mehrbelastung, sondern vor allem die Notwendigkeit fast ständiger Dienstanwesenheit an einer anderen, räumlich weit entfernten Stelle. Damit ist die Weiterführung der Behandlung aufs äußerste erschwert, so daß die Frage, ob, wenn auch mit sehr großen Abständen, einzelne Besprechungen erfolgen sollen oder ob – unbeschadet etwaiger späterer Weiterarbeit – vorerst unterbrochen werden soll, zur Entscheidung steht. Ich bitte ihn, vor einer endgültigen Entscheidung hierzu zunächst seinen Traum zu berichten:

»Ich ging in einem Park spazieren, in dem sich einige Bären befanden (in Wirklichkeit ist dort ein Wildgehege). Mir war nicht ganz geheuer, doch gaben sie keinerlei Anlaß zur Besorgnis. Ein Bär schwamm in dem Wasser, das sich zu meinen Füßen hinzog, und kam am jenseitigen Ufer wieder ans Land. Ein Mann, der dort ging, wurde vom plötzlichen Auftauchen des Bären mächtig erschreckt, zumal dieser ihn am Schopf packte und kräftig schüttelte, dann aber von ihm ließ und mit menschlicher Stimme (wie in der Fabel) lachend sagte: »Ich wollte dir ja bloß mal richtig Angst machen, und dann solltest du merken, daß ich in Wirklichkeit gar kein wildes Tier bin.« Während der Angeredete noch verdattert dastand, trollte der Bär gemächlich von dannen.

Anschließend ein zweiter Traum:

»Ich war jung verheiratet, und wir – meine Frau sowie ein ebenfalls jung verheiratetes Paar – gingen, die Frauen eingehakt, verliebt und beschwingt, um uns mit meinem Bruder und noch einem anderen Kollegen und deren beiden Frauen in einem Gartenlokal zu einer kleinen Kneiperei zu treffen. Dabei war es Sonntagvormittag und bald Tischzeit.«

Zu dem Bärentraum bringt er selbst die Parallele zum früheren Tiertraum (Karnickel, Wildschwein, Esel). Diesmal ist es ein Tier, das männliche Kraft und Stärke (»Potenz«) darstellt. Aber weder in der noch kindlich verspielten Form des Karnickels, noch in der »schweinischen« des Wildschweins, auch nicht in der brünstig-verhinderten des Esels, sondern nun in der des seiner Kraft und Gewalt bewußten mächtigen Raubtieres, das, obwohl Raubtier, seine Kräfte nicht wildzerstörerisch sich austoben läßt, sondern mit ihnen – sogar mit einem gewissen Humor! – umzugehen weiß.

Ergänzt wird die Tendenz dieses Bildes durch das zweite Traumstück. Alle dort genannten Männer sind, wie die weiteren Einfälle des Patienten ergaben, dadurch charakterisiert, daß sie in glücklichen und auch in körperlicher Hinsicht erfüllten Ehen leben. In ihren Kreis ist er eingegliedert und geht – für den Sohn aus streng christlichem Hause eine unerhörte Tat – am Sonntagvormittag zur Kirchenzeit beschwingt zur fröhlichen Kneiperei in ein Gartenlokal, wo doch die strikte Einhaltung pünktlicher Tischzeiten in seiner Kindheit gemäß strengem mütterlichem Regiment zu Hause eines der unerschütterlichen Gebote war.

Patient kommt dann auf die schon übermorgen erfolgende dienstliche Versetzung zu sprechen. Von der neuen Dienststelle aus sei aus räumlichen, vor allem aus zeitlichen Gründen eine Fortsetzung unserer bisherigen Arbeit nicht mehr durchführbar, so daß wir bis auf weiteres unterbrechen müssen. (Sein Bedauern darüber ist zweifellos echt.) Anfangs habe ihn das sehr beunruhigt; aber im Augenblick sei er zuversichtlich, es zum mindesten für eine gewisse Zeit auch allein schaffen zu können. Wir verabreden, daß er, sofern er dienstlich durch Berlin kommen sollte, mich aufsuchen könne, und daß wir diese durch seine Versetzung erzwungene Unterbrechung als Test benutzen wollen, wieweit das bisher Erarbeitete ausreicht, oder ob es angebracht sei, nach dem Kriege seine Behandlung doch noch, und dann in systematischer Form wieder aufzunehmen.

Epikritisch wäre zu sagen, daß gewiß eine bessere Konsolidierung des bisher Erreichten wünschenswert gewesen wäre, zumal erfahrungsgemäß bedeutsame Themen bisher noch nicht beziehungsweise nicht ausreichend genug behandelt worden sind. So dürfte zum Beispiel die Neuorientierung in der Beziehung zu seiner Frau durchaus noch am Anfang stehen. Als weitere Aufgabe seien genannt: die bessere Möglichkeit, sich in der Welt durchzusetzen; die Fähigkeit, ohne das Gefühl allzu großer Verlustangst hergeben zu können; die Notwendigkeit einer noch stärkeren Änderung des Bildes, das er sich bisher von der Frau und ihrer Rolle im Verhältnis der Geschlechter gemacht hat (in sämtlichen Schlafzimmerträumen hat Patient die »unterlegene« weibliche Rolle!); ferner das Problem der Askese, vorwiegend in nicht-sexuellem Sinne verstanden, und noch manches andere. So gut wie unbearbeitet ist ferner noch die Rolle, die der um drei Jahre jüngere Bruder in der Kindheit des Patienten gespielt haben muß und auf den die immer wiederkehrende Thematik des Essens beziehungsweise Fressens in seinen Träumen hinwies, zum

Beispiel im ersten Tiertraum. Wie überhaupt die mann-männliche Beziehung bisher kaum noch berührt worden ist, die sich schon mehrfach, so z. B. im »Injektionstraum« der 6. Stunde, andeutete (vgl. Seite 199).

Zur *Pathogenese* des Symptoms des Priapismus ist noch eine in der letzten Stunde vom Patienten zum Schluß gemachte Mitteilung von besonderer Bedeutung: daß nämlich, abgesehen von den oben schon berichteten Beziehungen zur Harnfunktion (Begünstigung des Priapismus durch Harnreize, insbesondere gefüllte Blase), mehr noch der Reiz der durch Blähungen gespannten Darmschlingen spezifisch priapismusauslösend wirkte. Die manchmal ruckartig erfolgenden Passagen der Blähungen durch die einzelnen Darmschlingen seien oft in typischer Form mit entsprechenden Erektionsimpulsen im Sinne seines Priapismus gekoppelt gewesen. Diese Mitteilung fügt sich genau ein in vermutete Zusammenhänge, wie wir sie oben gelegentlich des Orgeltraumes und des Lokomotivtraumes bereits andeuteten. –

Abschließend ist festzustellen, daß es sich um einen trotz «kernneurotischer« (J. H. Schultz) Persönlichkeitsdeformierung verhältnismäßig »leichten« Fall gehandelt hat. Die Therapie bestand bei ihm in einer beabsichtigten Mischung von »gezielter« Auswertung psychoanalytisch bekannter Grundtatsachen mit aufklärender, zum Teil sogar indirekter suggestiver Behandlung. Bei ihr wurde mehrfach von der Subjektstufendeutung des Traumes im Sinne seiner Auswertung als Zustandsschilderung der jeweiligen innerseelischen Verfassung Gebrauch gemacht (z. B. Bootstraum, 5. Stunde).

Es bleibt abzuwarten, wieweit der bisherige Behandlungsanstoß genügt, um den Patienten auch in den oben noch als offenstehend erkannten Problemen so weit zu fördern, daß er in seine mitmenschlichen Beziehungen leidlich eingeordnet wird. Anders formuliert: Wieweit der in Gang gekommene Prozeß einer zunehmenden Erfahrung und Erfassung der ihm primär eigenen Möglichkeiten nun aus eigener Kraft weitergeht, nachdem deren Blockierungen an den verschiedensten Stellen unserer bisherigen Arbeit aufgezeigt und angegangen werden konnten. Möglich erscheint dies – wenigstens sofern ihn nicht überdurchschnittliche Schicksalsbelastungen treffen.

Wahrscheinlicher wird sich jedoch die Notwendigkeit ergeben, zu einem späteren Zeitpunkt die bereits angebahnte Arbeit noch zu vertiefen und zu konsolidieren, sowie die aus dem bisher vorzugsweise bearbeiteten Gebiete der Sexualität gewonnenen Erkenntnisse nun auch für die Auseinandersetzung mit den übrigen Bereichen des Lebens fruchtbar zu machen.

Nachtrag 1972: Zwar habe ich dadurch, daß ich zwei Jahrzehnte in Übersee verbrachte, den Patienten persönlich nicht mehr gesprochen, wohl aber von ihm brieflich erfahren, daß es ihm und seiner Familie gut gehe (einschl. zwei weiterer Geburtsanzeigen). Einer Nachbehandlung hat er nach seinen Angaben nicht mehr bedurft.

e) **Vaginismus**

(Reflektorischer Krampf der unteren Scheidenpartien)

Als letzte Krankengeschichte bringen wir die einer jungen, eben verheirateten Frau mit *Vaginismus*, einer doch nicht so seltenen funktionellen Sexualstörung wie meist angenommen wird. Kein Zweifel, daß es echte, rein organisch bedingte Formen gibt. Und doch hat bereits v. JASCHKE in der ersten Auflage seiner Darstellung des Vaginismus im Handbuch von MENGE-OPITZ (1920) alle diese Fälle – wie wir sehen werden mit Recht – als »Pseudovaginismus« dem echten Vaginismus gegenübergestellt. Als Ursache solcher somatisch bedingten Formen seien Mißbildungen, Hymenanomalien, Fissuren, perivaginale Entzündungen u. ä. genannt.

Kein Zweifel, daß der eigentliche Vaginismus eine nicht organische, sondern funktionelle Sexualstörung, nämlich einen automatisch sich einstellenden meist angstbedingten Abwehrreflex darstellt. Eine saubere Abtrennung gegen die lokalsomatischen Formen ist im Einzelfall oft schwierig, da auch sie beim Geschlechtsverkehr meist mit einem örtlichen Schmerzgefühl am Scheideneingang einhergehen, die Patientin selbst also regelmäßig diesen Schmerz dem Arzte als Ursache ihrer Beschwerden angeben wird, ohne zu wissen, daß sie Ursache und Wirkung vertauscht hat. Gelegentlich kann es übrigens, wenn trotz des Vaginismus mehr oder minder gewaltsam eine Kohabitation versucht wurde, zu kleinen Einrissen kommen, die dann sekundär wie Rhagaden schmerzhaft stören. Oder es wird infolge der den Vaginismus vielfach begleitenden Frigidität mit ihrer ungenügenden schlüpfrigen Durchfeuchtung der Vaginalwände die Kohabitation als so schmerzhaft empfunden, daß auch ohne jeden »objektiven Befund« die subjektive Annahme, daß dort eine Wunde wäre, ohne weiteres verständlich ist.

Wir finden bei diesen nicht-somatischen Formen des Vaginismus alle für die funktionellen Geschlechtsstörungen bereits angeführten psychischen Motivierungen wieder. Häufig erfolgte die erste Erfahrung, die solche Frau als junges Mädchen oder gar als Kind mit dem Sexuellen hatte, in besonders erschreckender oder abstoßender Form. Gerade diese Fälle bestätigen die Auffassung des Vaginismus als eines automatischen Schutzreflexes im Dienste angstvoller Abwehr gegen den Mann. Frauen mit Vaginismus erleben im Geschlechtsakt eine Bedrohung ihrer somatischen oder psychischen Integrität, wie die tiefere Durchforschung fast aller dieser Fälle selbst dann immer wieder ergibt, wenn einer solchen Frau nicht das geringste darüber (mehr) bewußt ist. Die im Vaginismus sich körpersymbolisch äußernde unbewußte Abwehr dem Manne gegenüber verträgt sich gemäß dem oben über Verdrängung Gesagten sogar durchaus mit der hiermit scheinbar im Widerspruch stehenden Tatsache, daß Frauen mit Vaginismus bewußt die Annäherung des Mannes sehr wohl ersehnen können.

Die nun folgende Krankengeschichte ist ähnlich der vorigen geeignet, die oben schon oft erwähnte tiefenpsychologische Arbeitsmethodik für die ersten Behandlungsstunden bis in die Einzelheiten hinein anschaulich aufzuzeigen, so daß auch der Außenstehende ein lebendiges Bild über das Wesen dieser Arbeitsweise bekommt. Sie soll außerdem, deutlicher noch als die vorangegangenen, aufzeigen, *daß auch dann, wenn dem geschlechtsgestörten Menschen selbst keinerlei Angst und Sexualabwehr bewußt ist, wir dennoch bei bestimmten Abläufen vegetativer Art sowie bei gewissen psychischen Eigenheiten berechtigt sind, bei ihm mit Sicherheit das Vorliegen einer angstbedingten Abwehr anzunehmen.* Ferner soll sie veranschaulichen, wie hierzu der in den vorigen Krankengeschichten schon mehrfach genannte Traum einen einmaligen diagnostischen Zugang bot und gleichzeitig auch der Therapie den Weg wies. Sie ist außerdem ein überzeugender Beweis für die unlösbar verflochtene Einheitlichkeit allen Geschehens im Menschen: angefangen mit den von uns unbemerkt sich pausenlos abspielenden ional-humoral-hormonalen Reaktionen über die vegetativen, noch unbewußt erfolgenden Abläufe, sowie über die von uns in unseren affektiven und emotionalen Persönlichkeitsschichten wahrgenommenen bis zu den gedanklich reflektierenden im »rein geistigen« Bereiche. Immer wieder vergessen wir Ärzte, daß die Einteilung in Somatisches und Psychisches eine artifizielle Grenzziehung darstellt, die *wir* erst aufgerichtet haben, während es sich in Wirklichkeit nur um die verschiedenartigen Reaktions- und Äußerungsweisen ein und derselben lebendigen Gesamtperson handelt.

Krankengeschichte 5[66]

Vorbesprechung: Es handelt sich um eine zwanzigjährige, erst wenige Wochen verheiratete Süddeutsche. Einziges Kind, »bürgerliche« Atmosphäre; Beziehung zur Mutter auffallend ambivalent: auf der einen Seite völlige Unselbständigkeit – noch zu jeder kleinsten Besorgung muß »Mutti« helfend zur Seite stehen; auf der anderen Seite fast an Mißachtung grenzende Beherrschung der Mutter. Wird mir von Professor X, einem Gynäkologen, wegen absolutem Vaginismus zur Behandlung überwiesen. Seine eingehende Untersuchung hatte bei ausgesprochen vaginistischem Lokalbefund keinerlei örtlichen oder sonstigen ursächlichen Anhalt ergeben.

Patientin, klein, grazil, macht physisch und psychisch einen ausgeglichenen und geordneten, ihrem Aussehen und Verhalten nach sogar besonders frischen und gesunden Eindruck. Ebenso ihr etwas zurückhaltend wirkender sechs Jahre älterer Mann, Dr. jur., der auf meinen Wunsch zur ersten Vorstellung mitkommt. Sie berichten in ruhiger und überzeugender Art, vor einem Rätsel zu stehen. Beide Familien sind erbbiologisch gesund, zeigen auch keine hysterischen oder sonstwie auffälligen Stigmata. Die Tatsache, daß beide sogar gegen Widerstand der Mutter des Mannes ihre Liebesheirat durchgesetzt hatten, rundet das Bild von Harmonie zwischen ihnen ab. Ebenso bleiben alle Fragen nach etwa zwischen beiden

[66] Bereits veröffentlicht in: KEMPER, Störungen der Liebesfähigkeit beim Weibe (s. Fußnote 1).

bestehenden Differenzen oder sonstigen Schwierigkeiten ohne Ergebnis; Aussagen zweifellos aufrichtig und subjektiv wahrheitsgemäß.

Ich erkläre schließlich beiden, daß ich mir erst nach einer (wahrscheinlich aber erst nach mehrfacher) Einzelbesprechung mit der Patientin ein genaueres Bild über den Schweregrad ihrer Störung sowie über die Behandlungsaussichten machen könne, so daß ich zunächst eine psychotherapeutische Probebehandlung vorschlüge. Beide sind einverstanden.

Zur ersten Sitzung (eine Woche später):
Nach sehr eingehender Besprechung ihrer Symptomatik erfolgt bei Orientierung über die Persönlichkeit der Patientin u. a. auch Frage nach Träumen. Sie wird mit leicht belustigtem Lächeln über das Unärztliche einer derartigen Frage verneint: sie träume nicht. Und was denn so ein Unsinn wie Träume mit ihrer (doch körperlichen!) Krankheit zu tun hätten! Auf Befragen nach früheren Träumen berichtet sie dann doch folgenden sich schon seit Jahren gelegentlich wiederholenden *Angsttraum*:

> *Traum 1:* »Räuber versuchen in unser *Haus* einzudringen. Ich stemme mich gegen die Tür, habe aber nicht die Kraft, ihr Eindringen in mein *Zimmer* zu verhindern. – Wache dann regelmäßig vor Angst schweißgebadet auf«.

Der Kundige erkennt ihn sofort als einen für Vaginismus besonders charakteristischen Traum. Er ist symbolischer Ausdruck einer angstvollen Abwehr gegen das als Gefahr gewertete Eindringen in ihr (leibliches) »Haus« bzw. »Zimmer« – (man denke etwa an die noch zu Goethes Zeiten übliche Bezeichnung »Frauen*zimmer*« für ein junges Mädchen). Ich bitte Patientin deshalb, mir zu schildern, wie sie subjektiv das Auftreten des Vaginismus erlebe. Es zeigt sich, daß sie bewußt nicht nur keine Angst, sondern sogar den ausdrücklichen Wunsch nach Vollziehung des Geschlechtsaktes hatte und auch heute noch hat. Den Krampf versteht sie deshalb als Folge einer örtlichen, wahrscheinlich entzündlichen Erkrankung, obwohl ihr Prof. X nach gewissenhafter Untersuchung das Gegenteil erklärt hätte. –

In der nächsten Besprechung bitte ich sie u. a. um Schilderung etwaiger *auffälliger Sonderheiten* von ihr. Das Ergebnis ist, wie erwartet, negativ. Erst auf genaues Befragen fällt ihr »was Ulkiges« ein, von dem sie lachend berichtet: Wenn sie abends auf dem Heimweg allein im Dunklen ihre Haustüre aufschließe, bekomme sie regelmäßig Herzklopfen und müsse, bevor sie die Tür öffne, angstvoll ringsumher schauen, ob vielleicht ein »Kerl« dort irgendwo lauere, der heimlich oder gewaltsam mit ihr ins Haus eindringen könnte, um ihr was anzutun. Und, obwohl sie genau wisse, daß das Ganze doch »Quatsch« wäre, müsse sie doch wie unter einem *Zwang* regelmäßig abends diese sichernde Umschau vornehmen, bevor sie mit angstvoll klopfendem Herzen blitzschnell die Tür aufschließe und, damit ja niemand mit hereinschlüpfen könne, gleich hastig wieder zuschließe. Sich selbst auslachend berichtet sie das Ganze. Ich weise sie auf die Analogie zu dem in der letzten Stunde besprochenen Traum hin, wo sie sich auch angstvoll gegen das Eindringen von Räubern in ihr Zimmer wehre. Sie nimmt diese Analogie, die ihr erst jetzt auffällt, wie einen ulkigen Zufall zur Kenntnis, ohne von ihr beeindruckt zu sein, und berichtet dann, zu ihrer Überraschung heute nacht doch geträumt zu haben:

> *Traum 2:* »Klassenkameradinnen sagen ihr und der einzigen ebenfalls schon verheirateten Freundin: Wie könnt ihr so dumm sein und so früh *heiraten und dadurch eure Freiheit aufgeben!*« (Hervorhebung vom Verfasser)

Auf Befragen, ob sie selbst ähnliches empfinde, verneint sie dies glaubwürdig und meint, daß nur der Neid ihrer unverheirateten Klassenkameradinnen diese so etwas sagen lasse. Ich erwidere, daß immerhin *sie* es geträumt habe, wenn auch als Meinung anderer, und weise sie auf Brunhilde hin, die als Weib »ihre Freiheit« sogar gegen den Mann in erbittertem Zweikampf verteidigt. Sie lehnt diese »blöde Person« entschieden ab. Nun versuche ich, ihr die sinnvolle Übereinstimmung ihres gestern besprochenen Traumes und ihrer abendlichen Zwangshandlung beim Türöffnen veranschaulichend nahezubringen (hier *sehr* verkürzt wiedergegeben): Ähnlich wie die Umgangssprache Ausdrücke wie »Frauen*zimmer*« oder »Du altes *Haus*« als Bezeichnung für den Menschen kenne, tue dies auch die Traumsprache und drücke demgemäß mit der Angst vor dem Eindringen der Räuber in ihr Haus bzw. in ihr Zimmer die Angst vor dem Eindringen in den Menschen, also in sie selbst aus. Und dieselbe »Sprache« spreche auch ihr abendliches Zwangssymptom, wenn sie blitzschnell ängstlich die *Haustür* schließen müsse, damit nur ja kein »Kerl« in »*ihr Zimmer*« »eindringen« könne.

Das Paradoxe sei nun: Im Traum bzw. in der Zwangshandlung sei dank der symbolischen Sprache des Traumes bzw. des symbolischen Gehaltes ihrer abendlichen Zwangshandlung die dahinterstehende eigentliche Bedeutung (nämlich die angstvolle Abwehr des Eindringens in sie selbst) für sie *nicht* erkennbar; trotzdem erlebe sie ausgerechnet in diesen die *volle Angst vor dem Eindringen des Mannes* in ihr »Zimmer«, während sie umgekehrt in der Realität (nämlich beim realen Eindringen des Mannes in sie in Form des Sexualverkehrs) keinerlei Angst verspüre. Im Gegenteil, sie wünsche es sehnlichst. Und trotzdem könnte die Art des dabei automatisch einsetzenden Verschließens ihrer Leibespforte in Form des Vaginismus nur im Sinne einer reflektorischen Abwehr verstanden werden. In der Realität (Geschlechtsverkehr), in der eine Angst sinnvoll angebracht wäre, fehle sie; in der Irrealität finde sich eine »sinnlose« Angst, eine verrückte, nämlich in Gestalt ihres häufigen Angsttraumes bzw. in Gestalt ihres angstverknüpften abendlichen Zwangssymptoms. Die Angst sei mithin verschoben = »ver-rückt«, diesmal in des Wortes ursprünglich konkreter Bedeutung verstanden. Ihre eigene Äußerung zu mir, daß ihre abendliche Angst vor dem Kerl beim Haustürschließen »eigentlich verrückt« sei, wäre also in einem viel tieferen Doppelsinne zutreffend, als sie es damals wissen konnte. In der Tat liege hier das »Verrückte« vor, daß jemand eine angstgeborene Abwehrmanifestation in Gestalt des Vaginismus zeige, ohne daß er deren Sinn verstehe, geschweige denn, daß ihm dabei auch nur die Spur von Angst bewußt wäre, während diese Angst sich, an die symbolisch entsprechende Stelle verschoben = verrückt (nämlich im Traum bzw. Zwangssymptom), wiederfinde[67].

Patientin ist diesmal von den Zusammenhängen offensicht-

[67] Das, was aus Raumgründen hier soeben in prägnanten Formeln knapp zusammengefaßt dargestellt wurde, mag dadurch etwas konstruiert erscheinen. Es sollte von dem mit solchen Gedankengängen bisher nicht Vertrauten in Ruhe zweimal gelesen werden. In Wirklichkeit spielte sich

lich beeindruckt, wenngleich unverkennbar ist, daß ihr – ebenso wie wohl fast allen Lesern dieser Arbeit – diese Dinge reichlich gezwungen und abstrus erscheinen. –

In der dritten Stunde versuche ich, teils um eventuell schneller vorwärts zu kommen, teils aus einer bestimmten Vermutung heraus, eine *Hypnose.* Das Resultat ist wie erwartet: Trotz offensichtlich besonders bereitwilligen Eingehens werden die allmählichen Einschlafsuggestionen von ihr kaum realisiert, insbesondere werden die Augen, nachdem sie nach den typischen Ermüdungs- und Schwere-Erscheinungen schon leise geschlossen waren, sofort wieder aufgerissen, nach neuem Augenschluß erneut geöffnet usw., wobei unverkennbar ist, daß ihr die so stets aufs neue erworbene Gewißheit, daß sie die willkürliche Augenmotilität noch selbst beherrscht, eine große Beruhigung verschafft. Ich unterbreche den Hypnoseversuch und frage sie nach dem Grund ihres Verhaltens. Sie habe keinen. Ob sie Angst vor der Hypnose habe? – Ausdrücklich nein! Im Gegenteil erhoffe sie sich von einer Hypnose schnelle und gründliche Heilung ihres Leidens.

Trotzdem breche ich die Hypnose ab und zeige ihr, wie ihre Haltung der Hypnose gegenüber genau ihrer sonstigen gestern besprochenen Haltung entspricht: keine bewußte Angst vor der Hypnose, ebensowenig wie vor dem Geschlechtsverkehr; und dennoch bei beidem eine automatisch einsetzende körperliche Abwehr, sich unbewußt äußernd im Vaginismus bzw. jetzt im ständigen die-Augen-wieder-Öffnen, wodurch mein »Eindringen« in sie mittels der Hypnose zunichte gemacht, also von ihr mit Erfolg abgewehrt werde. Also wieder keine bewußt erlebte Angst, aber dennoch automatisch sicheres Funktionieren der Abwehr aus ihrer Tiefenperson heraus, von ihr selbst ungewollt. – Patientin ist (und mit ihr wohl die meisten Leser) wenig von meinen Ausführungen überzeugt. Dennoch werden diese durch einen Traum in der folgenden Nacht in schöner Weise bestätigt:

die Vermittlung obiger Zusammenhänge in lebendiger Anschaulichkeit am von der Patientin jeweils gebrachten Material ab.

Anmerkung 1972: In den seit Niederschrift dieser Zeilen verflossenen Jahren ist die Zahl derer, die einen unmittelbaren Zugang zum Verständnis solcher Zusammenhänge bekommen haben, erfreulicherweise erheblich gewachsen, so daß es für sie solchen Rates nicht mehr bedarf.

Traum 3: »Ich ging zum Friseur, um mir Dauerwellen machen zu lassen. Der Friseur tat das aber nicht, sondern versuchte mich zu hypnotisieren, was ihm aber nicht gelang. Ich schimpfte sehr mit ihm. Was ihm einfalle, er solle mich frisieren und nicht hypnotisieren!«

Der Traum zeigt anschaulich, welche Sperre tatsächlich gegen die Hypnose *unbewußt*[68] besteht. Sie will frisiert werden, nicht hypnotisiert! Und das wiederum, obwohl sie in ihrem Wachbewußtsein zur Hypnose bereit ist, bewußt auch keinerlei Angst vor der Hypnose empfindet und sogar, als sie merkte, daß ich die Hypnose nicht fortsetzen will, offensichtlich enttäuscht ist. Bei der Besprechung dieses Traumes versichert sie mir denn auch, welchen »Quatsch« dieser Traum wieder einmal darstelle. Ich weise sie darauf hin, daß auch ihr typischer Traum vom Eindringen der Räuber in ihr Haus ihr als kompletter »Quatsch« erschienen sei und dennoch, wie ihr inzwischen bereits in beeindruckender Weise aufgegangen sei, symbolisch eine bedeutsame Wahrheit, wenn auch in merkwürdiger Form, enthalten habe; ja vielleicht sogar den Schlüssel zum Verständnis ihrer ihr ebenfalls als verrückt erscheinenden Krankheit, des Vaginismus, enthalte, zumindest in enger Beziehung zu ihr stehe. Augenscheinlich enthalte die Tiefenschicht der Person, aus der die Träume stammen, ein Wissen um bestimmte Zusammenhänge, das unserem Tagesbewußtsein entzogen bleibe. Ein Wissen, das zwar in einer ver-rückten, d. h. entstellten Form sich im Traum ebenso wie im Symptom äußere bzw. manifestiere, das aber nach Zurechtrückung des Verrückten durch den Kundigen, der den

[68] Träume stehen in besonders enger Beziehung zum Unbewußten. – Daß sie, die sonst »nie träumt«, jetzt fast jede Nacht einen Traum berichten kann, ist typisch: Wir alle träumen; die meisten vergessen es nur gleich wieder. Erst eine besondere Aufmerksamkeitszuwendung, ferner das Anrühren der dem Bewußtsein nahen Ängste und sonstigen verborgenen Regungen in unseren Sitzungen bewirkt, daß die Träume lebendig bleiben.
Nachtrag 1972: Diese vielfach angezweifelte Aussage ist inzwischen durch die neuere experimentelle Traumforschung über Erwarten bestätigt worden: Wir alle träumen in jeder Nacht vier- bis sechsmal, wovon wir jedoch selbst bestenfalls nur Bruchstücke zu erinnern vermögen. Genaueres hierüber u. a. in W. Kemper: *Der Traum und seine Be-Deutung* (Rowohlts dtsch. Enzyklop.); in Kürze als Taschenbuch in dieser Schriftenreihe im Kindler Verlag.

Dechiffrierschlüssel dieser chiffrierten und dadurch undurchsichtigen Äußerungen in der Hand hat, doch seinen tiefen Sinn offenbare.

So schlüge ich vor, auch diesen Traum, der die *Protestauflehnung* gegen eine gewaltsam und gegen eigenen Wunsch aufgenötigte Hypnose darstelle, als sinnvolle Äußerung einer eigenen und von ihr ernst zu nehmenden Persönlichkeitsschicht anzusehen. Zumindest würde doch zu ihm ausgezeichnet ihr reales Verhalten der Hypnose gegenüber in der vorausgegangenen Stunde passen, wo sich immer wieder das Öffnen der Augen und damit die Verhinderung des Hineingleitens in eine wirkliche Hypnose ergeben habe. Auch der Abwehrreflex gegen die Hypnose erschiene mir, wie schon gesagt, als die unbewußte ängstliche Abwehr gegen etwas gefährlich Erscheinendes, Unkontrollierbares, in seinen Auswirkungen nicht Übersehbares, das da in sie »eindringen« wolle. Dies (zusammen mit noch einer Reihe gleichsinniger Faktoren, die aber im Rahmen dieses Krankenblattauszuges unmöglich noch einzeln angeführt werden können, soll diese Falldarstellung nicht ein Buch für sich werden) schiene mir ebenfalls dafür zu sprechen, daß sie bei all ihrer sonstigen lebenstüchtigen Forschheit und »Resolutheit« gerade vor dem Passiven, dem Mit-sich-geschehen-Lassen, dem Sich-dem-anderen-Anvertrauen, Sich-ihm-Erschließen, geschweige denn sich auf Gedeih und Verderb ausliefern, Angst habe, zumal wenn es ein Mann sei; eine Angst, die sie, wie beim Vaginismus, nicht als solche und an der zugehörigen Stelle empfinde, sondern die sich wieder verschoben habe. Oder ob sie doch gelegentlich anderen Männern oder gar ihrem Mann gegenüber etwas von einem derartigen Sich-Entziehen, Sich-Verschließen, die-Hingabe-Meiden, wenn auch nur andeutungsweise, gefühlt habe? – Sie verneint. Aber ihr falle dazu ein weiterer Traum von heute nacht ein, der ihr wiederum wegen seines blöden und ihrem tatsächlichen Empfinden widersprechenden Inhalts aufgefallen sei:

Traum 4: Sie befindet sich bei einem fremden Brautpaar auf dessen Hochzeit, und zwar allein, also ohne ihren Mann (wobei ihr auffällt, daß es genau die Räumlichkeiten sind, in denen sie vor einigen Wochen ihre eigene Hochzeit feierte). Der fremde Bräutigam unterhält sich während der gesamten Hochzeitsfeierlichkeiten ausschließlich mit ihr, sie ist von ihm begeistert. Seine

Braut, die zwar anwesend ist, aber völlig links liegengelassen wird, spielt im Traum ebensowenig eine Rolle wie ihr eigener Mann.

Obwohl Patientin auch diesen Traum, wie gesagt, zunächst als Unsinn abtun wollte, hat sie doch wiederholt im Laufe des Tages an ihn denken müssen: Warum gehe ich bloß ohne meinen Mann zu einer fremden Hochzeit? Warum begeistere ich mich dort bloß so sehr für einen fremden Mann? Denke dabei also weder an meinen Mann, geschweige denn an des andern Braut, der ich ihren Bräutigam entfremde. Und immer mehr waren diese Fragen schließlich ausgemündet in die Kernfrage: Wie stehe ich denn wirklich zu meinem Mann und zu unserer Ehe?

Es folgen – ich muß aus Raumgründen meinen Bericht zusammenfassen– in den nächsten Wochen mehrfach Träume sehr ähnlichen Inhaltes, die eine immer unverblümter sich entwickelnde Isolierung, zum Teil sogar *ausgesprochene Abwehr gegen ihren Mann* zum Thema haben. Gerade weil sie in offensichtlichem Widerspruch zu dem von der Patientin mir ehrlich als besonders gut geschilderten Verhältnis stehen, machen sie durch ihre Wiederholung doch einen solchen Eindruck, daß Patientin nachdenklich wird. –

Das im Laufe der nächsten Stunden hierzu gebrachte Material ergibt, wenn man das in unendlich mühevoller Detailarbeit aus Einzelsteinchen zusammengesetzte Mosaik als Gesamtbild darstellt, etwa folgendes (wobei hier nur die wichtigsten Momente genannt werden können): Einer frühkindlichen Phase *besonders zarter Empfindsamkeit und Verletzlichkeit* folgt die einer rowdyhaften, *jungens*artigen Jungmädchenzeit. Fast nur Spiel mit gleichaltrigen Jungens, bei dem sie, das Mädel, dazu noch verhältnismäßig klein an Körperwuchs, nicht selten den Anführer machte! Gelegentliche Rückfälle in besonders empfindsame und rührselige Regungen wurden mit um so größerer Forsche als »Quatsch« abgetan, wie ihr auch heute noch bei aller äußeren Tüchtigkeit und lebensoffenen Gewandtheit ihre »*verdammte Weichheit*« ein ständiger Stein des Anstoßes ist und ängstlich abgewehrt wird. Entsprechend verhält sie sich auch in ihrem Geschmack: Handfeste Filme mit derben Rüpeleien, Hans Albers' Draufgängertum oder Detektivfilme machen ihr Spaß. »Das ist doch wenigstens noch 'ne Sache, statt diesem süßlichen Liebeskram.« Schiller ist ihr Held, Goethe »mit diesen ewigen Sentimentalitäten« ihr zuwider. Wildwestfilme, abenteuerliche Entdeckungsreisen oder Heldengeschichten, das schätzt sie!

Diese *handfeste Haltung* charakterisiert auch ihr *Verhältnis dem eigenen Manne gegenüber.* Er, trotz Tüchtigkeit ein großer, gutmütiger Junge, den sie führen zu müssen glaubt. Er vertrauensselig; sie deshalb ständig aufpassend, ob er nicht übervorteilt wird. Er anschmiegsam und ihr gegenüber auch in seinen Schwierigkeiten und Nöten vorbehaltlos offen; sie betroffen über so viel »Schlappheit« des als heldisch erwarteten Mannes. Gerade diese unfaßliche Offenheit bedrückt sie und läßt sie sich ihm gegenüber mehr und mehr verschließen, denn »*einer* muß doch stark sein«. So ist sie »das Rückgrat« der Ehe geworden: »Ich muß doch immer aufpassen!« Diese Stärke, dieses ständige Aufpassen hat ihr aber niemals ermöglicht, innerlich die weibliche Rolle zu übernehmen. Sie hat sich nie wirklich verlieren dürfen. Beides: zunehmende Verschlossenheit und Sich-nicht-verlieren-Dürfen findet aber im Symptom ihres Vaginismus ebenfalls sinngemäßen Ausdruck.

Bedeutsam ist ferner eine ganz *ungewöhnliche Eifersucht ihres Mannes,* die sie jetzt erstmalig erwähnt. Obwohl Patientin sie als mehr »ulkig« hinstellt, zeigen unsere Besprechungen auf Grund von Traumhinweisen, wie sie diese Eifersucht als Einengung ihrer persönlichen Freiheit zunehmend unerträglicher verspürt. Unter nochmaligem Eingehen auf Traum 2 (S. 216) (»heiraten und dadurch Freiheit aufgeben«), den sie bereits in der ersten Nacht nach unserer Besprechung hatte und zu dem sie sich damals noch gar nicht bekennen konnte, beginnt sie zu spüren, daß des Mannes eifersuchtsgeborene Einschränkung ihrer persönlichen Bewegungsfreiheit begreiflicherweise ihre Auflehnung und Abwehr hervorruft. Die ihr von mir immer wieder aufgezeigte, wenn ihr selbst als solche auch nicht bewußte Abwehrbedeutung ihres Symptoms erweise sich also auch in dieser Hinsicht nicht nur als sinnvoll, sondern auch als allzu begreiflich. Das Verrückte sei auch hier wieder nicht die Abwehr selbst, sondern lediglich die falsche Stelle, an der sie sich äußere (Vaginismus), während an der »richtigen« Stelle (ihre Einengung durch seine

Eifersucht) kaum etwas zu bemerken sei, höchstens ein leises Lächeln über seine »ulkige« Eifersucht.

Als besonders aufschlußreich für Genese und Verständnis ihres Symptoms des Vaginismus erwies sich ein Erlebnis, das sie mir in der 7. Stunde berichtete: Mit *sechzehn Jahren* war Patientin wegen »Blutarmut und Bleichsucht« mit Fluor albus bei einem Arzt. Dieser hatte wegen ihres Ausflusses zum Entsetzen der Patientin auch eine örtliche *Untersuchung* vorgenommen (wahrscheinlich Scheidensekret zwecks mikroskopischer Untersuchung entnommen) und sie dabei eindringlich nach etwaiger Onanie gefragt. Sie, die anfangs nicht verstand, was er meinte, verneinte bestürzt. Offensichtlich glaubte der Arzt ihr aber nicht, denn, nachdem er anschließend mit der Mutter allein gesprochen hatte, war diese ihr gegenüber in ihrem Wesen völlig verändert, sprach dann zu Hause allein mit ihrem Mann, worauf es nun ein hochnotpeinliches Verhör gab (»Sünde«). Sie bestritt auf das allerentschiedenste. Die Eltern, gestützt auf das Urteil des Arztes, behielten ihre Zweifel, obwohl sie bisher niemals ihre Tochter in entscheidenden Dingen bei einer Lüge ertappt hatten. Patientin, bisher in einer ungewöhnlich vertrauensseligen Offenheit zu Vater und Mutter lebend, fühlt sich erstmalig verraten und furchtbar verlassen. Sie hat dies den Eltern niemals vergessen können. »Seitdem ist was kaputt gegangen.«

Gleichzeitig ist aber durch dies einschneidende Erlebnis (und das ist für die Pathogenese ihrer Vaginismus-Abwehr wichtig!) bei der Patientin ein unlösbarer assoziativer Zusammenhang hergestellt worden zwischen Sexuellem und irgendwelchen »schlimmen«, furchtbaren und verbotenen Dingen. Hat doch gleich ihr erstes, durch die ärztliche Untersuchung bedingtes Zusammentreffen mit »dem Sexuellen« die unauslöschlich abschreckende Erinnerungsspur hinterlassen: Sich auf Sexuelles einlassen hat furchtbarste Folgen. Eine Erinnerungsspur, die inzwischen zwar längst nicht mehr mit dem bewußten Erlebnisgehalt der ganzen damaligen Situation besetzt ist, die aber dennoch insgeheim ihre unseligen Auswirkungen hatte in Form einer dadurch ausgelösten *noch* betonteren Abwendung von ihrer weiblichen Rolle und damit von allem, was nach Zuwendung zum Manne, geschweige denn Zärtlichkeit oder gar körperlicher Hingabe aussieht. Und deren letzte, aber für uns bedeutsame Auswirkung sich als unbewußter Anteil ihres vaginistischen Symptoms manifestiert. Nur am Rande sei vermerkt, daß ihr Verhalten bei meinem Hypnoseversuch (Kontrolle-Behalten durch Wiederöffnen der Augen) mit dieser früheren Arzterfahrung ebenfalls nachträglich eine sinnvolle Unterbauung findet (ohne daß ein solcher Zusammenhang der Patientin dabei ausdrücklich bewußt gewesen wäre).

In ihrer damaligen Not war ihr ihre über alles geliebte Großmutter letzte Zuflucht. Sie war die einzige, die ihr glaubte. Und als diese nun ausgerechnet kurz darauf plötzlich starb, fühlte Patientin sich hoffnungslos von Gott und den Menschen verlassen und erlebte trotz all ihrer jungenshaften rüden Art einen völligen Zusammenbruch mit immer wiederkehrendem tagelangem Weinen. Scheinbar schloß sie sich nun ihrer Mutter wieder an, konnte es aber niemals vergessen, daß sie sich vor ihr, von der sie sich zutiefst verraten fühlte, nun in solcher Schwäche und Blöße zeigte. Beim Bericht hierüber bricht Patientin, die die ganzen bisherigen Stunden ungerührt, teilweise fast salopp gesprochen hatte, in *unstillbares Weinen* aus, dessentwegen sie sich zum Schluß heftig schilt und sich selber wiederholt zur Ordnung ruft. –

In der folgenden Nacht aus einem längeren Traum nur die folgende Stelle:

> *Traum 5:* ». . . Mein Mann und ich befanden uns in einem kleinen Raum, wo ein *offener* Wandschrank mit *Süßigkeiten* und *Schokolade* hing. Wir hatten *großes Verlangen* danach. Neben dem Schrank hing aber ein Plakat ›Nur auf Karte‹[69]. Wir hatten keine. Trotzdem aßen wir davon, hatten aber ein verdammt schlechtes Gewissen; *zumal ich, die ich meinen Mann angestiftet hatte . . .«* (Hervorhebungen vom Verfasser.)

Daß es sich bei diesem Traum um eine moderne Fassung des Sündenfallthemas aus dem Paradiese handelt, wo auch Eva dem Adam von der verbotenen Frucht zu essen gab, wird selbst *dem* Leser, der unverändert eine Heranziehung der Träume zu wissenschaftlich ernst zu nehmender Auswertung ablehnt, nicht entgehen können. Um so mehr, wenn er hört,

[69] Eine Reminiszenz an die Lebensmittelkarte der Kriegs- und Nachkriegsjahre. W. K.

daß ich dem jungen Paar in der Vorbesprechung den Rat gegeben hatte, die bisher vom Manne doch immer wieder unternommenen Versuche, die sexuelle Beziehung zu erzwingen, vorerst einmal ganz zu unterlassen. Tatsächlich war trotz dieses Rates am vergangenen Abend, wie Patientin mir auf meine Traumdeutung spontan »gestand«, erstmalig (und zwar diesmal von ihr ausgehend!) wieder ein Versuch unternommen worden, der aber trotz eindeutiger Besserung noch nicht befriedigend gelang.

Ich halte diesen Traum für sehr wesentlich. Nicht deshalb, weil er mir in der Symbolik der Traumsprache jenen Versuch am Vorabend, von den »verbotenen Süßigkeiten« zu naschen, verriet, sondern weil er die bei der Patientin erfolgende *Umstellung in ihrer »Tiefenperson«* zum Ausdruck bringt (ihr Schrank ist »offen«; auch sie hat »großes Verlangen danach«; *sie* ist es, die »ihren Mann anstiftet«). Er kündet, wenn man ihn mit den beiden ersten Träumen vergleicht (»Räuber« dringen in ihr »Haus« ein – »Dummheit, durch Heirat die Freiheit aufzugeben!«), den beginnenden Wandel an.

Leider muß ich mir aus Raumgründen versagen, dies wie bisher im einzelnen zu schildern. Tatsächlich kam es in entsprechender Weiterarbeit bei einer Behandlungsdauer von insgesamt 13 Sitzungen dann auch zu einem vollen Erfolg. Lediglich nach der 14 Tage später auftretenden Menstruation war für zwei Tage ein geringfügiger Rückfall. Seitdem, und zwar einschließlich der Tage nach der Periode, völlige Symptomfreiheit. – Erwähnt sei ausdrücklich, daß während der ganzen Arbeit bei mir keinerlei zusätzliche medikamentöse oder sonstige allgemeine bzw. örtliche Behandlung stattgefunden hat. Auch zur Wiederholung eines Hypnoseversuchs bestand kein Anlaß mehr. –

Der mit tiefenpsychologischer Behandlung nicht vertraute Leser wird über diese letzten Zeilen überrascht, wenn nicht enttäuscht sein, wird er doch die ganze Zeit gewissermaßen auf die »Pointe«, nämlich »die eigentliche Behandlung« gewartet haben, da bisher doch »nur geredet« wurde. Und dann noch vorwiegend über Träume! Es muß ihm unglaubhaft erscheinen, daß auch in allen folgenden Stunden bis zur völligen Heilung sich die ganze Behandlung stets und nur in der gleichen Form, wie dies für die ersten Stunden geschildert wurde, abgespielt hat. Für das naturwissenschaftlich geschulte Denken ist es in der Tat schwer, sich vorzustellen, daß das bloße Anrühren und Eingehen auf die Äußerungen der »Tiefenperson« unserer Patientin, wie sie sich für sie unbewußt im Traum, im Zwangssymptom, in einer ungewollten charakterlichen Fehlhaltung ergaben, derartig tiefgreifende Veränderungen bewirken soll, daß nicht nur ein bestenfalls flüchtiger suggestiver Stimmungsumschwung eintritt, sondern daß eine grobkörperliche Symptomatik wie beim Vaginismus dadurch ebenso auch wieder *auf*gelöst werden kann, wie sie einst durch entsprechend gegensinnig sich auswirkende ungünstige Umweltfaktoren *aus*gelöst und mehr und mehr charakterlich fixiert worden ist (die eingangs angedeutete familiäre Konstellation, in die Patientin hineingeboren wurde und in der sie ihre frühe Kindheit »durchzumachen« hatte). Und doch ist solche Rückverwandlung möglich, sofern man die hintergründig wirkenden Faktoren erkennt und sie in ihrer eigenen Sprache richtig »anzusprechen« vermag.

Epikritisch könnte man als »Ursache« der »Krankheit« eine Verflechtung vielfacher Motivzusammenhänge angeben, die alle in das Symptom des Vaginismus eingegangen sind und es gemeinsam unterbaut haben. Die wichtigsten waren, stichwortartig zusammengestellt: Rowdyhafte Jungenshaltung schon als Mädchen, also damals schon Verleugnung ihres Geschlechts[70]. Sexueller Schock bei frauenärztlicher Untersuchung mit 16 Jahren. Sich »verschließen« vor der Welt wegen gleichzeitigen Vertrauensbruches seitens der Eltern. Unweiblicher Dirigismus in ihrer Ehe wegen unmännlicher Weichheit des Ehepartners. Abwehr gegen seine von ihr als Einengung erlebte Eifersucht. Assoziative Verknüpfung nach Art eines bedingten Reflexes zwischen Defloration und gefahrdrohendem Einbruch in ihre Persönlichkeit. (Außerdem waren noch weitere hier nicht aufgeführte Motive im Spiel. Auf den phylogenetischen Faktor wird noch eingegangen werden.)

Versuchen wir die *wissenschaftlichen Folgerungen* aus diesem Falle zu ziehen, so könnten sie etwa in folgenden *Leitsätzen* herausgestellt werden:

[70] Die psychologische Motivierung dieser bedeutsamen Wurzel konnte im Rahmen dieses Auszuges leider nicht auch noch dargestellt werden.

1. Bei einer »gesund« und lebenstüchtig wirkenden jungen Frau (bestimmt keine Hysterika!) erweist sich ein »körperliches« Symptom (Vaginismus), das auch von ihr selbst als lokale körperliche Krankheit erlebt und angesehen wird (»Entzündung«), in seiner Genese als eindeutig seelisch bedingt und ist entsprechend auch mit rein psychotherapeutischen Mitteln wieder auflösbar.

2. Obwohl »nur« ein Symptom, erweist sich dieses Symptom als unerwartet vielfach determiniert und unterbaut. Im Vaginismus ist also eine Vielzahl recht verschiedenartiger und erst im Verlauf der einzelnen Stunden herausgearbeiteter Motivzusammenhänge aus weit auseinanderliegenden Lebensabschnitten in »einem Punkte« zentriert.

3. Anders formuliert: Dies eine Symptom ist der vielschichtige Niederschlag bestimmter anfangs nicht richtig oder nicht hinreichend verarbeiteter Schwierigkeiten aus den verschiedenen Abschnitten ihrer Lebensgeschichte, und zwar bereits von der frühesten Kindheit an.

Wieder anders formuliert: Ihr Vaginismus ist der auch im Körperlichen entsprechend verdichtet zum Ausdruck kommende Niederschlag einer aus vielfachen schmerzlich-angstvollen Einzelerfahrungen entstandenen unbewußten inneren Grundhaltung: ihres trotz aller fast burschikos erscheinenden Welttüchtigkeit insgeheim doch »Verschlossen-Seins«, insbesondere allem Männlichem gegenüber.

4. Die ständige Miteinbeziehung der jeweiligen Träume gab dem Therapeuten laufend wertvolle Einblicke in die jeweiligen Erlebnisvorgänge in der »Tiefenperson« der Patientin, die ihr selbst (noch) nicht bewußt sind. Die Träume wurden geradezu zur Leitlinie für das ärztliche Vorgehen.

5. Es besteht eine unverkennbare sinnvolle Korrespondenz zwischen der »Symbolsprache« im Traume (Beispiel: In ihr »Haus« eindringende »Räuber«), in der Zwangshandlung (abendliches »Türschließen«) und im »körperlichen« Krankheitssymptom (dem »Verschlossensein« ihres Vaginismus). Die Kenntnis dieser Sprache läßt offensichtlich »Ver-rücktes« zurechtgerückt zum besonders bedeutsamen diagnostischen und therapeutischen Fingerzeig werden.

Nachtrag 1972: In diesem Zusammenhang sei auf die bereits 1942 in meiner Monographie (s. Fußnote 1 zu S. 7) vertretene Auffassung hingewiesen, daß der Vaginismus ein für den Menschen pathologischer Rückgriff auf den stammesgeschichtlichen Abwehrreflex gegen sexuelle Annäherungsversuche ist; eine Abwehr, wie wir sie normalerweise heute noch in der Säugetierreihe beim Weibchen außerhalb seiner Brunstzeit antreffen. Ich wurde zu dieser Auffassung veranlaßt durch vergleichende Untersuchungen, die mich zur Annahme eines phylogenetischen Orgasmuswandels beim weiblichen Geschlecht führten (l. c. S. 111 ff.), sowie durch die beim Menschen bestehende Aufgliederung der scheinbar einheitlichen Vagina in zwei morphologisch und funktional grundverschiedene Partien – Einzelheiten, auf die hier nicht eingegangen werden kann, die aber mit der von MASTERS und JOHNSON 1966 beschriebenen Manschetten-Partie des unteren Scheidendrittels in gutem Einklang stehen[71].

f) Sonderformen sexueller Erregungsabfuhr mittels stammesgeschichtlicher Regression[72]
(*mit kurzen Fallbeispielen*)

Über den zu diesem Thema bereits Seite 84 gemachten pathogenetischen Ausführungen dürfen wir bei dieser Gruppe funktioneller Sexualstörungen nicht aus dem Auge verlieren, daß der ihnen gemeinsam zugrundeliegende Versuch, bei Behinderung der *natürlichen* sexuellen Erregungsabfuhr diese doch noch mittels dazu eigentlich nicht vorgesehener anderer Funktionsabläufe bzw. an anderem Organ oder Organsystem abzuführen, ein stets nur unzureichender Behelf sein kann. Stellt er doch gewissermaßen einen »Versuch am untauglichen Objekt« dar, der objektiv unzulänglich und subjektiv mehr oder minder unbefriedigend bleiben muß.

Solch unbefriedigende Abfuhr kann auf die Dauer nicht

71 Eine Kurzfassung meiner phylogenetischen Arbeitshypothese findet sich in »Neue Beiträge aus der Phylogenese zur Bio-psychologie der Frau«, in: *Ztschr. Psychosom. Med.* 11/2, 1965.

72 Ergänzung 1972 auf Grund von 1942 a. a. O. publizierten Beobachtungen (s. Fußnote 1).

ohne Folgen bleiben, mögen sie sich nur örtlich (genital) oder in mehr allgemeiner Art äußern. Lassen wir hier einmal die möglichen eingangs bereits erwähnten mehr allgemeinen Auswirkungen wie Neurose, Reizbarkeit, innere Unruhe, Konzentrationsschwäche, Schlafstörung u. ä. außer Betracht und ebenso die sich an anderen Organen oder Organsystemen äußernden Beschwerden (Kreislauf, Magen-Darmtraktus, Organneurosen u. ä.); zumal es objektiv schwierig ist, den von Außenstehenden oft vorgebrachten grundsätzlichen Einwand zu widerlegen, dahingehend, daß zwar solche mannigfaltige Symptomatik bei Sexualstörungen nicht geleugnet werde, daß sie jedoch nicht die Folge des unbefriedigenden Sexuallebens sei, sondern umgekehrt dessen Ursache. (Wenngleich ein solcher Kritiker dann seinerseits auf Grund analoger allgemeinmedizinischer Erfahrungen zum mindesten die Möglichkeit eines Circulus vitiosus einräumen müßte.) –

Bei den nur *auf die Genitalgegend begrenzten* Auswirkungen gestörter sexueller Abfuhr können wir unterscheiden zwischen genitalen und paragenitalen Zerrformen.

1. Über *genitale* Formen, also eine zwar noch am Genitalapparat selber (wenngleich in Zerrform) erfolgende Erregungsabfuhr sind bereits in früheren Jahren von gynäkologischer Seite, darunter insbesondere von A. MAYER[73] überzeugende Beobachtungen mitgeteilt worden, auf die nachdrücklich hingewiesen sei. Sie müssen für uns hier insofern als besonders beweisend angesehen werden, weil seine zahlreichen Krankengeschichten nicht von einem Psychotherapeuten mitgeteilt wurden, der erfahrungsgemäß dem Verdacht ausgesetzt ist, im Sinne einer psychogenetischen Interpretation derartiger Befunde voreingenommen gewesen zu sein. MAYER (und in ähnlicher Weise KEHRER, WALTHARD und andere gynäkologische Ordinarien) hat insbesondere auf die Frigidität, die Dysmenorrhö und den Fluor als häufigste Form funktioneller (und nicht primär somatisch bedingter) Sexualstörungen anhand seiner Krankengeschichten hingewiesen,

[73] Literaturangaben zu zehn seiner einschlägigen Veröffentlichungen in meiner (Fußnote 1 zitierten) Monographie S. 180 unter 69 a–k.

ebenso auch noch auf seltenere Formen wie Perinealkrämpfe, Kokzygodynie, Pruritus u. a.

Auch das gelegentlich qualvoll erlebte *Prolapsgefühl* ohne objektiven Befund gehört hierher.

So erinnere ich mich einer blühend-gesund aussehenden jungen Frau, die bei nicht weniger als sieben Frauenärzten bisher nicht die geringste Besserung hatte erreichen können, und deren ganzes Leben buchstäblich durch ein ständig quälendes Prolapsgefühl vergiftet war. Es war zu Beginn der zweiten Ehe aufgetreten, nachdem sie ihren ersten Mann nach wenigen glücklichen Ehemonaten durch Autounfall verloren hatte und nun mit jemandem verheiratet war, der an Ejaculatio praecox litt, so daß sie nicht mehr zum Orgasmus kam. Dieser diagnostisch und (wie sich dann während der Behandlung erwies) auch therapeutisch entscheidend wichtige Zusammenhang war von keinem der bisherigen Untersucher in seiner pathogenetischen Bedeutung aufgedeckt worden; und zwar nicht aus Mangel an ärztlicher Sorgfalt, sondern weil – da die hier entwickelten Zusammenhänge meist unbekannt sind – keiner von ihnen beim Aufnehmen der Anamnese entsprechend geforscht hatte. Ich glaube, von KREHL stammt der schon zitierte Ausspruch, daß der Arzt nur das diagnostizieren kann, was er als Krankheitsbild kennt.

Auch die oben von mir durch je eine ausführliche Falldarstellung in ihrer Psychopathogenese aufgezeigten Krankheitsbilder des Pruritus genitalis und des Vaginismus könnte man unter dem Aspekt von derartigen genitalen Dysfunktionen an dieser Stelle einreihen. Wobei der *Pruritus genitalis* mehr die Zerrform sexueller Dauererregung bei einer Frau darstellt, der die natürliche Abfuhr versagt ist – sei es durch äußere Umstände, sei es (weit häufiger!) durch innere Verbote bei gleichzeitig allzu großer Versuchung (s. unseren Fall 1, S. 154), während dem *Vaginismus* nach meiner Auffassung unbeschadet der in jedem Falle vorliegenden einmaligen persönlichen Problematik stets zugleich auch jener vorhin genannte stammesgeschichtlich präformierte Rückgriff auf den beim Menschen normalerweise längst obsolet gewordenen phylogenetisch uralten Abwehrreflex des Weibchens zugrunde liegt, wenn es außerhalb seiner kurzen Brunstphase ein sich ihm näherndes Männchen abweist, gegebenenfalls mit Gewalt. (NB: Die Brunstblutung beim tierischen Weibchen entspricht nicht – wie fälschlicherweise immer wieder angenommen wird – der Monatsblutung der Frau[74]).

2. Die *para*genitalen Zerrformen i. e. S. sind gekennzeichnet durch die vorhin besprochene regressive Verschiebung eigentlich genitaler Impulse bzw. genitaler Funktionsabläufe auf die anderen Kloaken-Abkömmlinge, die auch nach der stammesgeschichtlichen Differenzierung anatomisch-physiologisch benachbart geblieben sind; konkret gesprochen: auf Blase und Darm. Durch solche regressive Verschiebung kommt es nicht nur zu einer Dysfunktion der beeinträchtigten sexuell-genitalen Vollzüge – meist in Form von Frigidität bzw. Orgasmusstörungen –, sondern auch zu einer mißbräuchlichen Mehrbelastung der z. T. gewissermaßen dadurch »zweckentfremdeten« Blasen- bzw. Darmfunktion. Wobei die *Blasenfunktion* phylogenetisch der Sexualfunktion nähersteht, als es bei der Darmfunktion der Fall ist und deshalb häufiger betroffen wird als jene:

a) *Paragenitale funktionelle Blasenstörungen.* Typische Beschwerden dieser Art sind Pollakisurie bis zu unbemerktem bzw. unkontrollierbarem Harnabgang, Blasentenesmen u. ä. – mithin unangenehme Empfindungen. Für unsere Ausführungen aufschlußreich ist die Tatsache, daß es jedoch, wenn auch seltener, ebenfalls angenehme bis lustvoll erlebte Blasensensationen gibt, wenn sie auch meist nur im Halbschlaf oder im Traum sich einstellen. Das legt die Annahme nahe, daß im Halbschlaf und besonders im Traum insgeheim *das* an sexueller Erregungsspannung am Harnapparat lustvoll exekutiert und abgeführt werden kann, dessen Andrängen im Wachzustand mit Tenesmen oder sonstigen unangenehmen Sensationen ähnlich abgewehrt wird, wie wir dies beim Scheidenkrampf für die Vaginismus-Abwehr bereits kennengelernt haben. Auch hier kurz drei eigene Beobachtungen:

1. Fall: Eine frigide Frau träumt, daß sie mächtigen Harndrang verspürt, die Toilette aufsucht und mit einem Gefühl

[74] Weiteres über Vaginismus und über diese Hypothese Seite 64 ff. und Seite 86 ff. meiner Monographie, l.c.

großer Glückseligkeit eine unvorstellbare Menge Urin entleert. Sie wird darüber wach und glaubt eingenäßt zu haben, nimmt dann aber das letzte noch spürbare Ausklingen eines vaginalen Orgasmus mit Anfeuchten der Vagina wahr.

Eine frigide Frau erlebt also unter dem Traumbild einer lustvollen Harnentleerung einen ihr im Wachzustand versagten genitalen Orgasmus!

Noch auffälliger eine andere Beobachtung, gewissermaßen ihr Gegenstück:

2. Fall: Eine 35jährige kinderlos verheiratete Patientin behauptet mit Bestimmtheit, daß auch die Frau beim Verkehr im Augenblick des Orgasmus ihres Mannes eine Art Samenerguß habe, was mich um so mehr verwundert, als sie ihren eigenen Angaben gemäß sowohl vaginal wie klitoridal frigide ist. Als Beweis für ihre Behauptung führt sie an, daß sie nach jedem Geschlechtsverkehr an der Bettwäsche ihren »Samenfleck« feststellen könne (ihr Mann benutzt Gummischutz). Erst nach genauerer Besprechung ergibt sich, daß die Patientin, ohne daß ihr dies selbst bisher je bewußt geworden wäre, im Augenblick des Orgasmus ihres Mannes auch ihrerseits »spontan« einige Tropfen Urin entleeren »muß«, dabei aber keineswegs einen wirklichen Orgasmus verspürt. Auch von dieser Patientin sei ein Traum erwähnt, den sie nach mehrmonatiger Abwesenheit ihres Mannes in der Nacht vor seiner Rückkehr hatte.

Traum: Mein Mann ist zurückgekommen, er nähert sich mir zärtlich und kommt zu mir ins Bett. Im gleichen Augenblick überkommt mich ein starker Harndrang; ich gehe nebenan ins Badezimmer und entleere mit Erregtheit eine Riesenmenge Urin, so daß ich insgesamt sechs bis sieben Gefäße füllen kann. Daran anschließend gehe ich nach unten in die Küche und begebe mich an meine übliche Hausarbeit.

Also auch hier wird genitale Erregung stellvertretend abgeführt durch sowohl reale wie auch geträumte Erregungsabfuhr mittels der Harnfunktion, die aber, wie im vorigen Fall, mit dem lustvollen Charakter einer genitalen Empfindung, die ihr in Wirklichkeit versagt ist, erlebt wird. Für uns ist zudem prinzipiell wichtig, daß diese Patientin – wenn auch »nur« im Traum – nach der Erregungsabfuhr mittels der Blasenentleerung völlig »vergißt«, zu ihrem sie doch im Bett erwartenden Mann zurückzukehren, sondern nun, entspannt, wie selbstverständlich ruhig an ihre Hausarbeit geht. Lustvolle Abfuhr eigentlich genitaler (sexueller) Erregung per regressiver Verschiebung auf die harnableitenden Wege (Blasenentleerung) macht einen solchen Menschen, gleich ob Mann oder Frau, vom anderen unabhängig; macht ihn »autark«. Ähnlich der masturbatorischen Form von Selbstbefriedigung ist man nicht mehr auf einen zum »Mitgehen« bereiten oder geneigten Partner angewiesen. Ein – scheinbarer – Vorteil, der jedoch in der Regel um den Preis des Verlustes der Fähigkeit zu wahrer Partnerschaft zwischen Mann und Frau erkauft ist.

3. Fall: Eine andere Patientin, die zufällig zur gleichen Zeit in meiner Behandlung stand, machte mich durch die Bemerkung stutzig, daß sie beim Geschlechtsverkehr nur dann wenigstens eine gewisse Empfindung spüre, wenn die Harnblase möglichst prall gefüllt wäre. Sie, die schon über 20 Jahre verheiratet war, pflegte an bestimmten Tagen, auf die sich das eheliche Beisammensein stillschweigend im Laufe der Jahre begrenzt hat, vor dem Zubettgehen absichtlich nicht Wasser zu lassen. Bei der Ejakulation des Mannes entleert sie dann mit leicht lustvoller Erregung ebenfalls einige Tropfen Harn. Im Gegensatz zur vorigen Patientin wußte sie jedoch davon und glaubte, von mir darüber befragt, daß das doch normal sei, eben »dazugehöre«, und daß dies der Orgasmus bei der Frau sei.

In der Nacht nach der Besprechung dieser Zusammenhänge hatte sie einen *Traum,* in dem sie mit einem längst verstorbenen Jugendfreund körperlich sehr lustvoll und mit vollem Orgasmus zusammen war. (In Wirklichkeit ist diese Patientin damals ebenso frigide gewesen wie heute.) Darüber wurde sie wach, da sie, die jetzt über 50 Jahre alte Frau, in Wirklichkeit ihr Bett eingenäßt hatte! (Erwähnt sei, daß die Patientin bis zum 17. Lebensjahr tatsächlich gelegentlich Bettnässerin war, was bis zu diesem Alter bei einem Mädchen schon recht ungewöhnlich ist[75].)

[75] Vgl. W. Kemper: *Das Bettnässerleiden. Wesen, Entstehung, Erscheinungsformen, Vorbeugung und Behandlung der Enuresis.* – Bisher im Klett-Verlag; demnächst im Ernst Reinhardt Verlag, München.

Hier haben wir ein anderes Gegenstück zum erstgenannten Fall, indem diesmal umgekehrt bei einer frigiden Frau ein im Traum erlebter Orgasmus realiter einer Blasenentleerung entsprochen hat. –

Die trotz der Varianten im einzelnen doch grundsätzliche thematische Übereinstimmung dieser drei Fälle ist zu offensichtlich, als daß es sich um Zufall handeln könnte. Ihr Gemeinsames ist die auffällige Gleichsetzung oder richtiger: gegenseitige Vertretbarkeit von Harn- und Geschlechtsfunktion. Am deutlichsten zeigt sich dies bei jenen Fällen, in denen – unbemerkt oder gewollt – statt des fälligen genitalen Orgasmus eine Harnentleerung erfolgte, oder, nicht minder instruktiv, in denen der im Traum erlebte Orgasmus realiter einer Harnentleerung (nächtliches Einnässen) entsprach bzw. umgekehrt. Zur Erklärung dieser wechselseitigen Vertretbarkeit ist neben ihrer räumlichen Nachbarschaft und damit weitgehend gleichen Innervation nach meiner Auffassung mehr noch die beiden gemeinsame phylo- bzw. ontogenetische Herkunft aus der erogenen Kloakenwandung von Bedeutung[76].

In diesem Zusammenhang sei an die Ärzten und Müttern gleichermaßen bekannte Tatsache erinnert, daß es besonders bei *den* Jugendlichen, die als Kind lange Bettnässer waren, in der Präpubertät bzw. Pubertät häufiger zu einem vorübergehenden Wiederaufflackern ihrer Enuresis kommt, deren Bedeutung als Pollutionsäquivalent gelegentlich so unverkennbar sein kann, daß solch möglicher Zusammenhang von den Angehörigen selbst, also Laien, spontan dem Arzt bei der Anamnesenerhebung geäußert wird.

Für die von uns vertretene Auffassung sprechen auch Beobachtungen, in denen sich nun nicht mehr im Traum, sondern in der Realität genitale Dysfunktionen (fehlender Orgasmus, Vaginismus u. ä.) in typischer Weise *alternierend* zu entsprechenden Blasenerscheinungen finden. Auch hierzu kurz zwei eigene Mitteilungen.

4. Fall: Die bei Behandlungsbeginn 37jährige Patientin hat seit über 15 Jahren mit mäßigen Blasenbeschwerden zu tun.

[76] Weitere einschlägige Beobachtungen bei A. Mayer, l.c.

Kein objektiver Befund bei allen bisher durchgeführten Untersuchungen. Vor zwei Jahren Heirat. Wegen Vaginismus Kohabitation sehr schwierig, meist sogar überhaupt nicht möglich. Niemals Orgasmus. Während mehr als zweijähriger Behandlung, bei der nervöse allgemeine Beschwerden und vegetative Störungen vorübergehend stark im Vordergrund standen, schwindet der Vaginismus, wobei sie spontan die Angabe macht, daß sie anfangs bei den Friktionen im Verkehr verstärkt ihre typischen stechend-drängenden Blasenschmerzen gehabt hat. Mit nach Monaten langsam eintretendem Orgasmus klingt dann, zeitlich eindeutig zusammenfallend, dieser Blasenschmerz langsam ab. – Katamnese nach drei Jahren: beschwerdefrei.

5. *Fall*. Bei einer 26jährigen Frau war unverkennbar, wie sie alternierend entweder ihren »nervösen Blasenkatarrh« hatte oder an – Vaginismus litt. Während der über einjährigen Beobachtungszeit (eine Behandlung der auf einem ostpreußischen Gut lebenden Patientin war aus äußeren Gründen nicht möglich) wechselte beides mehrfach, bei im übrigen völliger Orgasmuslosigkeit beim Geschlechtsverkehr in der vaginismusfreien Phase. Patientin selber machte mich auf das Alternierende ihrer Symptomatik aufmerksam.

b) *Paragenitale funktionelle Darmstörungen*. Weniger sinnfällig ist die phylogenetisch ebenfalls vorgebahnte regressive Verschiebung genitaler Erregungsabfuhr auf den Darmtrakt bzw. dessen Funktion. Beider enge Beziehung zum Affektleben überhaupt ist auch dem Nichtarzt bekannt (»vor Angst sich in die Hosen machen«). Das beweist, daß die willkürliche Beherrschung der exkrementellen Funktionen, die der Mensch im Gegensatz zu stammesgeschichtlich niederen Lebewesen souverän erlernt zu haben glaubt, den Spannungsbelastungen im neuro-vegetativen System doch nur bis zu einer gewissen Grenze gewachsen ist. Das gilt aber nicht nur für eine plötzliche Überflutung mit Angst, sondern (auf Grund der ehemaligen kloakalen Gemeinsamkeit) ebenso für ständig aufgestaute sexuelle Erregung, der die normale genitale Abfuhr versagt ist. Auch dazu kurz wenigstens eine eigene Beobachtung, die unverkennbar diese Analogie zu den eben gebrachten Fällen mit paragenitaler Verschiebung auf die Blasenfunktion aufweist. Wurden dort am Genitale sich abspielende Vorgänge im Traum auf den Harnapparat verschoben, so hier auf den Darm, um dann bemerkenswerterweise im Wachzustand auch als Darmsymptomatik in Erscheinung zu treten.

6. *Fall*: Eine seit einer schweren Ehekrise vor einigen Jahren zunehmend frigide Patientin wehrt, wie schon öfter, abends beim Schlafengehen den ehelichen (genitalen) Annäherungsversuch ihres Mannes ab. Nachts träumt sie, daß ihr *rektal* ein Zäpfchen eingeführt werden solle, was sie wegen der dabei auftretenden heftigen Schmerzen mit Erfolg abwehrt. Erwacht unmittelbar nach dem Traum mit für sie typischen heftigen Darmspasmen. Diese treten ebenfalls seit einigen Jahren, und zwar zeitlich zusammenfallend mit dem Einsetzen der Frigidität, zunehmend auf. – Rektoskopie und Röntgenuntersuchung ohne krankhaften Befund.

Eine realiter *genitale* Abwehr wird also im Traum in eine *anal-rektale* umgewandelt und setzt sich dann auch im Wachzustand als Darmtenesmus fort, wie wir in früheren Krankengeschichten bereits Entsprechendes bei der unbewußten Sexualabwehr mittels Vaginismus kennengelernt hatten.

Wir könnten in ähnlicher Art noch von weiteren Fällen berichten und damit praktisch Illustrationen zu nahezu sämtlichen Krankheitsbildern geben, die im Bereich der funktionellen Sexualstörungen vorkommen. Wir glauben jedoch, daß diese weiteren Belege prinzipiell keine neuen Gesichtspunkte liefern würden und daß das, worauf es uns in dieser Schrift ankommt, aus den gebrachten Krankengeschichten ausreichend anschaulich hervorgeht. –

Man könnte einwenden, daß wir in all unseren Krankengeschichten nur erektive und orgastische Potenzstörungen berücksichtigt haben, nicht aber die generativen Potenzstörungen, deren psychotherapeutische Angehbarkeit besonders problematisch erscheint. Aber gerade hier würde eine einzelne Krankengeschichte, die die Wiedergewinnung der bis dahin gestörten Zeugungs- bzw. Empfängnisfähigkeit aufzeigt, praktisch überhaupt nichts beweisen, selbst dann nicht, wenn die psychologischen Zusammenhänge noch so überzeugend mit dem eingetretenen Erfolg in Einklang ständen. Hier hätte nur die statistische Zahl wirkliche Beweiskraft, und zwar nur von solchen Fällen, die zuvor diagnostisch eindeutig geklärt, mit den üblichen klinischen Methoden über Jahre erfolglos behandelt wurden und die dann bei ausschließlich psychotherapeutischer Arbeit die bisher fehlende Fortpflanzungsfähigkeit erlangen. Es würde schon die Mühe lohnen, wenn alle Fachkollegen, die über derartige Beobachtungen verfügen, dieses Material zu einer gemeinsamen Veröffentlichung zusammenstellten.

Stärker als das Fehlen derartiger ausführlicher Berichte empfindet der Verfasser die Tatsache als Mangel, daß die hier gebrachten Krankengeschichten sämtlich nur Kurzbehandlungen betreffen. Damit wird – wie schon wiederholt gesagt – beim Leser leicht ein falscher Eindruck erweckt. Gerade der Fachpsychotherapeut weiß, daß es vielmehr in der Regel langwieriger und für beide Teile mühseliger Arbeit bedarf, um solche (in den angeführten Krankengeschichten so verhältnismäßig mühelos gewonnene) Erfolge erzielen zu können. Eine den Leser überzeugende Darstellung solcher Langbehandlung, also einer vollständigen großen Psychoanalyse, ist aber praktisch unmöglich. Sie erforderte nicht nur den Umfang eines voluminösen Buches, sondern tausendfältiges Eingehen auf viele, gerade für diesen Fall so charakteristische Details oder so einmalige familiäre, berufliche oder sonstige persönlich einmalige Konstellationen, die aus Gründen der Diskretion nicht gebracht werden können, da sie unschwer zur Wiedererkennung des Patienten führen würden. Zudem würden selbst diese Details und die aus ihnen gezogenen Schlußfolgerungen nur für *den* verständlich und überzeugend wirken, der eine mehrjährige analytische Fachausbildung als Psychotherapeut absolviert hat, so daß er ihre hintergründige Bedeutung und damit ihren zunächst nicht erkennbaren wahren Stellenwert erfassen kann.

Folgerungen und Ausblick

Unsere Schrift sollte kein Lehrbuch sein. Sie verzichtet daher bewußt auf die für ein Lehrbuch erforderliche Vollständigkeit. Wir brachten deshalb auch nicht die sonst eingangs übliche anatomisch-physiologische Grundlegung. Selbstverständlich übersehen wir nicht, daß auch die funktionellen Störungen, unbeschadet der von uns vorgenommenen Interpretation, an diese anatomisch-physiologischen Gegebenheiten gebunden sind. Aber unsere Interpretation möchte ja gerade mit der in Ärztekreisen heute noch vorherrschenden Auffassung aufräumen, in den gewohnten Denkschemata rein somatisch-organologischer Art steckenzubleiben. Sie möchte den Blick dafür öffnen, daß insbesondere die funktionellen Sexualstörungen, also die Störungen der Liebesfähigkeit eines Menschen, in erster Linie zu verstehen sind aus der gesamtmenschlichen Situation des Betreffenden; mithin aus Art und Ausmaß seiner mitmenschlichen Beziehungsfähigkeit, die wieder in Wechselbeziehung steht zum Zugang zu den verschiedenen Persönlichkeitsbereichen in seinem eigenen Inneren und dem Grade ihrer gelungenen Integration.

Praktisch heißt das, daß wir neben dem körperlichen Befund nicht nur die aktuelle Konfliktsituation eines solchen Menschen zu erkennen und zu berücksichtigen haben, sondern auch sein ganzes bisheriges Lebensschicksal bis in seine früheste Kindheit hinein. Es sei an die Krankengeschichte 2 erinnert, in der ein und dieselbe erektive Potenzstörung mit einem Abstand von mehreren Jahren beide Male in der gleichen Lebenssituation des Betreffenden auftrat. Gerade die längeren Behandlungen, für die wir aus den obengenannten Gründen hier kein Beispiel bringen, sind dadurch charakterisiert, daß sich die aktuelle Konfliktsituation, die gewissermaßen nur Auslösungscharakter für die Symptomatik hat, in der

Regel als »Neuauflage« einer nicht bewältigten Konfliktsituation der allerfrühesten Lebenszeit, nämlich der ersten Lebensjahre, erweist. Die Notwendigkeit, in besonderer Ausführlichkeit auf diese Fehllösungen frühester Konflikte mit ihren für ein ganzes Leben gebahnten und quasi zum bedingten Reflex gewordenen Fehlhaltungen einzugehen (Beispiel: erektive Potenzstörungen bei masochistischem Charakter), machen solche Arbeit so schwierig. Gilt es doch, diese »eingeschliffenen« und dem Träger zur »zweiten Natur« gewordenen Fehlhaltungen immer wieder im aktuellen Verhalten des Patienten aufzuzeigen und für ihn eindringlich-überzeugend als solche erleben zu lassen. Das ist der erste Schritt in dem komplizierten analytischen Verfahren, das mit Recht mit einer äußerst subtilen Operation verglichen wurde. Dadurch, daß der Patient mehr und mehr seine Angst verlieren lernt, wird er allmählich fähig, nunmehr bessere Lösungsversuche für seine Konfliktsituationen zu erproben, die nicht mehr ein Ausweichen in ein neurotisches Symptom erfordern. Das, was wir in dieser Hinsicht an den von uns gebrachten Kurzkrankengeschichten einigermaßen konkret zu veranschaulichen suchten, gilt also im Prinzip auch für die »großen« Behandlungen, wenngleich dort in viel komplizierterer und für den Nichtfachmann nicht mehr durchsichtiger und verständlicher Form. Leider bedarf es – unabhängig vom Staatsexamen – einer mindestens fünfjährigen Sonderausbildung, um die »geheime Sprache des Unbewußten« zu erlernen, ohne die wir keinen Zugang zu den Hintergründen finden, die beim Zustandekommen der Strukturdeformierung und der mit ihr zusammenhängenden Symptomatik ihre entscheidende Rolle spielen, wie wir sie in einigen besonders durchsichtigen Kurzkrankengeschichten aus den Gebieten der funktionellen Sexualstörungen beispielhaft darzulegen versucht haben.

Zudem hatten wir den Wunsch, die Aufmerksamkeit der Ärzteschaft auf ein Gebiet zu lenken, das in seiner Bedeutung, erst recht aber in seiner Diagnostik und Therapie auch dem Arzte noch kaum bekannt ist, das aber solche Nichtbeachtung nicht verdient. Erstens, weil es doch wichtiger ist als allgemein angenommen; zweitens, weil wir heute auf diesem scheinbar so vagen Gebiet inzwischen mit derselben Präzision wie sonst in der klinischen Medizin Aussagen machen können über Ätiologie, Pathogenese, Diagnose, Prognose und Therapie. Drittens, weil der heutige Stand der analytischen Psychotherapie uns für dieses Gebiet mindestens ebenso gute therapeutische Möglichkeiten bietet, wie die sonst üblichen Behandlungsmethoden für die anderen Gebiete der Medizin. Die bisherigen, von uns keineswegs übersehenen Fehlschläge beruhen meist auf einer falschen Indikation in bezug auf die Art der im einzelnen Fall notwendigerweise einzuschlagenden Behandlung. Praktisch gesprochen heißt das, daß, wenn die breite Ärzteschaft erst einmal erfaßt hat, wie die weit überwiegende Mehrzahl dieser Fälle psychosozial bedingt und auch psychotherapeutisch anzugehen ist, wenn ferner die nur mittelschweren, erst recht aber die leichten Formen von Anfang an von den schweren Formen unterschieden werden, und wenn schließlich jede dieser drei Gruppen dann die für sie geeignete Behandlungsart erfährt, daß erst dann die entscheidenden Schritte getan wären.

Leider bleibt auch heute noch[77] die Schwierigkeit, daß es nur wenige klinisch und fachpsychotherapeutisch geschulte Kollegen gibt, die in der Lage sind, diese bereits zu Anfang notwendige Auswahl zu treffen, erst recht aber in den schweren Fällen eine solche »große« Behandlung durchzuführen. Die Beseitigung dieses Mangels wäre übrigens nicht nur für das von uns abgehandelte Gebiet der funktionellen Sexualstörungen wünschenswert; denn die in dieser Schrift entwickelten Gesichtspunkte und Behandlungsgrundsätze gelten prinzipiell genauso für jede Form neurotischer oder psychosomatischer Erkrankung bzw. Symptomatik, gleich um welches ärztliche Fachgebiet es sich handeln mag (innere Medizin, Psychiatrie und Neurologie, Gynäkologie, Dermatologie, Pädiatrie u. a.).

Hoffen wir, daß die große analytische Psychotherapie mit ihren zwar sehr mühselig errungenen, aber im Endeffekt doch besonders befriedigenden schönen Erfolgsmöglichkeiten in den kommenden Jahren gerade auch von der jüngeren Ärztegeneration zum Lebensberuf gewählt wird, trotz aller Mühseligkeiten einer zusätzlichen Fachausbildung. Damit würde endlich eine längst fällige und in der übrigen wissenschaft-

[77] Geschrieben 1943.

lichen Welt inzwischen bereits weitgehend vollzogene Entwicklung aufgeholt, die durch die gewaltsamen Ereignisse der letzten anderthalb Jahrzehnte bei uns unterbrochen wurde.

Zusatz 1972: In dem mehr als einem Vierteljahrhundert, das seit Niederschrift dieser Monographie vergangen ist, hat sich in mancher Hinsicht gewiß vieles gebessert. Insbesondere die damals noch vorwiegend außerhalb der Universitäten in den psychoanalytischen Instituten mit ihren Polikliniken gewonnenen Einsichten und praktischen Erfahrungen haben im Laufe dieser Jahre mehr und mehr als psychosomatische Medizin die gesamte Medizin »unterwandert«. Ihr wurden im letzten Jahrzehnt an immer mehr Universitäten Lehrstühle und Fachkliniken eingeräumt, und erst jüngst ist sie sogar in die neue Studienordnung als Prüfungsfach offiziell eingebaut worden.

So erfreulich das alles klingt, so bleibt doch ein großes Bedauern, daß kostbare Jahrzehnte vergehen mußten, bevor unsere damaligen Mahnungen erhört und unsere immer wieder gemachten Vorschläge nur zögernd und erst zum Teil verwirklicht worden sind. Denn wegen der erwähnten mindestens fünfjährigen Sonderausbildung, die der künftige Fachpsychotherapeut (unabhängig von seinem Staatsexamen!) zusätzlich benötigt, fehlt es jetzt an wirklich qualifizierten Dozenten für die neuen Prüfungsfächer. Und ebenso fehlt es, nachdem die Krankenkassen nun auch die Psychotherapie einschließlich der »großen«, der psychoanalytischen Verfahren als kassenpflichtige Leistung anerkannt haben, an genügend ausgebildeten Fachpsychotherapeuten, um die Hunderttausende derer, die solcher Behandlung bedürfen, auffangen zu können.

Hier herrscht ein wirklicher Notstand. Und selbst wenn sich neuerliche Bestrebungen durchsetzen, denen zufolge die eben genannte mindestens fünfjährige Ausbildung dadurch reduziert werden soll, daß ein Teil unseres bisherigen speziellen Lehrstoffes (medizinische Psychologie einschl. Psychosomatik und Grundlagen der Psychotherapie) künftig bereits zur ärztlichen Grundausbildung gehören wird, so daß, wie in den übrigen Spezialgebieten der Medizin, nach dem Staatsexamen nunmehr auch die Fachausbildung zum Psychotherapeuten auf 3–4 Jahre reduziert werden könnte, so wird es noch Jahre dauern, bis alle die Patienten, die bereits heute viele Monate und länger auf einen frei werdenden Platz bei einem Psychotherapeuten warten, untergebracht sein werden.

Hoffen wir, daß das kommende Jahrzehnt auch hier trotz Numerus clausus die längst fälligen Änderungen bringt, so daß endlich auch die an einer der funktionellen Sexualstörungen Leidenden fachkundige und sachgerechte Hilfe finden.

NAMEN- UND SACHREGISTER

NAMEN- UND SACHREGISTER

KINDLER TASCHENBÜCHER
GEIST UND PSYCHE

(2001)**	Anna Freud	Das Ich und die Abwehrmechanismen
(2002)*	Karen Horney	Der neurotische Mensch unserer Zeit
(2004)*	Viktor von Weizsäcker	Natur und Geist
(2005)**	Erich Neumann	Tiefenpsychologie und neue Ethik
(2010)**	C. G. Jung	Welt der Psyche
(2019)****	Albert Görres	Methode und Erfahrungen der Psychoanalyse
(2030)*	Hans Driesch	Parapsychologie
(2032)*	August Mayer	Reifungsprobleme im Leben der Frau
(2034)**	Fritz Stirnimann	Psychologie des neugeborenen Kindes
(2040)***	Georg Groddeck	Das Buch vom Es
(2044)*	Hermann Rorschach	Ausgewählte Aufsätze
(2046)**	Alexis Carrel	Betrachtungen zur Lebensführung
(2048)**	Oscar Forel	Einklang der Geschlechter
(2050)*	Alphonse Maeder	Der Psychotherapeut als Partner
(2052)*	Eduard Schweingruber	Der sensible Mensch
(2053)*	Hans Driesch	Alltagsrätsel des Seelenlebens
(2054)*	Franziska Baumgarten	Demokratie und Charakter
(2057)**	Erich Stern	Der Mensch in der zweiten Lebenshälfte
(2059)*	Wolfgang Wilhelm	Bewußte Lebensführung
(2060)**	Michael Fordham	Vom Seelenleben des Kindes
(2062)**	Alphonse Maeder	Selbsterhaltung und Selbstheilung
(2064)*	Heinz Artur Strauß	Psychologie und astrologische Symbolik
(2065)***	Rudolf Gelpke	Drogen und Seelenerweiterung
(2069)**	Michael und Enid Balint	Psychotherapeutische Techniken in der Medizin
(2072)**	Wilhelm Bitter	Die Angstneurose
(2074)**	J. H. Schultz	Grundfragen der Neurosenlehre
(2076)*	Hoimar von Ditfurth	Die endogene Depression
(2077)*	Leonard J. Friedman	Virginität in der Ehe
(2078)***	Herbert Lippert	Einführung in die Pharmakopsychologie
(2079)*****	Parin/Morgenthaler Parin-Matthey	Die Weißen denken zuviel
(2080)**	Medard Boss	Sinn und Gehalt der sexuellen Perversion
(2082)****	Jean-Hyppolyte Michon	System der Graphologie
(2083)****	Hans Giese	Der homosexuelle Mann in der Welt
(2084)*	Heinz-Rolf Lückert	Der Mensch – das konfliktträchtige Wesen

KINDLER TASCHENBÜCHER
GEIST UND PSYCHE

Neuerscheinungen/Neuauflagen Frühjahr 1974

(2105)***	Werner W. Kemper	Die funktionellen Sexualstörungen
(2042)*****	Erich Neumann	Ursprungsgeschichte des Bewußtseins
(2071)**	Josef Rattner	Die Individualpsychologie Alfred Adlers
(2117)**	Georg Groddeck – Sigmund Freud	Briefe über das Es
(2118)***	Annelise Heigl-Evers/ Franz Heigl	Lieben und Geliebtwerden in der Ehe
(2119)***	Karen Horney (Hrsg.)	Selbstanalyse
(2120)**	Günter Ammon (Hrsg.)	Gruppendynamik der Kreativität
(2121)**	Driek van der Sterren	Ödipus
(2122)**	Richard Pokorny	Über das Wesen des Ausdrucks

* Einfachb. / ** Doppelb. / *** Dreifachb. / **** Vierfachb. / ***** Fünffachb.

7 – 1 – 10 – 5 – 4